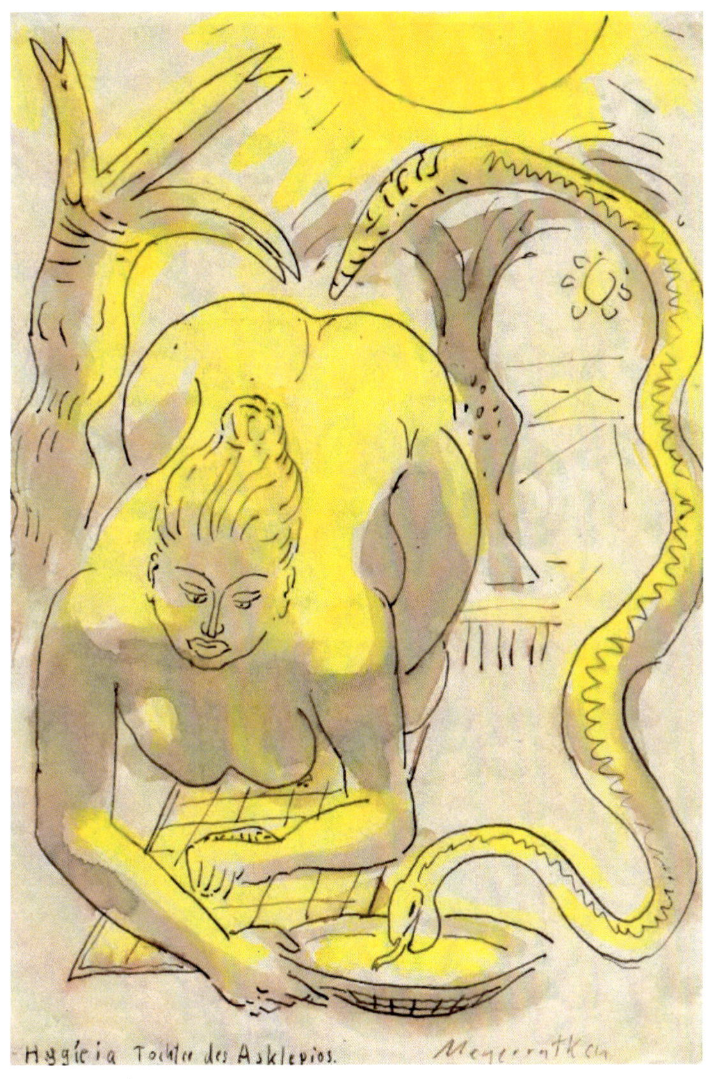

Hygieia, Tochter des Asklepios, um 1980.
Aquarell, 21 x 14,5 cm.

Studien zur Medizin-, Literatur- und Kunstgeschichte, Band 89
Herausgegeben von Professor Dr. med. Dr. phil Axel Hinrich Murken

Axel Hinrich Murken
und
Imme von Wedel

Gerhard Meyerratken

Von Menschen und Räumen
Gemälde, Gouachen und Aquarelle

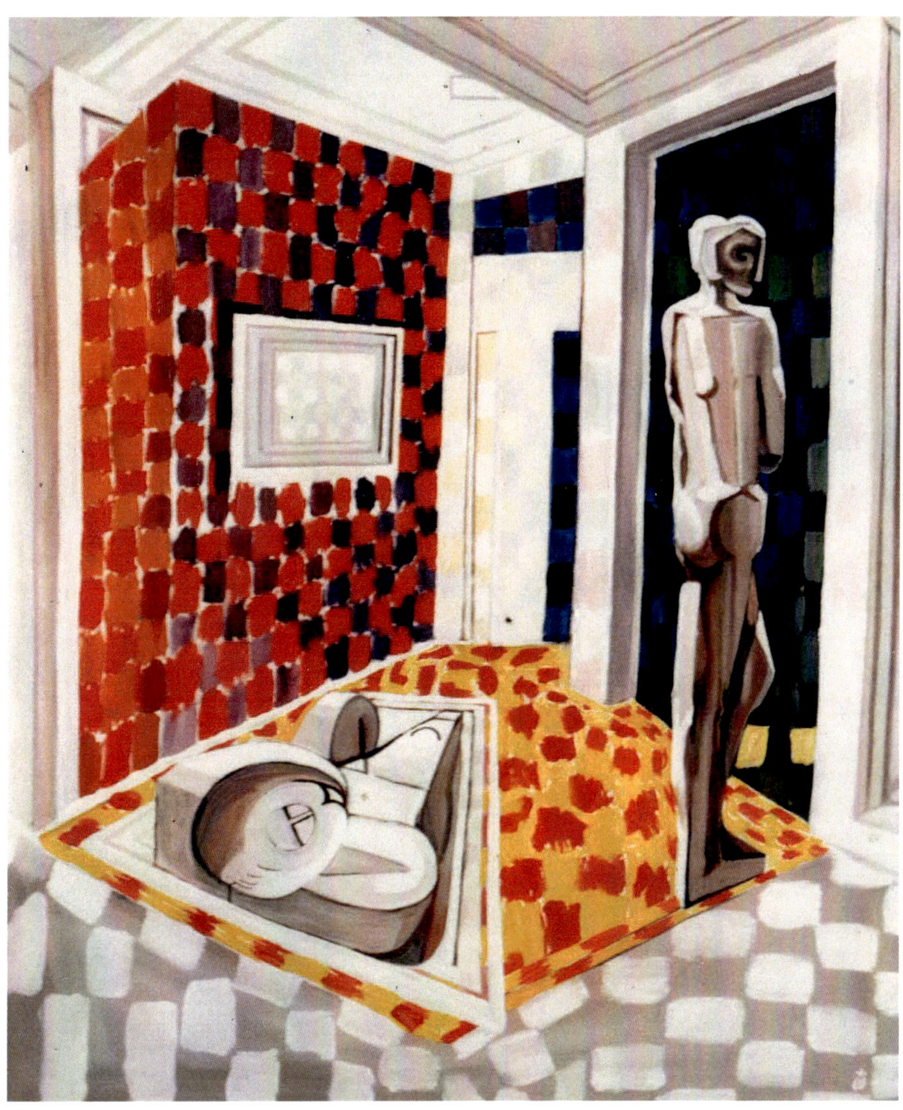

Paar in gemustertem Raum, 1985.
Acryl auf Pappe, 120 x 80 cm.

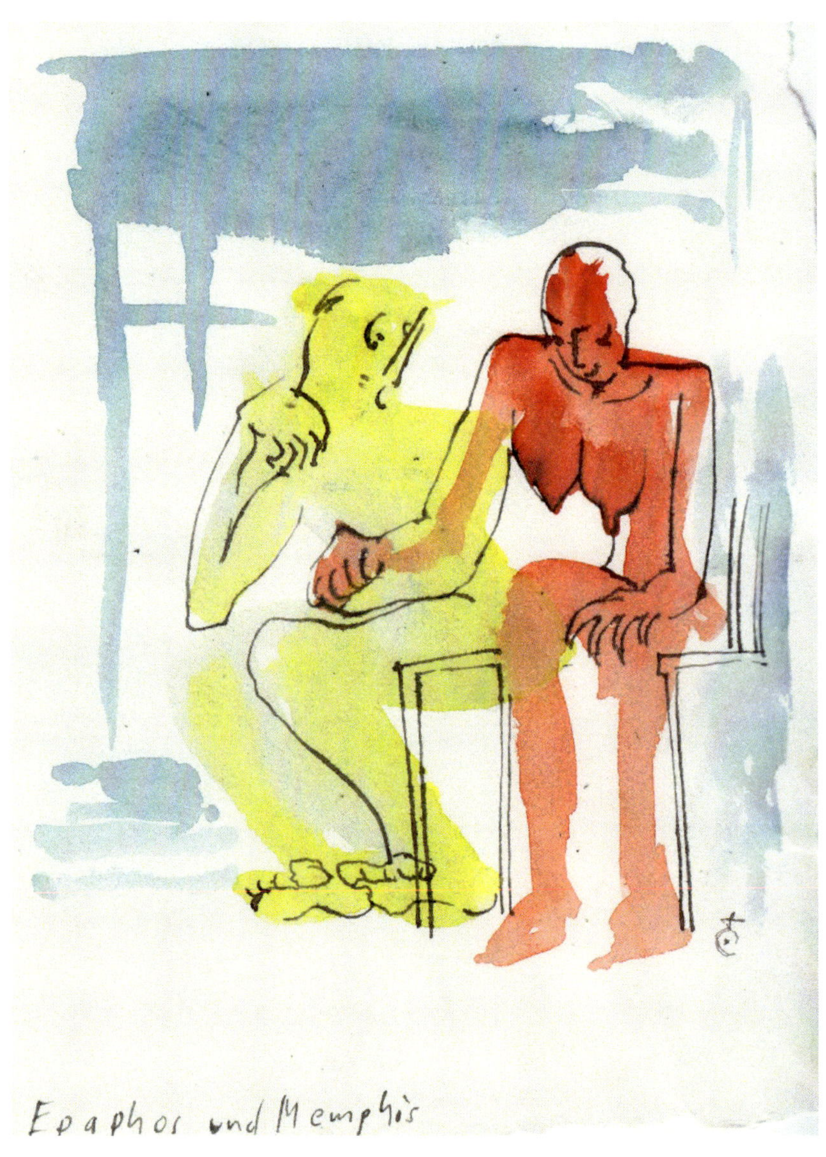

Epaphos und Memphis, um 1985.
Aquarell, 15 x 11 cm.

Inhaltsverzeichnis

1. Axel Hinrich Murken: Vorwort.......7

2. Axel Hinrich Murken: Einblicke in das künstlerische Werk
von Gerhard Meyerratken.......11

3. Gouachen.......34
3.1 Malerei auf Werbung für Konsumartikel.......39

4. Aktbilder
Gemälde, Gouachen und Aquarelle.......47

5. Christa Murken: Die Bild gewordene Philosophie
bei Gerhard Meyerratken.......55

6. Resümee.......60

7. Anhang.......63
7.1 Leben und Werk von Gerhard Meyerratken.......66
7.2 Einzelausstellungen (Auswahl).......67
7.3 Bücher und Manuskripte von Gerhard Meyerratken.......68
7.4 Ausgewählte Literatur.......69

8. Verzeichnis der Bilder.......71
8.1 Gemälde.......73
8.2 Gouachen.......93
8.3 Aquarelle und Zeichnungen.......125

9. Berichte über die Ausstellungen
von Gerhard Meyerratken.......147

10. Nachwort und Danksagung.......155

11. Impressum.......157

12. Über die Autoren.......159

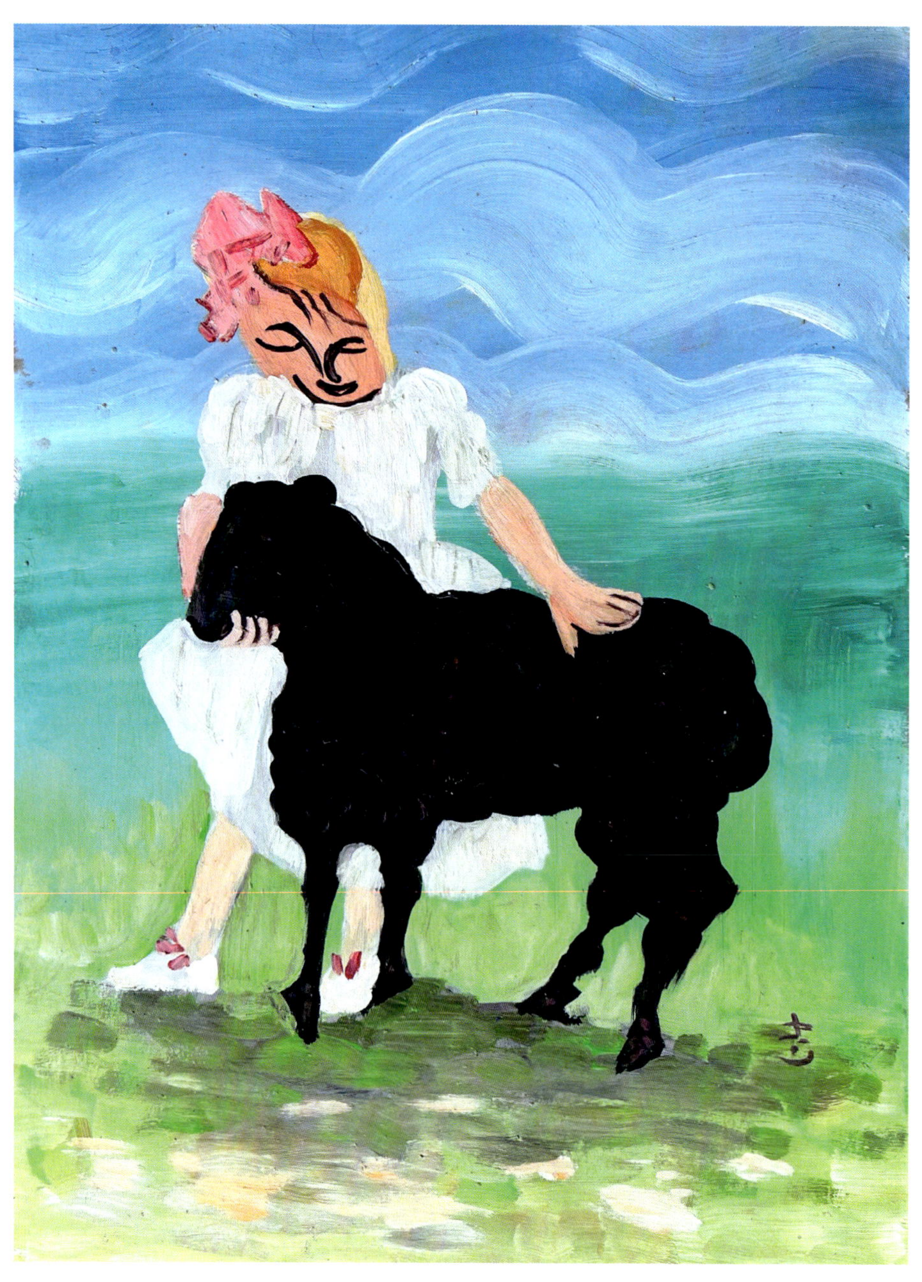

Mädchen mit Schaf, 1986.
Acryl auf Pappe, 88 x 62 cm.

1. Vorwort

Axel Hinrich Murken

Wenn ich mich heute an die verschiedenen Begegnungen mit dem Maler Gerhard Meyerratken in den siebziger, achtziger und neunziger Jahren erinnere, so denke ich vor allem an seinen künstlerischen Weitblick und sein vielfältiges Werk. Ich lernte ihn zusammen mit meiner Frau Christa im Umkreis der Schriftsteller und Künstler der Literaturzeitschrift „Kaktus", herausgegeben von Elmar Wilms, in Münster 1975 kennen. Schon bald ergab es sich, dass er uns öfter in sein Atelier im Zentrum von Münster einlud, um uns einen Einblick in sein malerisches und zeichnerisches Werk zu geben. Seinen eklektizistischen Stil zwischen abstrahierender und realistischer Figuration fanden wir anfangs überraschend eigenwillig. Doch dann wuchs unser Interesse an seiner außergewöhnlich phantasievollen, teils bizarren Malerei.

Es sollten sich deshalb im Laufe unserer Münsteraner Jahre häufige Treffen mit Gerhard Meyerratken ergeben. Manchmal kam er zu uns in die Kinderhauser Straße 25 in der Nähe des Schlosswalles mit einem Zeichenblock unter dem Arm, um Porträts von unseren Söhnen Julian und Wenzel, von Christa und mir zu zeichnen. Damit war auch seine Neigung verbunden, mit uns über die von ihm kritisierte moderne Kunst und auch über unsere kunsthistorischen Schriften zu diskutieren. Die schon in Münster sich anbahnende freundschaftliche Beziehung sollte sich nach unserem Umzug nach Herzogenrath 1981 durch seine mehrmaligen, sich über mehrere Tage hinziehenden Aufenthalte bei uns bis in die neunziger Jahre fortsetzen. Im Juni 1984 konnten wir in Stolberg bei Aachen für ihn im Burghaus-Museum eine Ausstellung seines malerischen Werkes kuratieren. Aus diesem Anlass gab ich die Broschüre „Von Menschen und Räumen. Zeichnungen, Aquarelle und Gouachen. Gerhard Meyerratken" heraus. Die ausgesprochen gute Resonanz dieser ersten Präsentation seiner Malerei im Rheinland ermunterte mich zum Jahresende 1984, eine erweiterte Ausstellung seiner Malerei in der Klinik Dr. Diedrich Murken in Gütersloh zu organisieren.

In den folgenden beiden Jahrzehnten lernten wir bei seinen häufigen Besuchen in Herzogenrath einen weltgewandten Künstler kennen. Er integrierte sich trotz seines einzelgängerischen Wesens gut in unseren Haushalt mit inzwischen drei Kindern ein. Zugleich ließ er fast keine Stunde vergehen, in der er nicht malte oder zeichnete. Sein künstlerisches Naturell führte uns lebendig vor Augen, wie mit dem Malen und dem Gemaltwerden eine kleine Ewigkeit verbunden ist. Denn es lag nahe, von uns Eltern und den Kindern spontane Skizzen oder malerische Porträts anzufertigen. Auf diese Weise ist im Laufe seiner Aufenthalte in Herzogenrath der achtziger und neunziger Jahre von ihm eine Reihe familiärer Bildnisse geschaffen worden. Gleichzeitig begannen wir, einige seiner Bilder zu erwerben, nicht zuletzt auch, um ihn finanziell zu unterstützen. Seine Gemälde, Aquarelle und Zeichnungen fügten sich gut in unsere Sammlung von Werken zeitgenössischer Künstler ein. Schon seit unserer Ausstellung „Kranker und Krankenhaus in der modernen Kunst" in Aachen 1982 haben wir Bilder von ihm aus unserem Bestand in unsere Katalogprojekte und auch in unser Kunstbuch mit aufgenommen.[1] Jüngst sind zwei Werke von Gerhard Meyerratken in der Ausstellung „Kunst und Medizin. Die Sammlung Murken" im Wilhelm-Fabry-Museum in Hilden gezeigt worden.[2] Es war für mich längst an der Zeit, anhand unseres Bestandes von Gerhard Meyerratkens Bildern über sein Leben und das Werk ein Buch herauszubringen, das an meine früheren Publikationen über seine Malerei anknüpft. [3]

1 Kranker und Krankenhaus in der modernen Kunst. Stadtgeschichtliches Museum. Burg Frankenberg Aachen, 4.4.-23.5.1982. Romantik in der Moderne. Meisterwerke aus der Sammlung Murken. Jugendstil bis Postmoderne. Dillingen. 2003. Christa Murken-Altrogge und Axel Hinrich Murken: Prozesse der Freiheit. Vom Expressionismus bis zur Soul and Body Art. Köln 1985.

2 Axel Hinrich Murken und Sandra Abend: Kunst und Medizin. Die Sammlung Murken. Herzogenrath 2023.

3 Axel Hinrich Murken: Gedanken zum malerischen Werk von Gerhard Meyerratken. Münster 1981. Von Menschen und Räumen. Herzogenrath 1984.

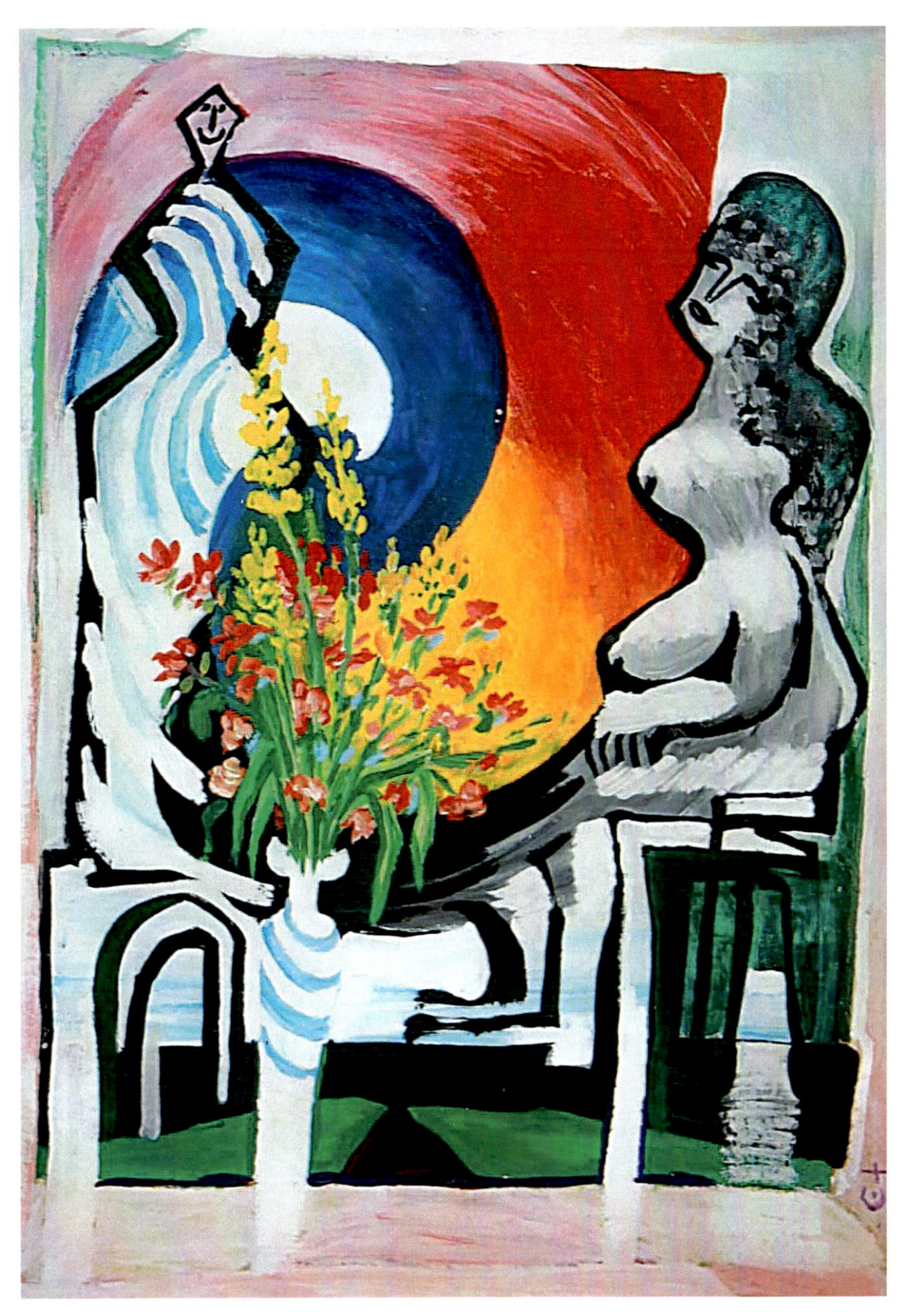

Mann und Frau mit Blumenstrauß, 1984.
Acryl auf Papier, 63 x 40,5 cm.

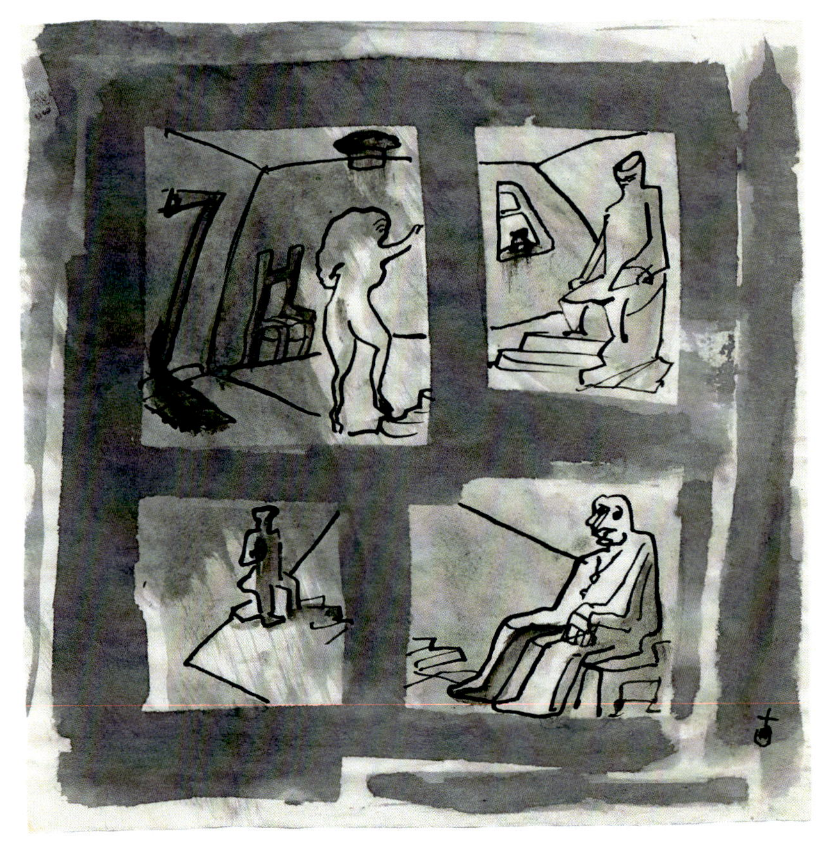

Von Menschen und Räumen, um 1975.
Lavierte Tuschezeichnung, 15,5 x 15,5 cm.

„Der Schlüssel für die Tür, die sich öffnet, ist anonym realistisch, eine Welt tut sich auf, eine Welt, die ohne Sprache Aufklärung findet.“ [4]

2. Einblicke in das künstlerische Werk von Gerhard Meyerratken

Axel Hinrich Murken

Die Kunst Gerhard Meyerratkens kann man in ihrer stilistischen Vielfalt durchaus der Postmoderne zuordnen. Diese sich seit Ende der siebziger Jahre entfaltende künstlerische Bewegung hat ihre Entwicklung im starken Kontrast zu der abbildarmen, mehr oder weniger realitätsfernen Konzeptkunst der Nachkriegszeit zu einem auffälligen Phänomen der zeitgenössischen Malerei und Bildhauerei am Ende des 20. Jahrhunderts genommen. Die bildende Kunst ist seitdem wieder sinnlich erlebbar geworden, insofern sie sich von der bis dahin dominierenden abstrakten Malerei löste. Sie setzt sich mehr als zuvor motivisch mit den gesellschaftlichen Problemen und Ansichten unserer Epoche auseinander. In dieser späten Phase des 20. Jahrhunderts entfaltete sich auch das künstlerische Werk des Münsteraner Malers Gerhard Meyerratken. Er zitiert in seinen Bildern und seinen Zeichnungen, ähnlich wie Picasso (1881-1973), die unterschiedlichsten Ausdrucksformen der bildenden Kunst.

Meyerratken stammte aus einer traditionsreichen bäuerlichen Familie im Oldenburgischen Münsterland. Er wurde 1937 auf dem elterlichen Hof Meyer-Ratken zu Röpke in Löningen bei Oldenburg geboren. Nach dem Schulbesuch hat er sich an der Werkkunstschule in Münster von 1962 bis 1965 zum Bildhauer ausbilden lassen. Anschließend folgten bis 1969 Studienaufenthalte an der Kunstakademie von Antwerpen und an der Berliner Hochschule für Bildende Künste. Danach hielt er sich in den Jahren von 1969 bis 1971 für längere Zeit auf verschiedenen Inseln der Südsee auf, von denen einige schon Paul Gauguin (1848-1903) Ende des 19. Jahrhunderts aufgesucht hatte.

In Münster in Westfalen ist er, unterbrochen von zahlreichen Weltreisen, wohl von 1971 bis zu seinem Tod 2005 sesshaft geworden. Dort hat er die Lehrerin Sabine Hetzel 1993 geheiratet. Trotz seiner mehrfachen Aufenthalte auf den Südseeinseln konnte Meyerratken mit einer erstaunlichen Arbeitsdisziplin sein vielfältiges malerisches und zeichnerisches Werk vorantreiben.

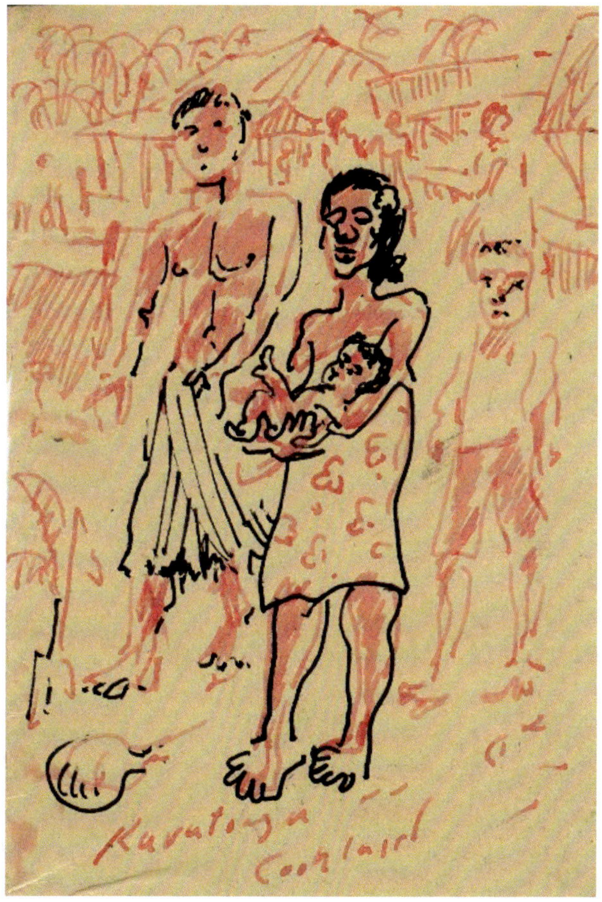

Familie auf der Cook-Insel Rarotonga, 1986.
Aquarell auf Papier, 12 x 8 cm.

4 Gerhard Meyerratken: Manifest des Anonymen Realismus. Kunst am Ende des 20. Jahrhunderts. Herzogenrath 1991, Seite 7.

Schon früh hatte er sich mit der Kunst der sechziger Jahre, vor allem mit dem Spätwerk Picassos, aber auch mit dem von Giorgio de Chirico (1888-1978) auseinandergesetzt. Seine künstlerische Offenheit, sich nicht stilistisch festlegen zu wollen, gab ihm zugleich die Freiheit, bildnerische Einflüsse jeglicher Art aufzunehmen.

Um in die Fülle des künstlerischen Werkes von Meyerratken einzuführen, erscheint es naheliegend, die Etappen seiner malerischen Entwicklung zu erläutern. Den ersten nachhaltigen künstlerischen Eindruck empfing er wohl während seiner Studienjahre in Antwerpen von 1965 bis 1966 und den zwei folgenden Jahren als Studiengast an der Berliner Hochschule für bildende Künste. Anschließend begab er sich auf seine schon erwähnte, fast zwei Jahre dauernde Weltreise nach Asien mit langen Aufenthalten in Papua-Neuguinea, auf Tahiti, auf den Cook- und den Fidschi-Inseln, denen noch weitere ausgedehnte Aufenthalte in der Südsee in den achtziger Jahren folgen sollten. Seine mannigfaltigen Eindrücke von den Lebensverhältnissen und der prähistorischen Kultur in Polynesien hat er in mehreren äußerst dichten Skizzenbüchern festgehalten.

Als Meyerratken sich 1971 in Münster niederließ, wurde dort zur gleichen Zeit als Zweigstelle der Düsseldorfer Kunstakademie eine neue Akademie für freie und angewandte Kunst ins Leben gerufen. Schon bald ergab sich für ihn eine kollegiale Verbindung zu den dortigen Professoren, insbesondere zu den Malern Norbert Tadeusz (1940-2011) und Hermann-Josef Kuhna (1944-2018). Meyerratken selbst bekam 1973 einen Lehrauftrag für plastisches Gestalten im Fachbereich Kunstpädagogik an der Westfälischen Wilhelms-Universität Münster, den er bis 1983 wahrgenommen hat. Diese Aufgabe brachte ihn auch in Kontakt zu dem Künstler und Filmemacher Otto Lenz, der an der Universität Münster als Dozent für Kunsterziehung tätig war.

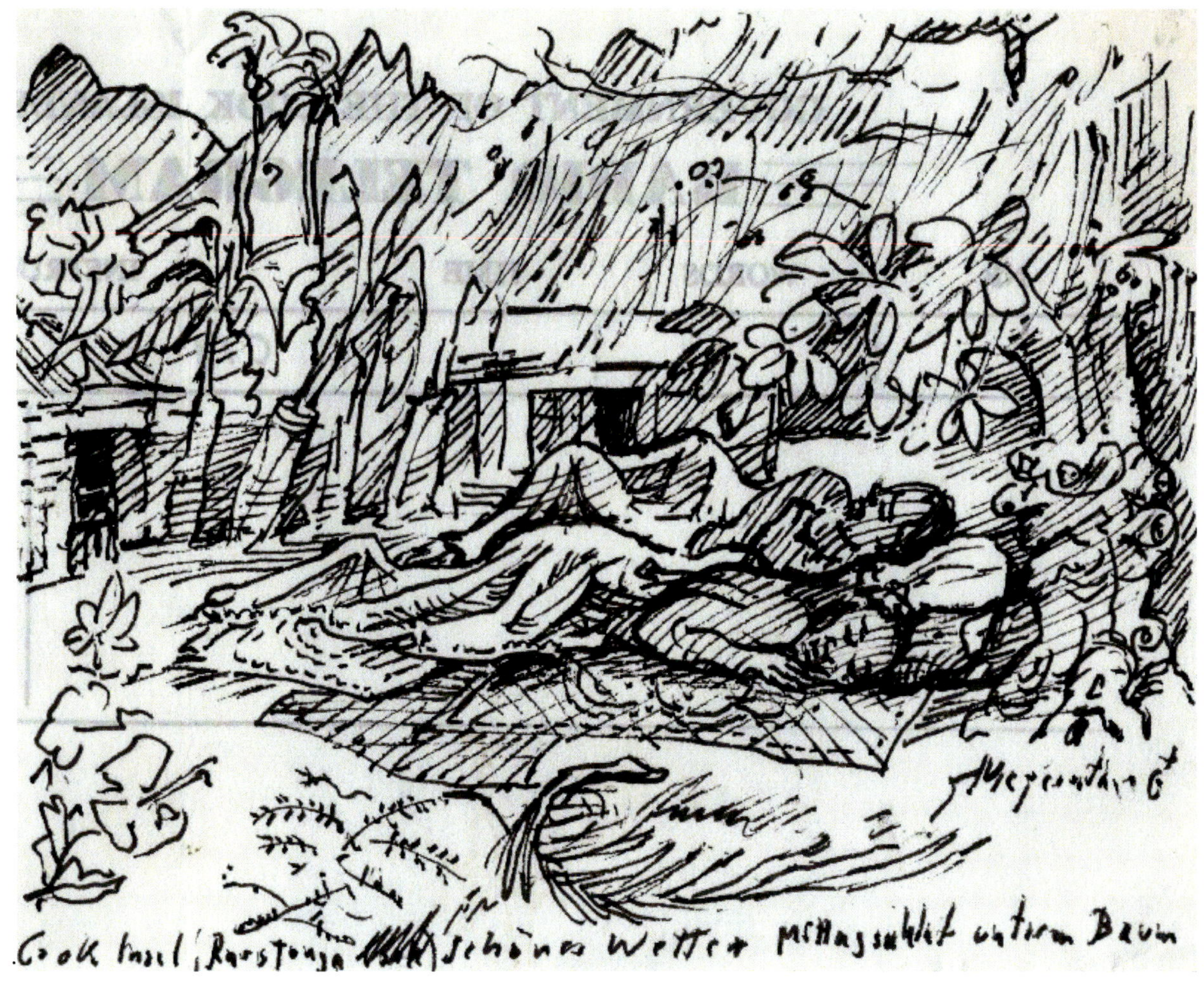

Mittagssabbat unterm Baum auf der Cookinsel Rarotonga, 1986.
Tuschezeichnung auf Papier, 12 x 25 cm.

Zur Charakteristik des malerischen Werkes von Meyerratken gehört vor allem, dass er von vielfältigen stilistischen Kunstströmungen in Europa und, wie schon zuvor Paul Gauguin, von der urtümlichen Volkskunst in Polynesien beeindruckt worden war. Wie er dies immer wieder in Gesprächen betont hat, ging es ihm um ein ständiges künstlerisches Experimentieren mit den ihm zur Verfügung stehenden malerischen Mitteln und Kenntnissen, um eine ganz persönliche Bildwelt zu entfalten, die ohne kunsthistorische Aufklärung auskommt.

Dafür entwickelte er eine eigene Kunstphilosophie, die er als „Anonymen Realismus“ bezeichnet hat.[5] Den von ihm dargelegten Ausführungen zufolge war es ihm vor allem wichtig, bestimmte menschliche Phänomene, wie etwa die Einsamkeit, die Angst, aber auch erotische Befindlichkeiten in seinem figurativen Werk anschaulich darzustellen. Daraus resultiert in seiner Malerei ein kritisches Menschenbild, das vornehmlich um die existentiellen Beziehungen zwischen Mann und Frau kreist.

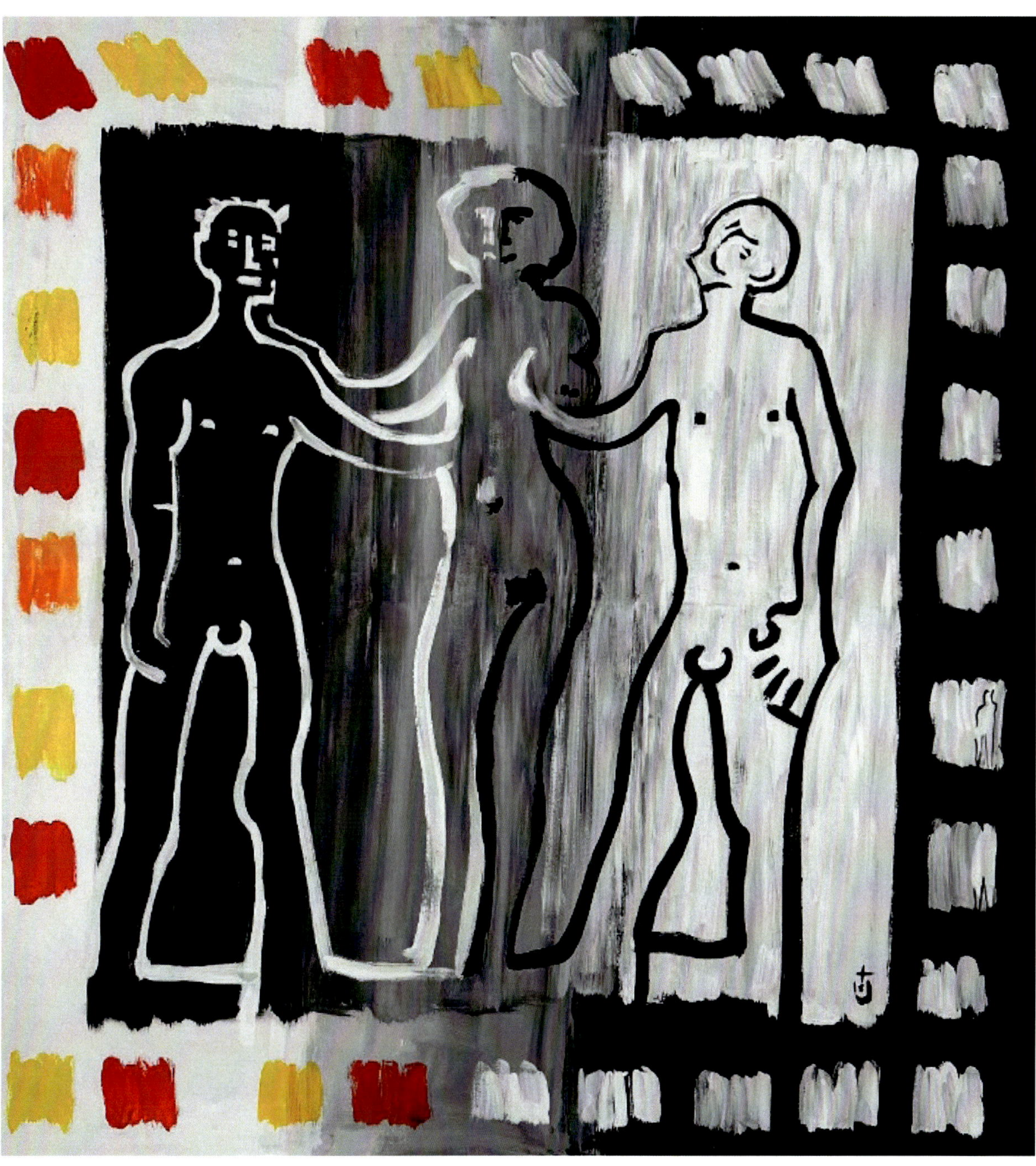

Frau zwischen zwei Männern, 1982. Acryl auf Pappe, 150 x 140 cm.

5 Siehe Anmerkung 4: Gerhard Meyerratken: Manifest des Anonymen Realismus.

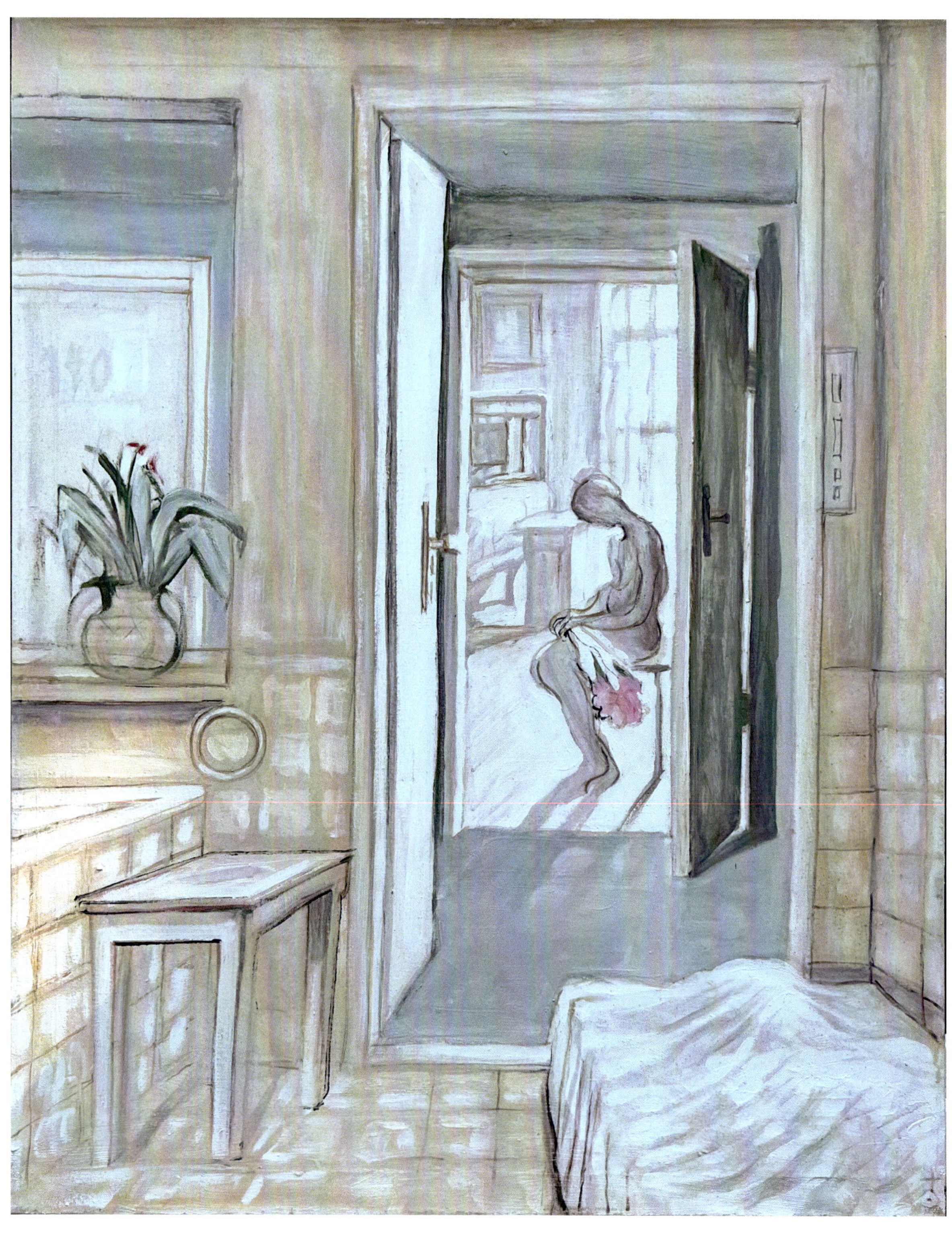

Interieur mit sitzender Figur, 1986.
Acryl auf Leinwand, 100 x 79 cm.

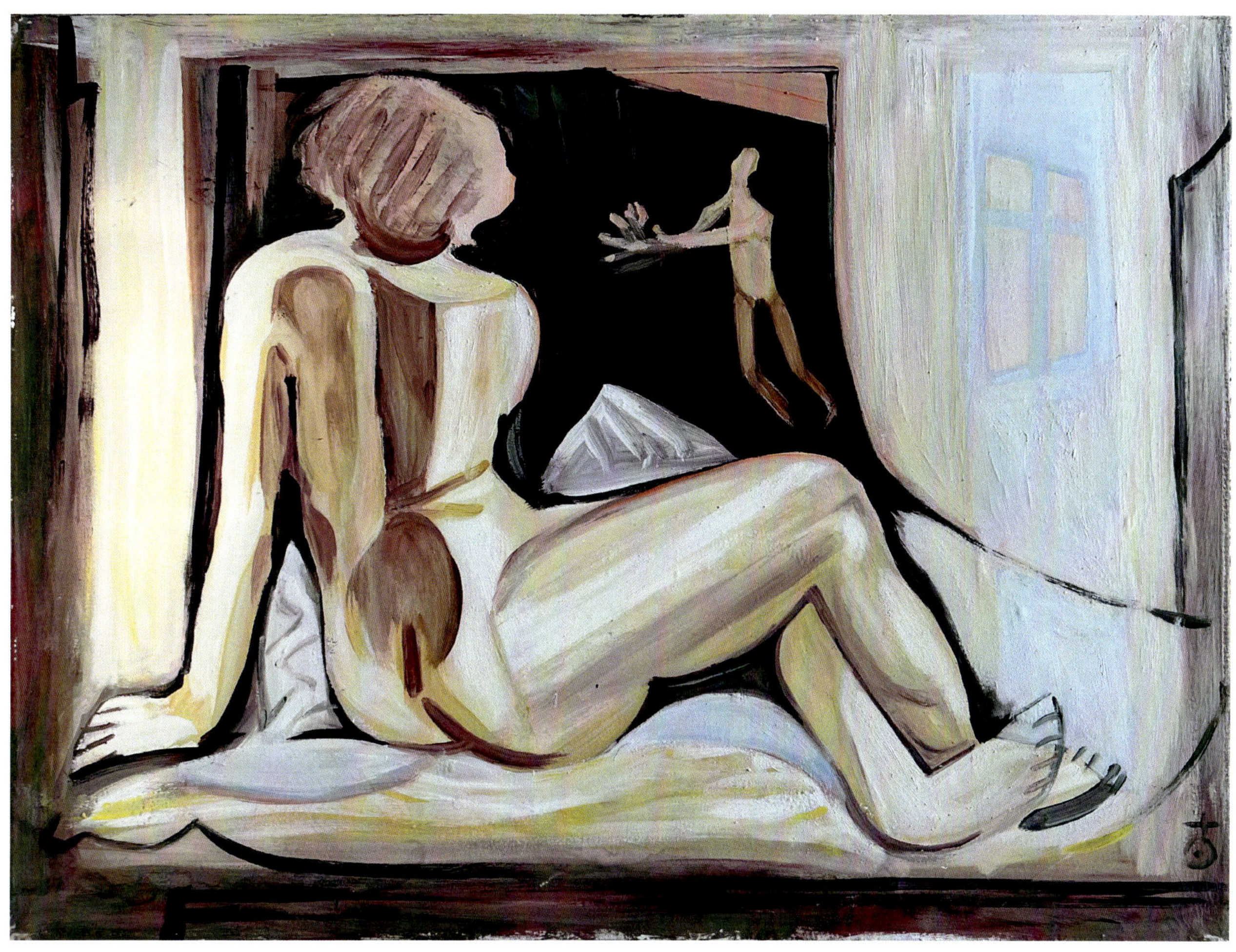

Nachtmahr, 1985. Acryl auf Leinwand, 80 x 100 cm.

Seine Szenarien zeigen häufig nur silhouettenhaft wiedergegebene menschliche Gestalten, allein, zu zweit oder in Gruppen. Oft erscheinen sie entblößt und melancholisch in Wohnungen, so als ob sie auf eine Erlösung aus ihrer Schwermut warteten. Dieses Motiv zieht sich wie eine konstante Linie durch sein gesamtes künstlerisches Werk. Denn solche metaphysisch anmutenden Szenen in angedeuteten Räumen oder mehrgeschossigen Gebäuden mit Darstellungen von einzelnen oder mehreren, verlassen erscheinenden Menschen malte er seit den siebziger Jahren immer wieder in unterschiedlichen Variationen.

Sie sind in diesen Raumarchitekturen meistens unbekleidet dargestellt. Durch den bedrückenden Kontrast zu den sie umgebenden kahlen Wänden wirken sie in ihrer passiv verharrender Position schutzlos. In diesen Bildern wird die Verletzlichkeit des Menschen in einer von Brutalität und Sterilität gekennzeichneten urbanen Welt thematisiert. Ihr teilnahmsloses Verhalten entbehrt dabei nicht einer gewissen menschlichen Tragik und erinnert an das sinnlose „Warten auf Godot“ (1952) in dem absurden Theaterstück von Samuel Beckett (1906-1989).

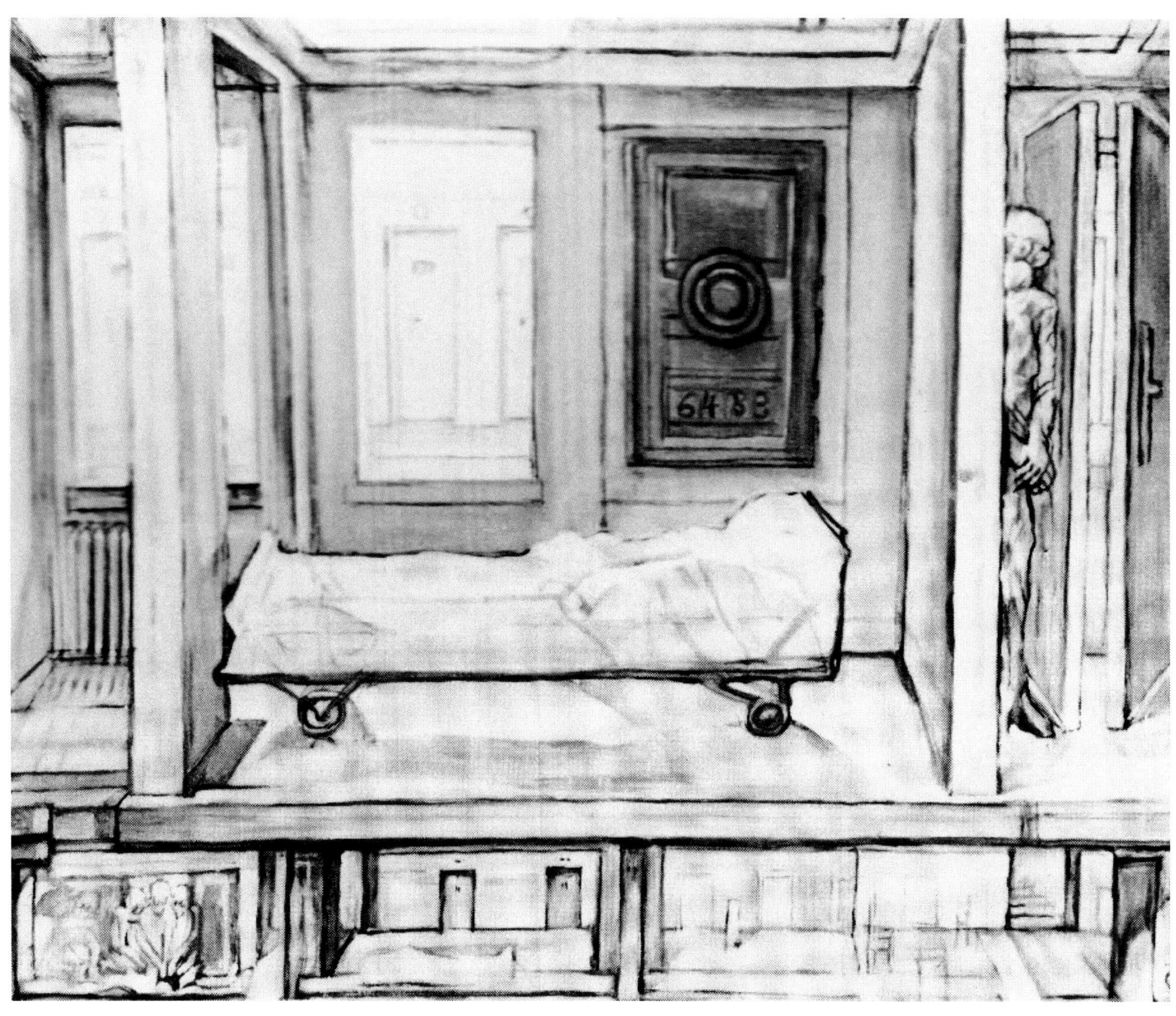

Krankenhaus, 1981.
Acryl auf Leinwand, 100 x 120 cm.

Nachdem er in der idyllischen Altstadt von Münster nahe der Überwasserkirche einen Ruhepol zwischen seinen zahlreichen Weltreisen gefunden hatte, entwickelte Meyerratken für seine verschiedenen Motive eine jeweils für ihn charakteristische stilistische Malweise zwischen Realistik und Abstraktion. Dazu gehören vor allem die schon erwähnten Menschenbilder in kargen Wohnräumen oder in verschachtelten architektonischen Strukturen. Die Gestalten, die hier agieren, erinnern mit ihren verschlossenen Physiognomien auch an antike und religiöse Figuren.

Doch eben so sehr inspirierte ihn die traditionsreiche Geschichte der westfälischen Metropole Münster. Deshalb malte er 1986 das repräsentative Gemälde „Der Bischof von Münster und seine Konfirmanden". Vorausgegangen war seine lange literarische Auseinandersetzung mit der Geschichte der Wiedertäufer von Münster (1534), über die er selbst ein Drama 1985 verfasst hat. (Siehe Abbildung Seite 61).

Die menschliche Erscheinung, die in den Bildern Meyerratkens als Maßeinheit innerhalb von räumlichen Konzeptionen, aber auch von unterschiedlichen Körperhaltungen beeinflusst ist, wirkt durch die gespenstische Kühle sinnentleert und von der Natur abgeschnitten. Charakteristisch für diese Serie von Architekturbildern sind seine Gemälde „Krankenhaus" (1981) und „Heimidylle" (1988). Nur noch der Fernsehapparat verschafft eine Verbindung nach draußen in die Ferne zu einer von Hoffnung und Sehnsucht getragenen paradiesischen Welt. Der Kontrast zu den jungen Leuten, die nackt zwischen dicken Mauern sitzen, scheint unüberbrückbar zu sein. (Siehe Abbildung Seite 18).

Man könnte diese ins Metaphysische tendierende Malerei in ihrer Wirkung auch mit rituellen Abläufen im Theater vergleichen, so als wenn die von ihm dargestellten Figuren Schauspielern gleich vor ihren Auftritten auf der Bühne in Meditation verharren. Die Neigung Meyerratkens zum Theater, dem er in Münster sehr verbunden gewesen ist, hat sich im übrigen auch in seinen Schriften niedergeschlagen. [6]

In diesen Bereich gehört auch die Darstellung von einem Kentaur vor einem geheimnisvollen Portal über einer liegenden weiblichen Figur. Vermutlich spielt er damit auf den heilkundigen Kentaur Cheiron an, der den Heilgott Asklepios zum Arzt ausgebildet hat. [7]

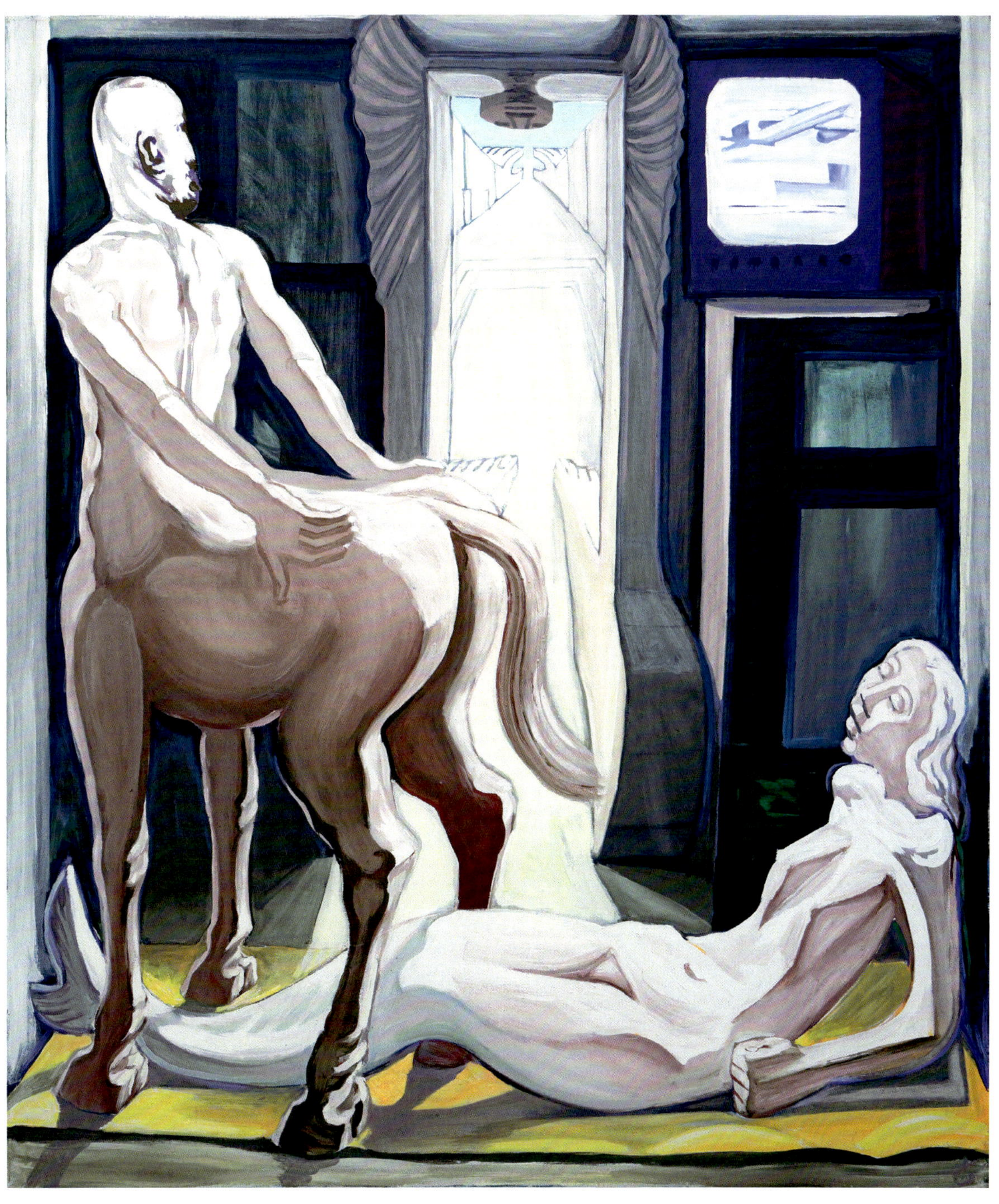

Kentaur über Liegender, um 1986.
Acryl auf Leinwand, 160 x 140 cm.

6 Gerhard Meyerratken: Wiedertäuferei. Bühnenstück in vier Akten. Münster 1985.

7 Die antiken Kentauren sind in der griechischen Mythologie Mischwesen aus Pferd und Mensch. Zu ihnen gehört auch der heilkundige Kentaur Cheiron, der aufgrund seiner Begabungen und Freundschaft zu den Göttern über die anderen gestellt wird. Nach seinem Tod wurde Cheiron von Zeus als Sternbild "Zentaur" an den nächtlichen Himmel gesetzt.

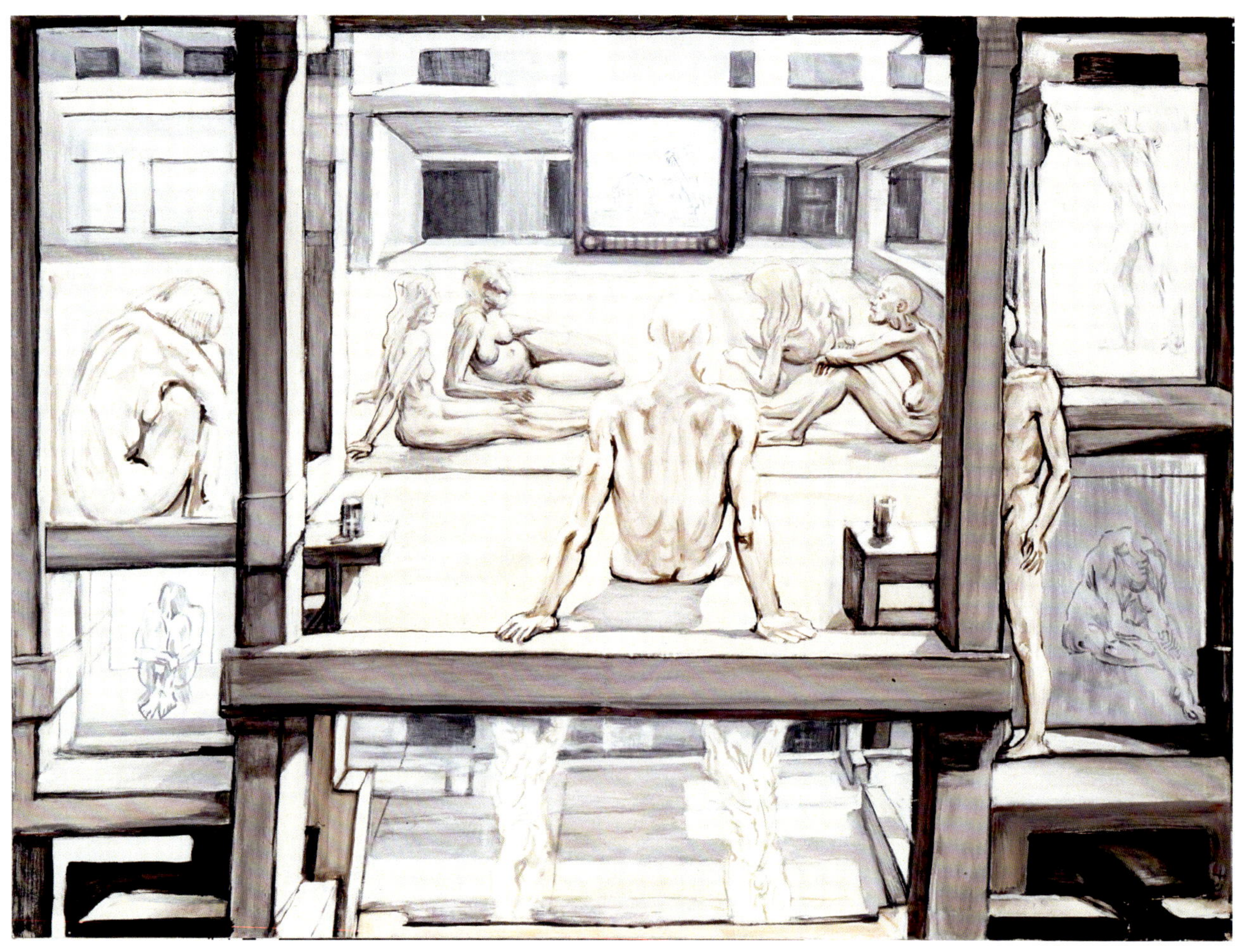

Heimidylle, 1988.
Acryl auf Leinwand, 120 x 140 cm.

Bei der Darstellung seiner architektonischen Szenerien hat er sich wohl von den Grafiken des italienischen Künstlers Giovanni Battista Piranesi (1720-1778) anregen lassen. Der römische Kupferstecher hat in seinem Radierzyklus "Carceri" (1749/50) schon um 1750 ähnliche beängstigende Raumphantasien in seinen Architekturskizzen zum Ausdruck gebracht. Die kulissenhaft wirkenden malerischen Inszenierungen Meyerratkens tragen jedoch unverkennbar den Stempel unserer Epoche.

Häufig hat es in seinen Architekturbildern querschnitthaft mehrere Ebenen und Raumzonen gegeben. Fast allen solchen Szenerien ist eine grau in grau gemalte Farbgebung zu eigen.

Seine Darstellungen reflektieren in dieser Hinsicht motivisch auch die unruhigen siebziger und achtziger Jahre der Nachkriegszeit. Die damals von Studentenrevolten gegen die Aufrüstung und für den Frieden, gegen den Bau der Frankfurter Startbahn West und von demonstrativen Hausbesetzungen bestimmt wurden.

Im Grunde spricht Meyerratken in diesen Raum–szenen mit ihren Gruppen von nackten weiblichen und männliche Gestalten das menschliche Bedürfnis nach Geborgenheit und Gemeinschaft an. Man spürt in diesen geheimnisvollen Darstellungen eine allgemeine Betroffenheit, die ein verunsichertes Dasein symbolisiert.

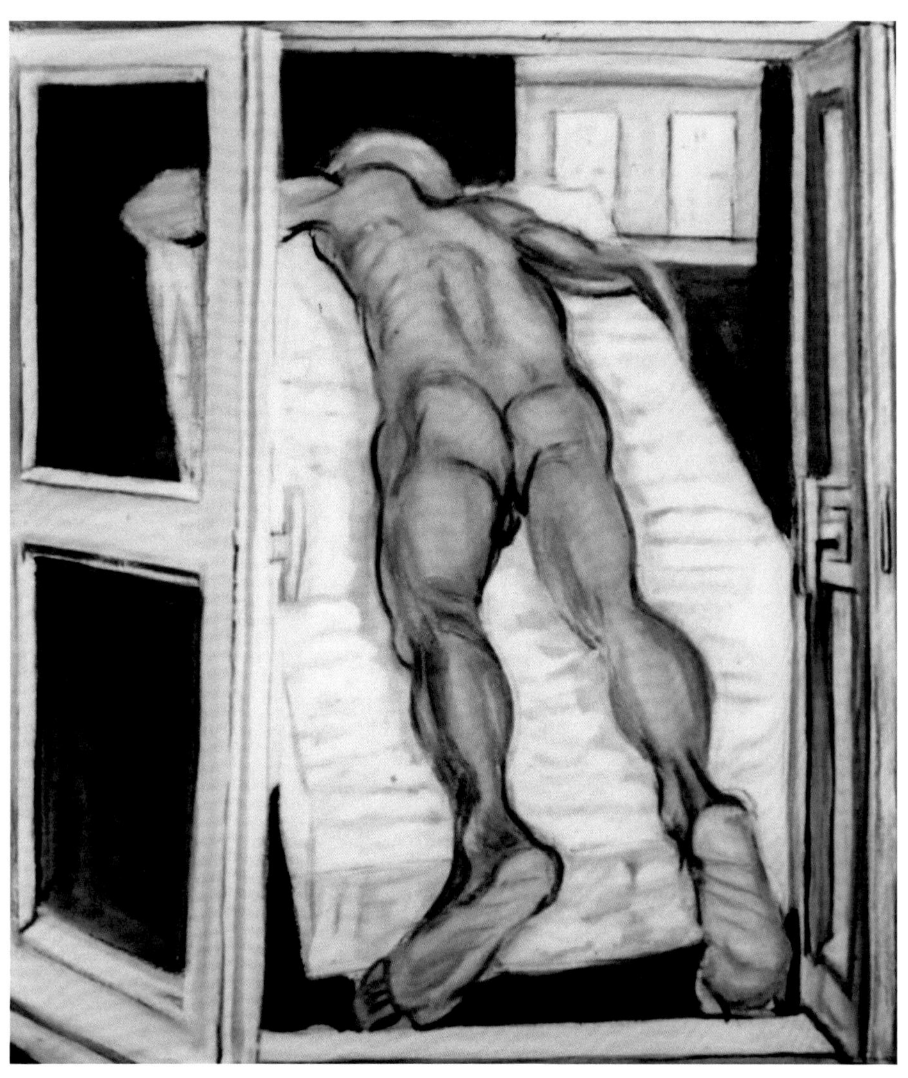

Kranker Mann auf dem Bett, um 1980.[8]
Acryl auf Leinwand, 100 x 80 cm.

Seit 1976 hat Meyerratken in einem 1905 errichteten, vom Jugendstil geprägten Mehrfamilienhaus in der Münsteraner Frauenstraße 24 gewohnt und gemalt, das inzwischen legendär geworden ist. Das Gebäude war über Jahre ständig von Immobilienhändlern vom Abriss bedroht worden. Dagegen hat es damals in der westfälischen Bischofsstadt heftige Protestbewegungen gegeben, die letzten Endes die Erhaltung des Gebäudes erreicht haben. Als der am längsten in diesem Haus, das heute unter Denkmalschutz steht, lebende Mieter, wurde Meyerratken dafür zu einem Zeitzeugen.[9] Immerhin hatte er dort über ein Jahrzehnt sein Wohnatelier.

Verstärkt wendete sich Meyerratken in den achtziger Jahren mythologischen Themen der Antike zu. Vor allem die antiken Götter und Halbgötter wie Apollon, Asklepios, Dionysos, Hygieia oder der Kentaur Cheiron (der Lehrer von Asklepios) dienten ihm als Spiegelbilder für menschliches Verhalten. Es lag deshalb auch nahe, dass der Theaterkenner Meyerratken in seiner Malerei mehrfach den Stoff der antiken Dramen, wie etwa denen von Aischylos oder von Euripides, unter verschiedenen Blickwinkeln künstlerisch verarbeitet hat. Diesen Themen widmete er sich, außer in seinen Acrylbildern, bevorzugt mit Wasserfarben sowie Tusche- oder Zeichenstiften.

8 Im Bestand des Wilhelm-Fabry-Museums in Hilden, in der Sammlung "Kunst und Medizin, Axel Hinrich Murken".

9 Petra Noppeney: Die Heimkehr der „Hausbesetzer". Gemälde von Gerhard Meyerratken in der Frauenstraße 24 restauriert. Münstersche Zeitung, Nr. 140, 20.6.2017. Frauenstraße 24. Geschichte einer erfolgreichen Besetzung. Hrsg.: Rita Weißenberg. Bernd Uppena und Joachim Hetscher. Münster 2023. Vergleiche dazu die Abbildung des monumentalen Gemäldes von Gerhard Meyerratken auf Seite 65.

Zu seinen mit dem philosophischen Gedankengut des Existentialismus sympathisierenden Ansichten könnte es keinen größeren Kontrast geben, als zu den Bildern, die Meyerratken von seinen Eindrücken aus der Südsee mitgebracht hat. Hier der ins Sein geworfene Mensch, dort das Leben im Einklang mit der Natur bei den Urvölkern. Schon seit seiner Berliner Studienzeit haben ihn außer der antiken Mythologie die prähistorischen Kulturen dazu angeregt, sich mit dem Menschen und seinen unterschiedlichen kulturellen Einflüssen auseinanderzusetzen. Mit seinen mehrfachen Reisen nach Papua-Neuguinea und zu den Inseln des Bismarck-Archipels oder nach Tahiti, wo er die Lebens- und Kulturformen der Einheimischen studierte, folgte er wohl einem tief in ihm selbst begründeten Bedürfnis nach Selbstbestimmung. Die dort gewonnenen Eindrücke und Freiheiten hat er, wie erwähnt, in einer Fülle von Aquarellen und von kleinteiligen Zeichnungen mit Federhalter, Tusche- oder Bleistift in Skizzenbüchern festgehalten. Die vor Ort mit sicheren Strichen umrissenen Motive aus dem urtümlichen Volksleben, von Dorfszenen und von Begegnungen auf den Inseln der Südsee, haben malerisch sein Werk mitgeprägt.

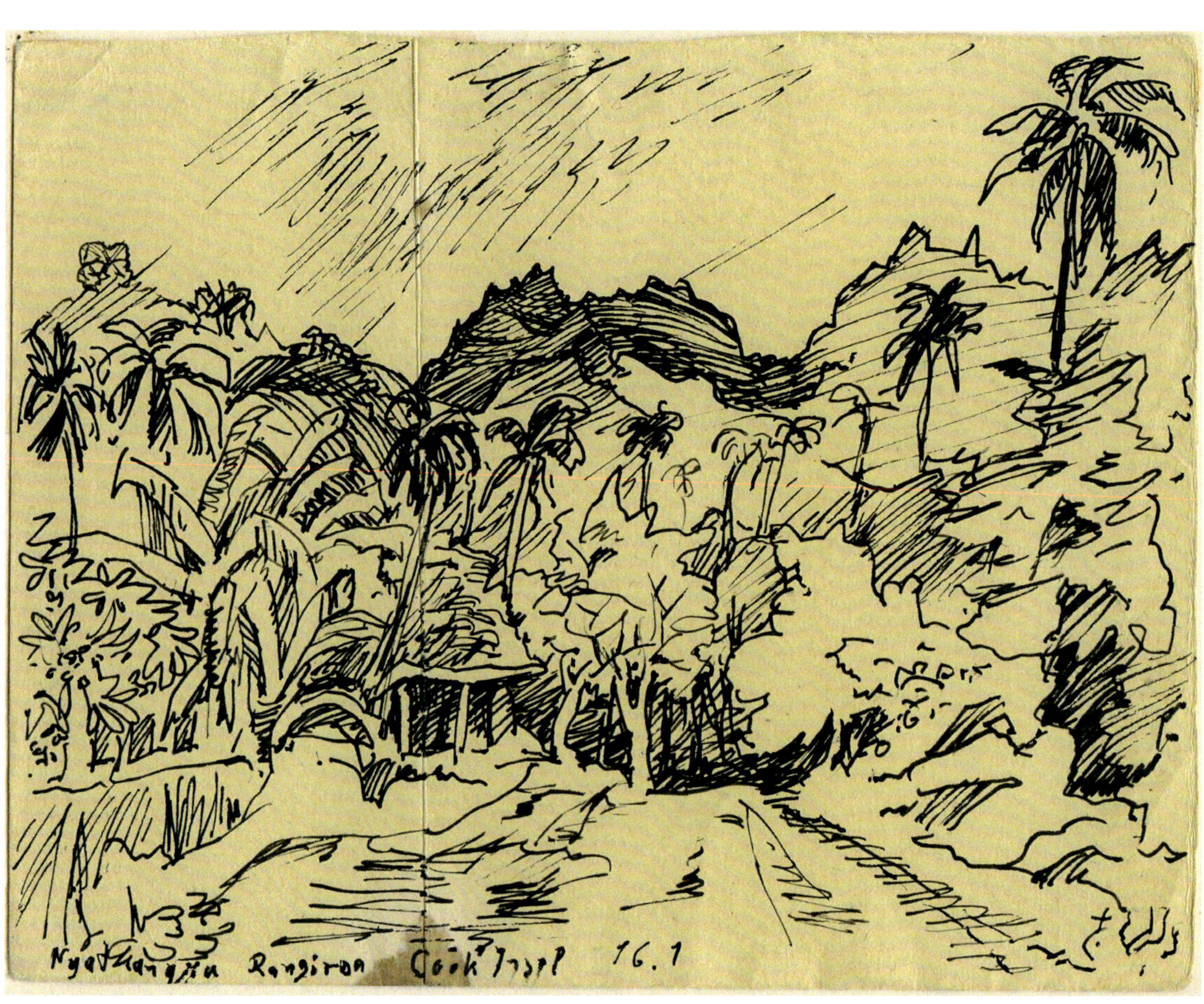

Die bergische Küste der Cookinsel Rarotonga bei dem Dorf Ngatangiia am 16.1.1980.
Zeichnung, 12,5 x 16 cm.

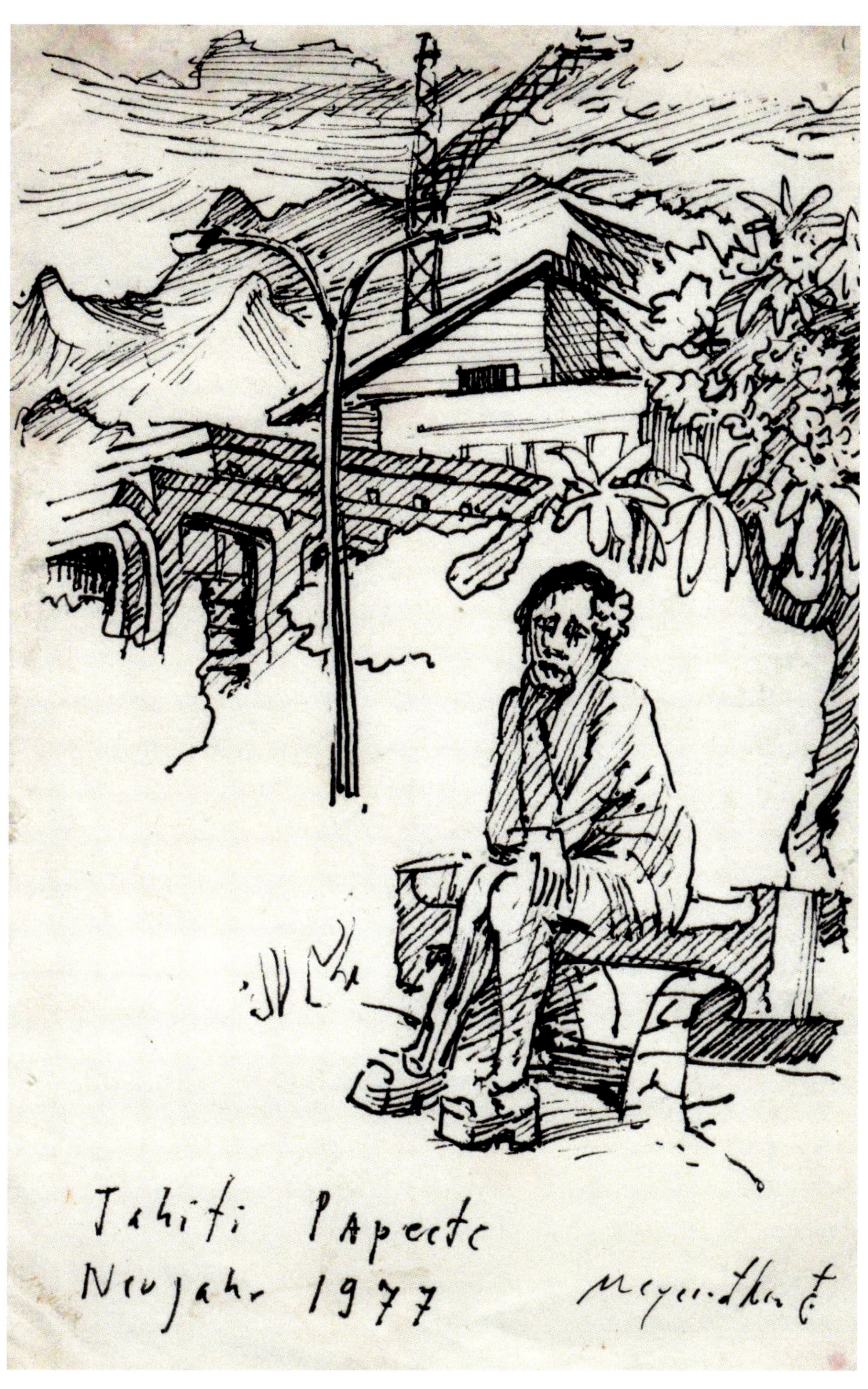

Dorfplatz auf Papeete (Tahiti) mit Einwohnerin, Neujahr 1977.
Tuschezeichnung, 17 x 11 cm.

Neben diesen unterschiedlichen Schilderungen von Szenen aus der Südsee entstanden immer wieder eine Reihe ausdrucksstarker Gemälde, die in realistischer Manier Menschen einzeln, als Paare oder als junge Mütter in verschiedenen Situationen auf Liegestätten, am Schreibtisch oder in ihren Wohnräumen porträthaft darstellen. Meistens handelt es sich dabei um Personen aus dem unmittelbaren Freundeskreis des Künstlers sowie aus der Theater-, Literatur- oder Kunstszene.

So hat er von den bekannten Schriftstellerinnen Karin Struck (1947-2006) und Christa Murken, die beide während ihrer Münsteraner Zeit durch ihre Publikationen in regem Austausch miteinander standen, mehrere Porträts gemalt: Karin Struck veröffentlichte damals ihre beiden Romane „Lieben“ (1977) und „Trennung“ (1978), Christa Murken unter anderem: „Barfuß in die Kunst. Moderne Malerei anschaulich erklärt“ (1980) und „Paula Modersohn-Becker. Leben und Werk“ (1980).

Erstaunlicherweise interessierte sich Meyerratken auch für das Werk von Joseph Beuys (1921-1986), das damals im kritischen Fokus der zeitgenössischen Kunst stand. Als er hörte, dass ich eine Einladung zur großen Retrospektive von Joseph Beuys im Solomon R. Guggenheim-Museum in New York am 1. November 1979 wahrnahm, hätte er mich gern begleitet.

Auf meine Schrift über den Aktionskünstler, der das traditionelle Kunstverständnis in Frage stellte, war er sehr neugierig. Leider konnte ich ihm mein Buch „Joseph Beuys und die Medizin“, das in Münster im F. Coppenrath-Verlag erst kurz vor der Eröffnung der Ausstellung erscheinen sollte, damals noch nicht sofort überlassen.

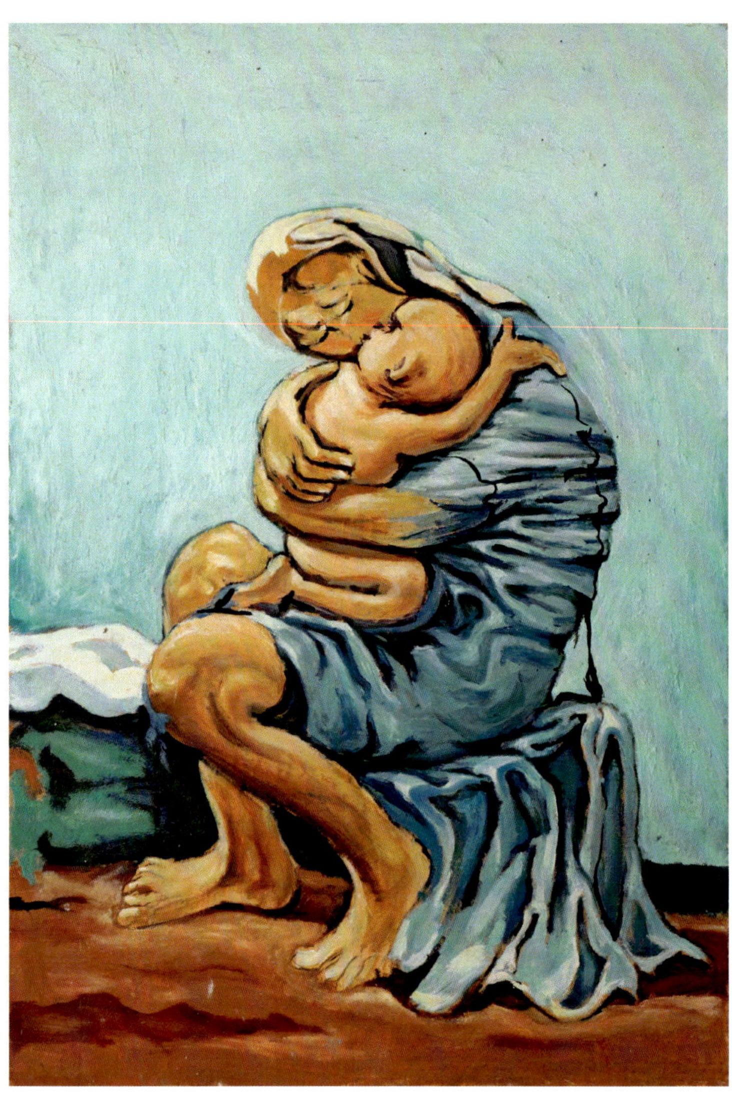

Mutter mit Kind, um 1975.
Öl auf Holz, 82 x 65 cm.

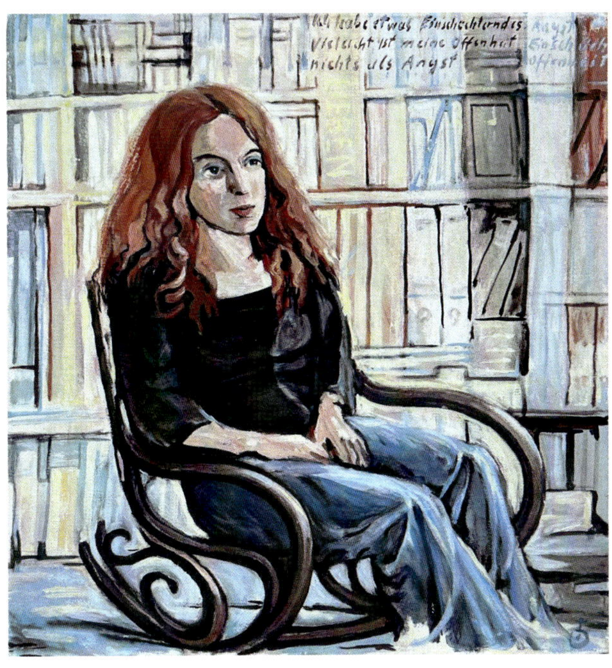

Bildnis Karin Struck, 1978. Acryl auf Pappe, 75,5 x 70 cm.
Oben rechts ist ein Ausspruch von Karin Struck über sich selbst eingefügt:
„Ich habe etwas Einschüchterndes. Vielleicht ist meine Offenheit nichts als Angst."

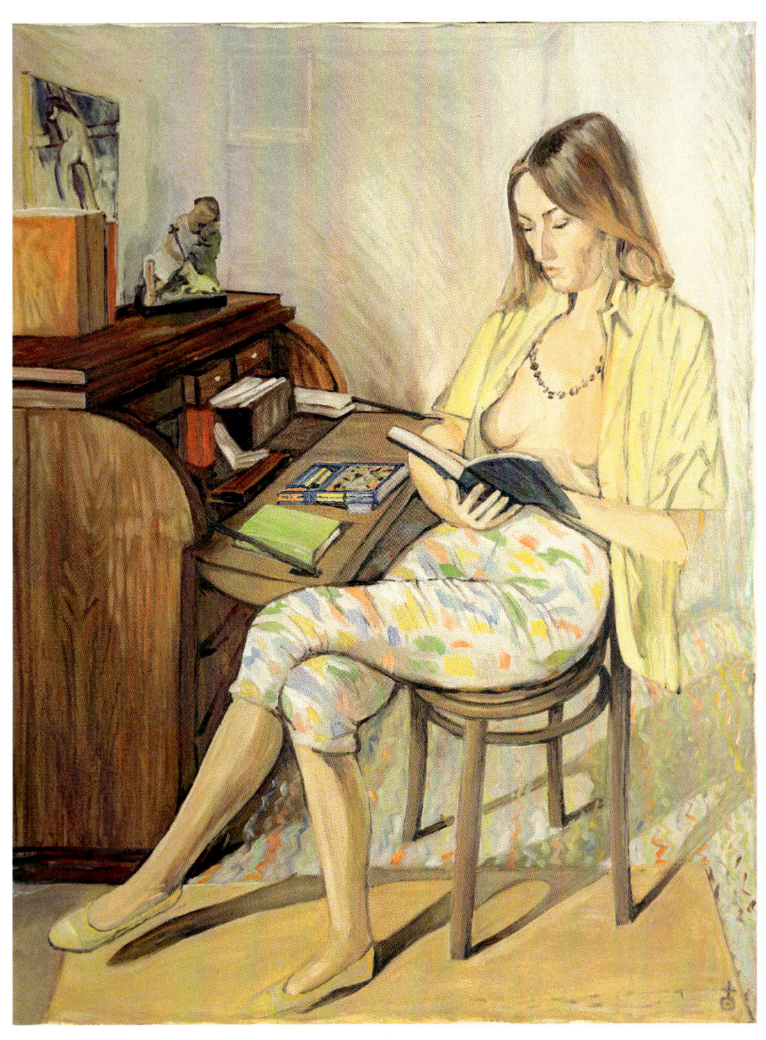

Bildnis Christa Murken, 1985.
Acryl auf Leinwand, 130 x 100 cm.

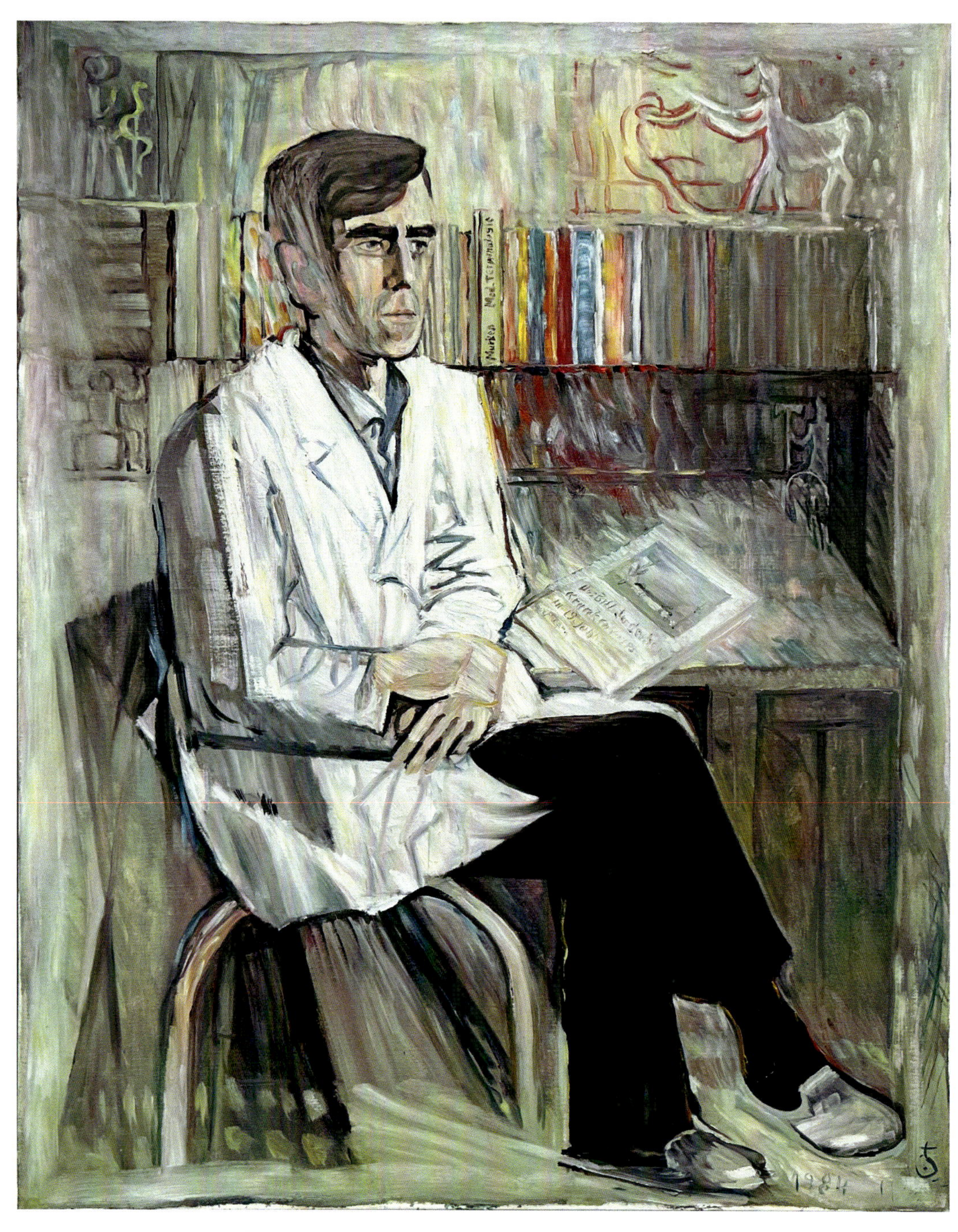

Portrait eines Arztes (A.H.M.), 1988.
Acryl auf Leinwand, 130 x 100 cm.

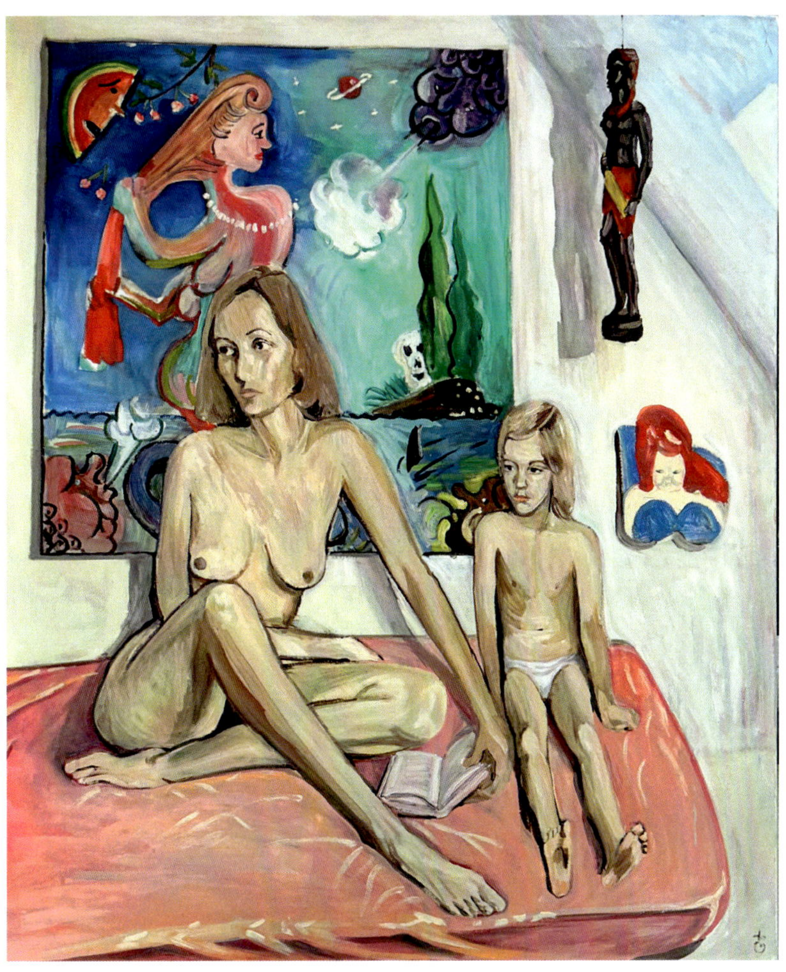

Mutter mit Tochter, 1988.
Acryl auf Leinwand, 139,5 x 119 cm.

Gerhard Meyerratken verfolgte erstaunlicherweise sehr aufmerksam das Thema „Kunst und Medizin." Offensichtlich fand er hier Anregungen zur „Conditio humana" (die Bedingungen des Menschseins), die er darstellen wollte. Auf unseren größeren Beitrag hin „Wenn ich nicht Maler wäre, möchte ich Arzt sein. Operationsszenen in der Malerei" (1977) sprach er uns mehrfach an. In der nach einem Zitat von Henri de Toulouse-Lautrec (1864-1901) formulierten Überschrift haben Christa Murken und ich in diesem Beitrag die wichtigsten Maler beschrieben, die solche Motive dargestellt haben.

Inwiefern ihn zeitweise Szenen aus dem Milieu der Medizin beeinflusst haben, erzählte er später, als er uns im Sommer 1988 bei einem längeren Besuch in Herzogenrath wie zum Beweis mehrere seiner Darstellungen von Geburtsszenen mitbrachte. Meine damals gerade erschienene Übersicht zur Spiegelung der Heilkunde in der Kunst von der Antike bis zur Gegenwart sah er neugierig bei uns durch.[10] Nicht von ungefähr malte er in diesen Tagen von mir ein Bildnis, das mich im Arztkittel vor dem Bücherschrank mit meinem Buch „Das Bild des deutschen Krankenhauses im 19. Jahrhundert" (1973) darstellt.

Einige seiner Bilder, die er medizinischen Themen gewidmet hat, seien hier noch aufgeführt. Es handelt sich zumeist um Szenerien von Patienten im Krankenhaus. Mehrere Darstellungen von ihm befassen sich, wie schon erwähnt, mit Einblicken in Kreißsäle, die Szenen mit Geburten darstellen. Doch solche Motive sind wohl in einem symbolischen Sinn von Meyerratken als schicksalhafte Stationen des menschlichen Lebens gewählt worden.

10 Axel Hinrich Murken: Die Heilkunde aus der Sicht der Künstler. Ein Überblick zu Kunst und Medizin. Von der Antike bis heute. Cesra-Säule Heft 46 (1987) und 47 (1988).

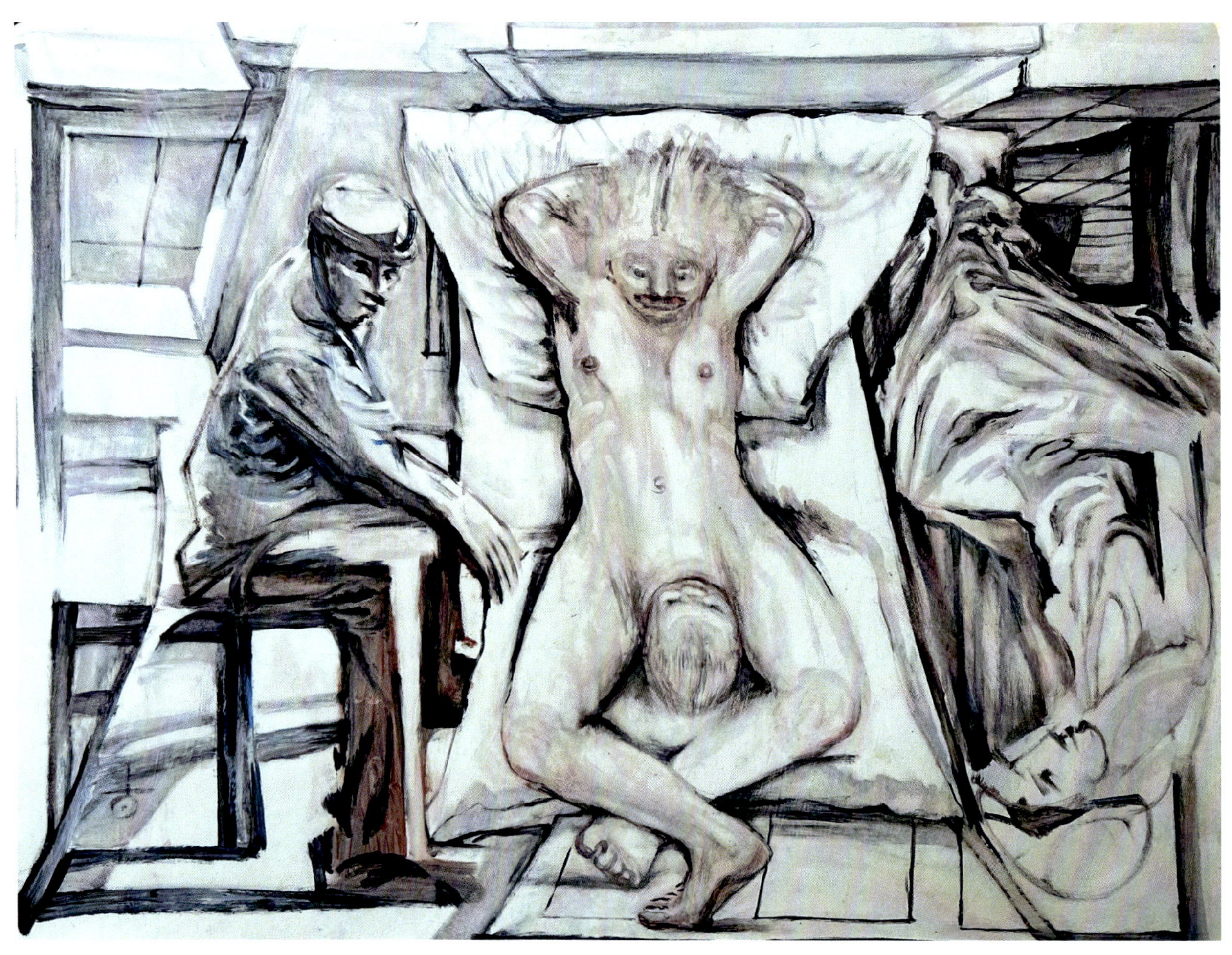

Geburtsszene, 1986.
Acryl auf Leinwand, 75 x 100 cm.

In die achtziger Jahre fallen auch Szenen, die schemenhaft drei diskutierende Schachspieler an langen Tischen beim Spiel darstellen. Weiterhin sind dem Milieu des Zirkus einige bunt gestaltete Figuren zuzuschreiben, die Bildnissen von fiktiven Clowns oder Gauklern ähneln. Darüber hinaus findet man in seinem Oeuvre auch vereinzelt Bilder aus der Arbeitswelt. Einige Gemälde aus diesem Motivkomplex werden auf den folgenden Seiten abgebildet. So porträtierte Meyerratken einen Arbeiter in seiner Ruhepause. Er stellte ihn in blass-blauen und roten Tönen als einen erschöpften, unbekleidet dasitzenden Mann dar. Zu seinem weiteren Repertoire aus der Arbeits-, Märchen-und Zirkuswelt gehören auch Sagenfiguren wie der Zentaur Cheiron (der Heilkundige) oder Luzifer, der sowohl als Lichtbringer als auch als Satan gesehen werden kann.

Diese Doppeldeutigkeit kommt beispielsweise in seinem Gemälde „Vor dem Richter“ zum Ausdruck. Dort führt eine teuflische Gestalt eine erstarrt wirkende weibliche Person vor einen in Rot gekleidete Richter, auf einem hohen Stuhl sitzend, gewaltsam vor (Siehe Seite 31).

Ein anderes Motiv widmet sich der kühlen Atmosphäre eines Büros. Meyerratken malt die Interieur sehr realistisch ohne Person und sparsam möbliert in dominierenden roten und grünen Farben. Die besondere Gestaltung des Bürostuhls lässt aber ihren Besitzer erahnen. (Siehe Seite 32).

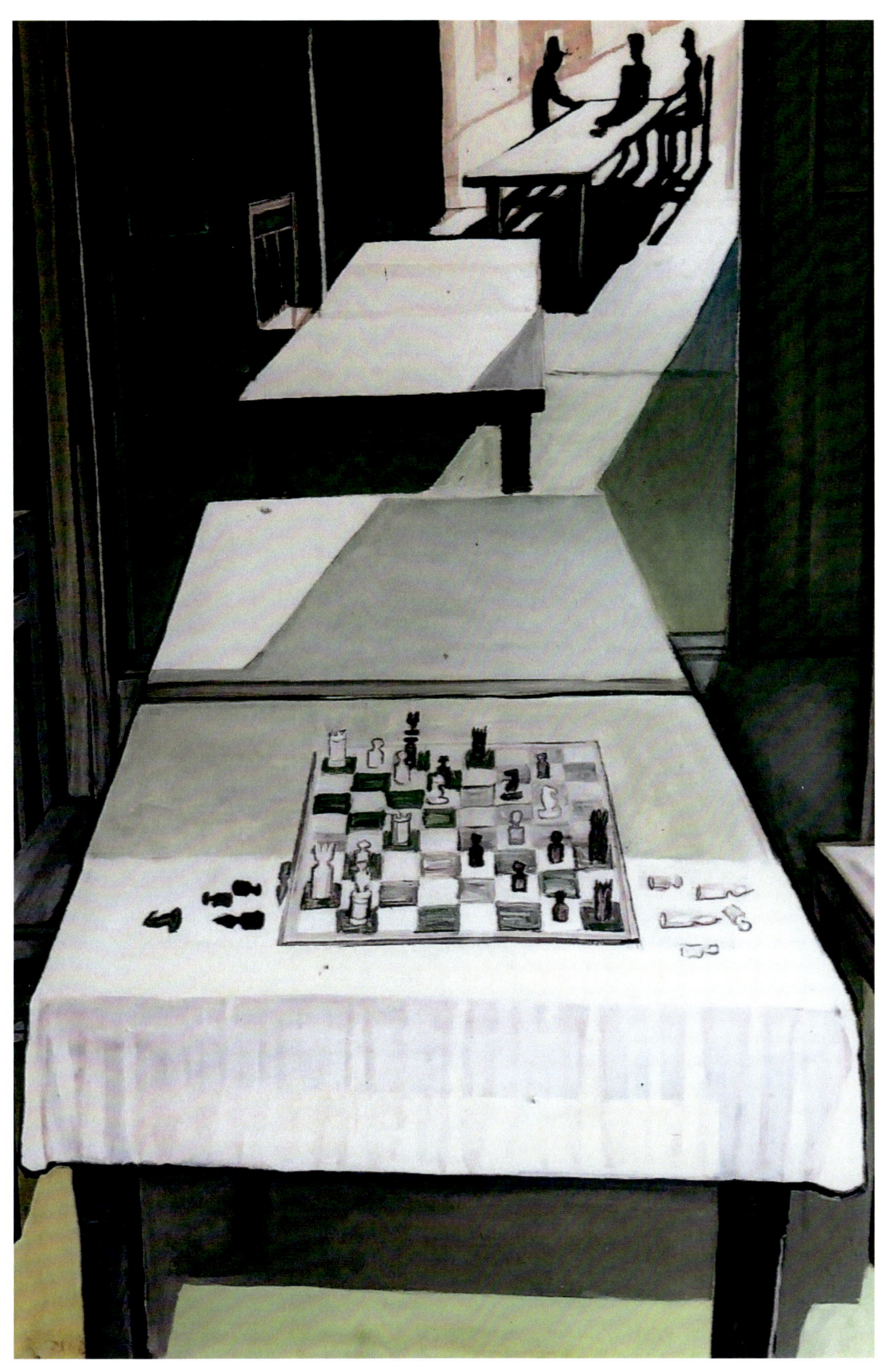

Schachspieler, 1984.
Acryl auf Leinwand, 140 x 100 cm.

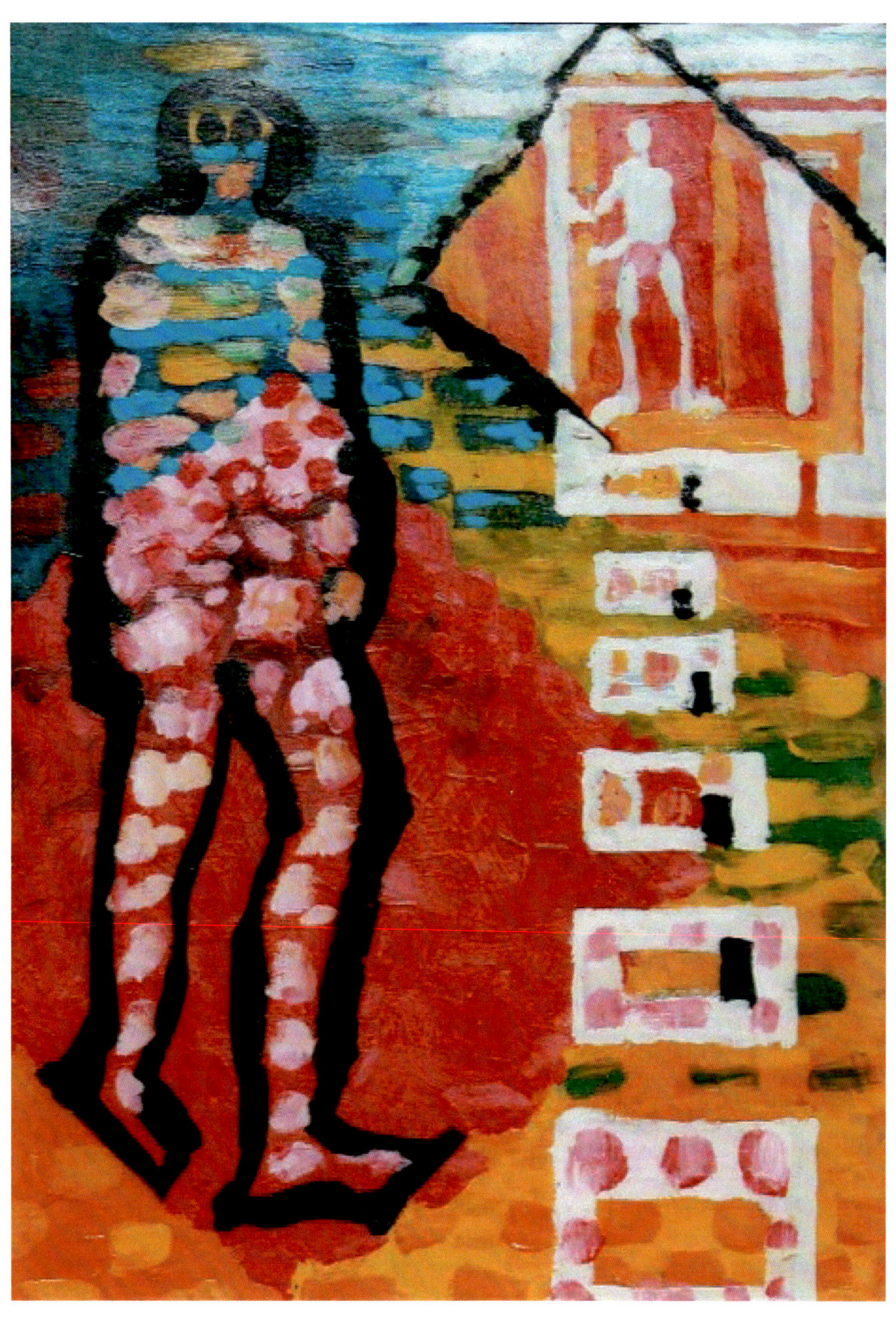

Gaukler, 1982.
Acryl auf Leinwand, 120 x 100 cm.

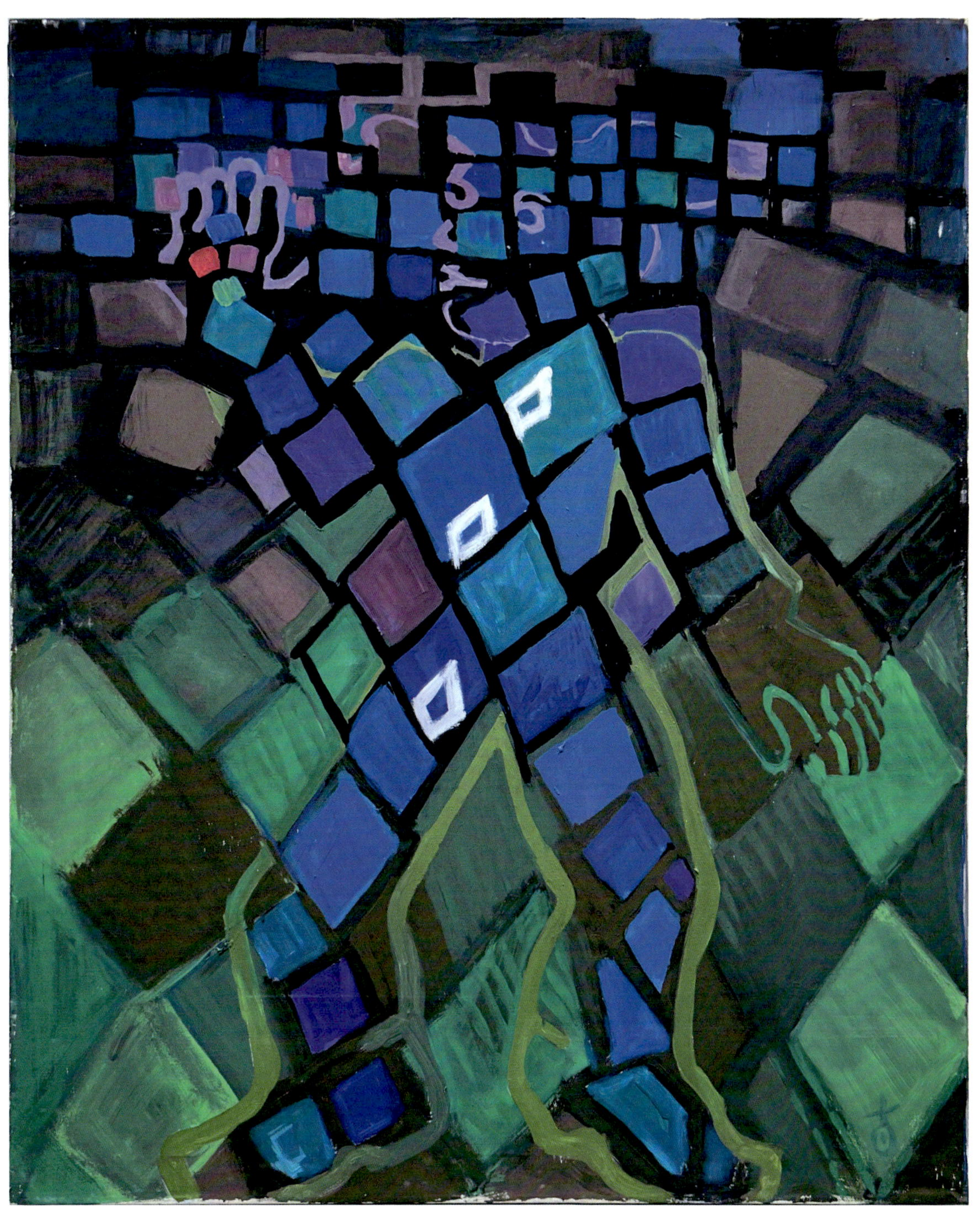

Narr, um 1982.
Acryl auf Leinwand, 119 x 100 cm.

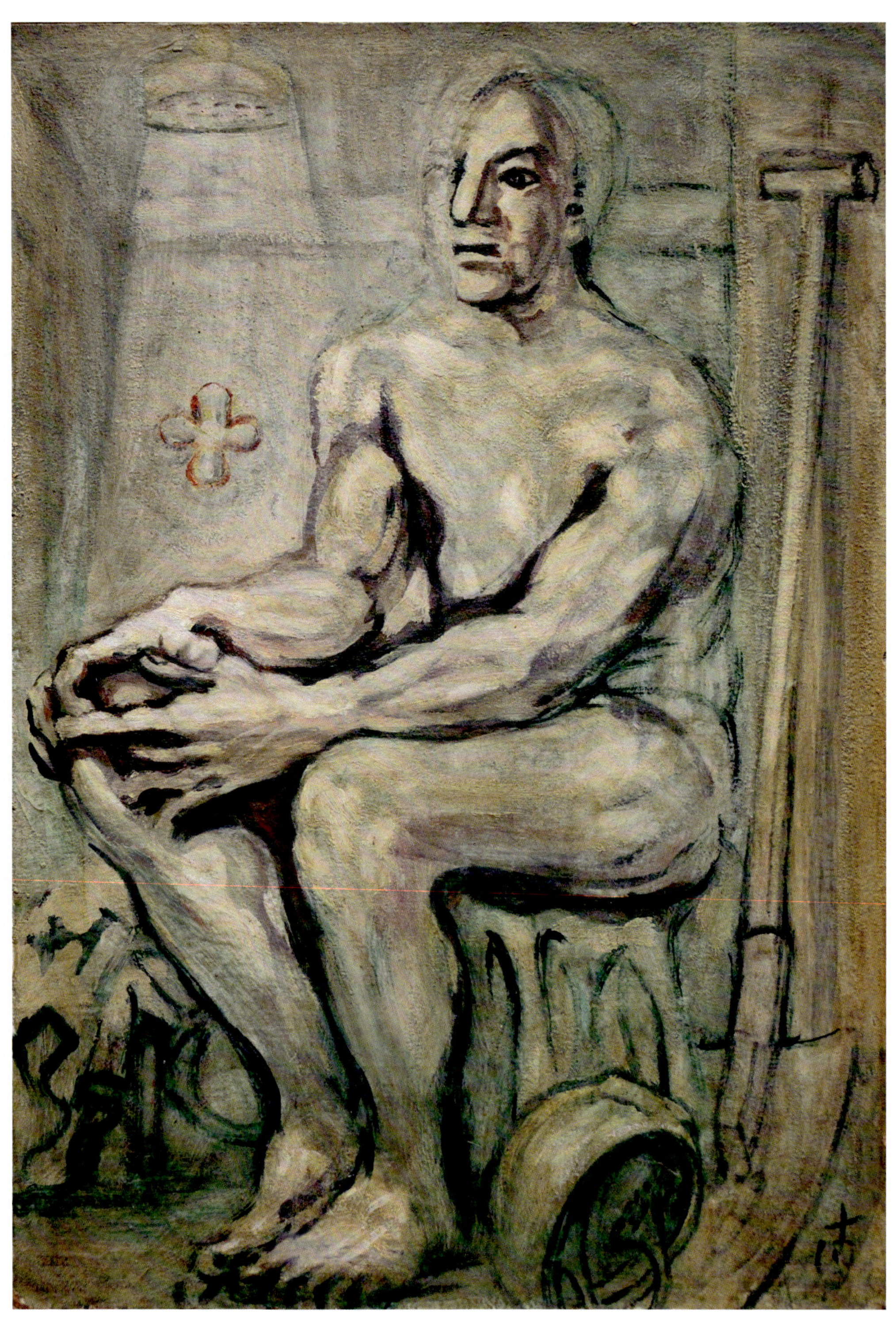

Arbeitskraft (Männlicher Akt), um 1975.
Acryl/Öl auf Holz, 75 x 53 cm.

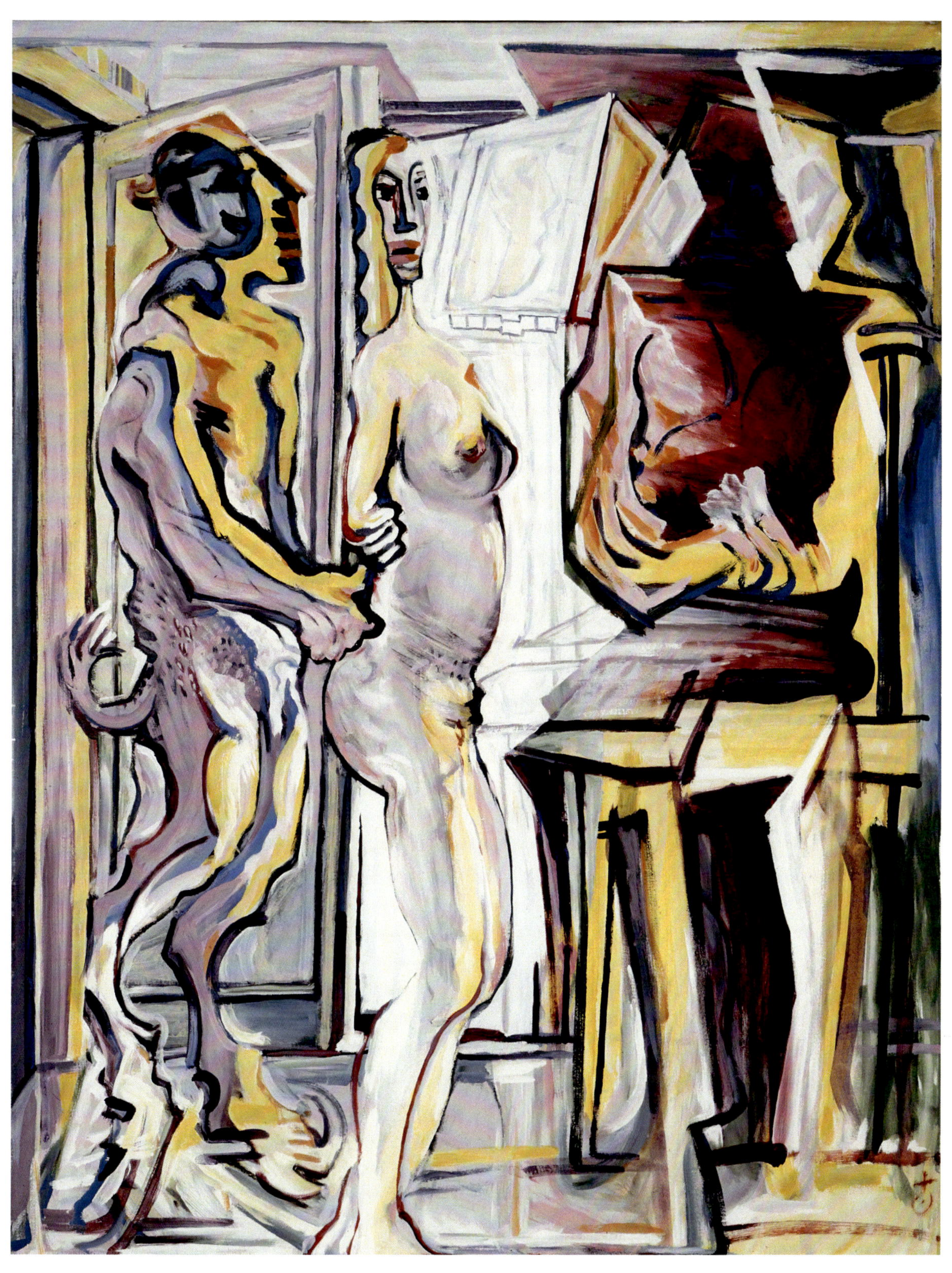

Vor dem Richter, um 1984.
Acryl auf Leinwand, 150 x 110 cm.

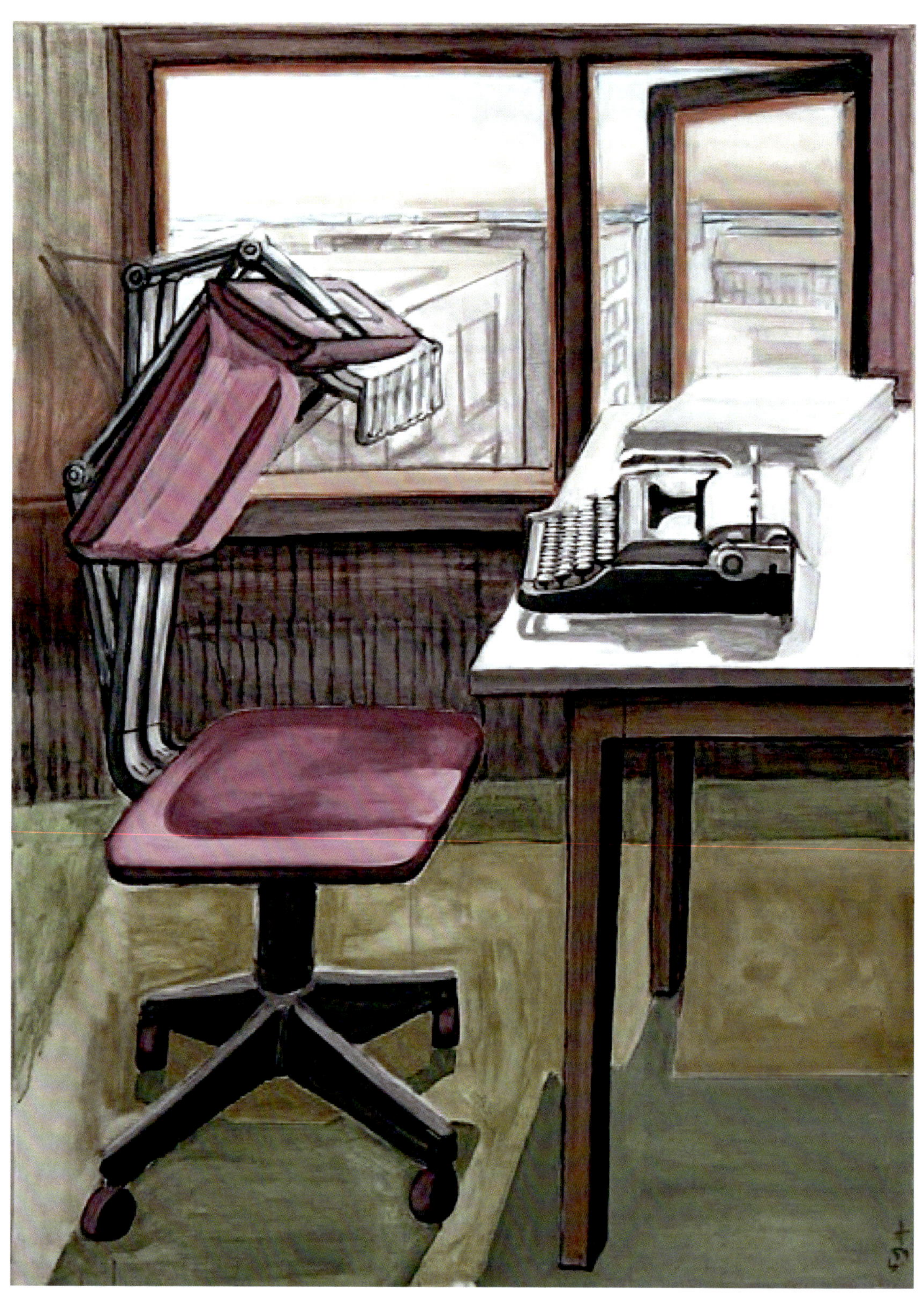

Büro, um 1982.
Acryl auf Leinwand, 150 x 110 cm.

3. Gouachen

„Denn die räumlichen und zugleich seelischen Konstellationen menschlicher Beziehungen sind dem Maler Gerhard Meyerratken ein unerschöpfliches Feld.“ [11]

Die vorzugsweise mit Acrylfarben auf Pappe gemalten Bilder nehmen aufgrund ihrer intensiven Farbkonzentration eine Sonderstellung in dem figurativen Bilderkosmos Meyerratkens ein. Typisch für diese umfangreiche Werkgruppe ist es, dass sich diese Bilder durch ihre Spontaneität, ihre Abstraktion und einen kräftigen Farbauftrag auszeichnen. Dabei entfaltet Meyerratken mit Vorliebe ein reduziertes Formenrepertoire.

Manche dieser abstrahierenden Bilder auf Pappe erinnern an Künstler der fünfziger Jahre, vor allem an Picasso und die Gruppe der belgischen und dänischen Cobra-Künstler um Karel Appel (1921-2006), Asger Jorn (1914-1973) und Guillaume Corneille (1922-2010). In der Nachkriegszeit propagierte diese Gruppe von ihrer Keimzelle Brüssel aus einen betont rohen, der Art Brut nahestehenden figürlichen Expressionismus. Doch Meyerratken gestaltete seine fiktiven Gestalten lyrischer, humorvoller und nicht zuletzt karikierender. Das betrifft vor allem erotische Situationen zwischen Frau und Mann in all ihren psychischen Spannweiten und körperlichen Variationen. Trotz ihrer oft „hingeworfenen“ impulsiv gemalten Art sind diese figurativen Szenen äußerst wirkungsvoll. Es gelingt dem Maler gerade in diesem Medium, Bilder von einer starken und unmittelbaren psychologischen Ausstrahlungskraft zu schaffen. Die Szenen kreisen um die Begegnung von Paaren, die im intimen Rollenspiel von Mann und Frau verfangen sind. Meyerratken spielt malerisch mit den existentiellen Bedürfnissen der Liebe und ihren wechselseitigen sinnlichen Zuwendungen. Er versucht in diesen unruhigen, lebhaften Bildern das einzufangen, was Alain Finkielkraut in seiner Schrift „Die Weisheit der Liebe“ (1989) untersucht hat:

„Das Leben ist ein Roman, in dem ständig gekämpft wird – das ist harte Lektion. Alles ist Kampf, selbst die süßesten Augenblicke, selbst die idyllischen Gesten, die Frieden zu preisen scheinen, selbst die liebliche Melodie durchscheinender Seelen oder verschmelzender Körper.“ [12]

11 Andreas Weitkamp: Ein Maler von der saftigen Sorte. Der Osnabrücker Kunstverein stellt den Münsteraner Gerhard Meyerratken vor. Münsterische Zeitung, 20.7.1991.

12 Alain Finkielkraut: Die Weisheit der Liebe. Reinbek bei Hamburg 1987, Seite 26.

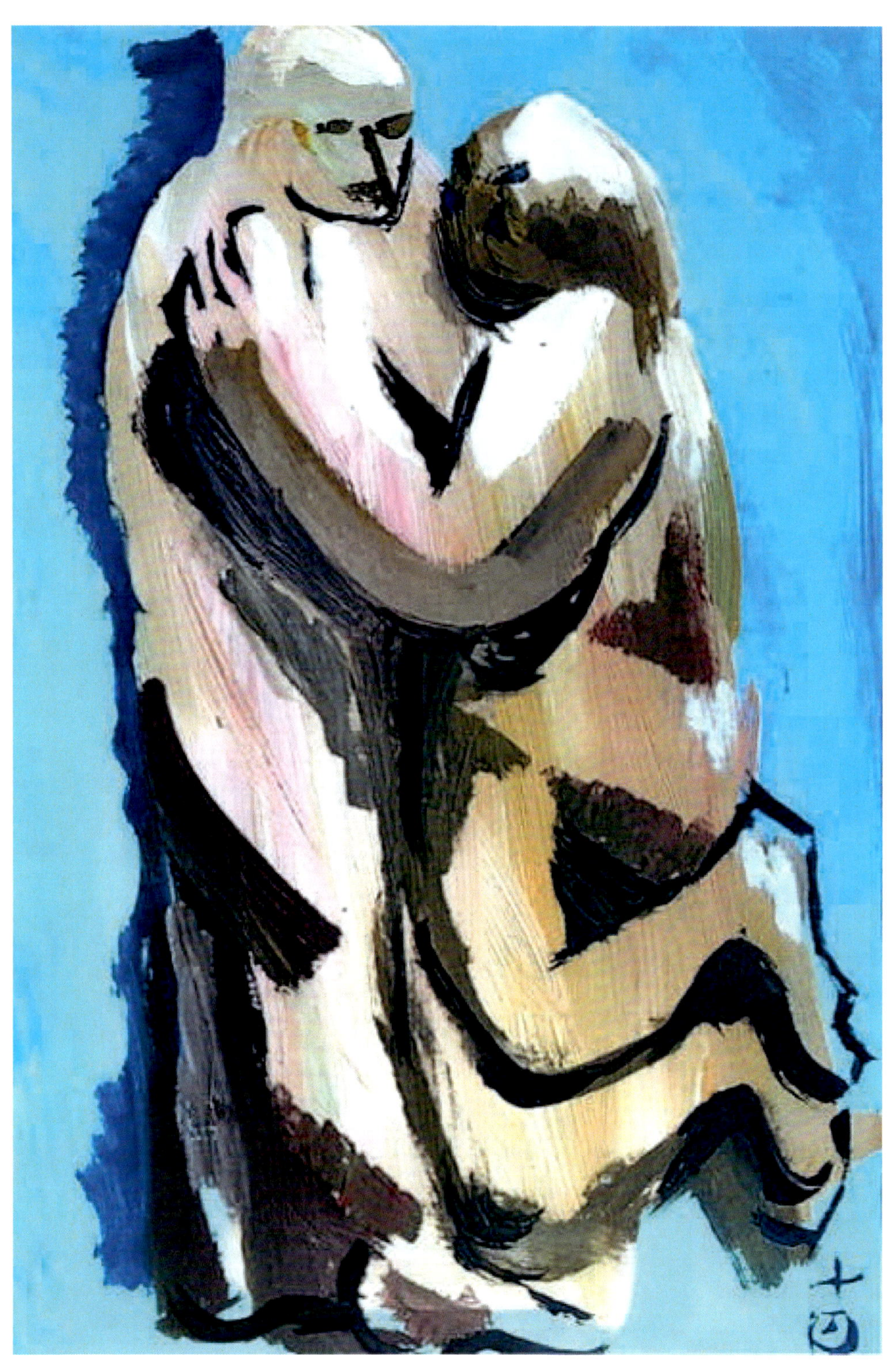

Liebespaar, 1988
Acryl auf Pappe, 35 x 21 cm.

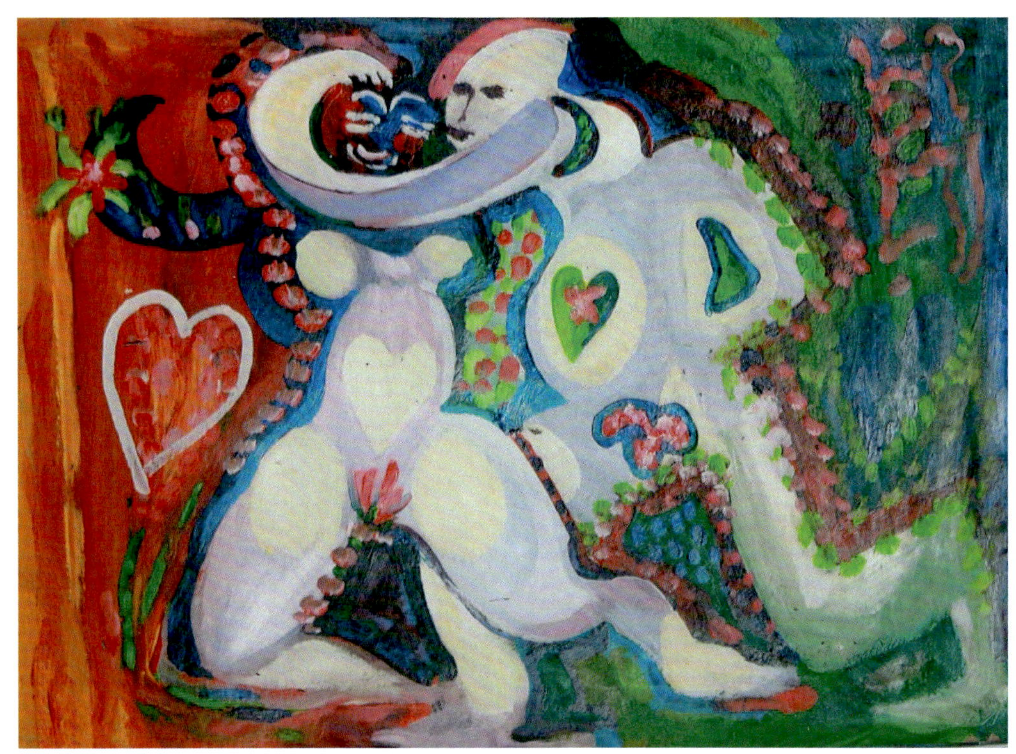

Werben um Liebe, um 1988.
Acryl auf Pappe, 63 x 87,5 cm.

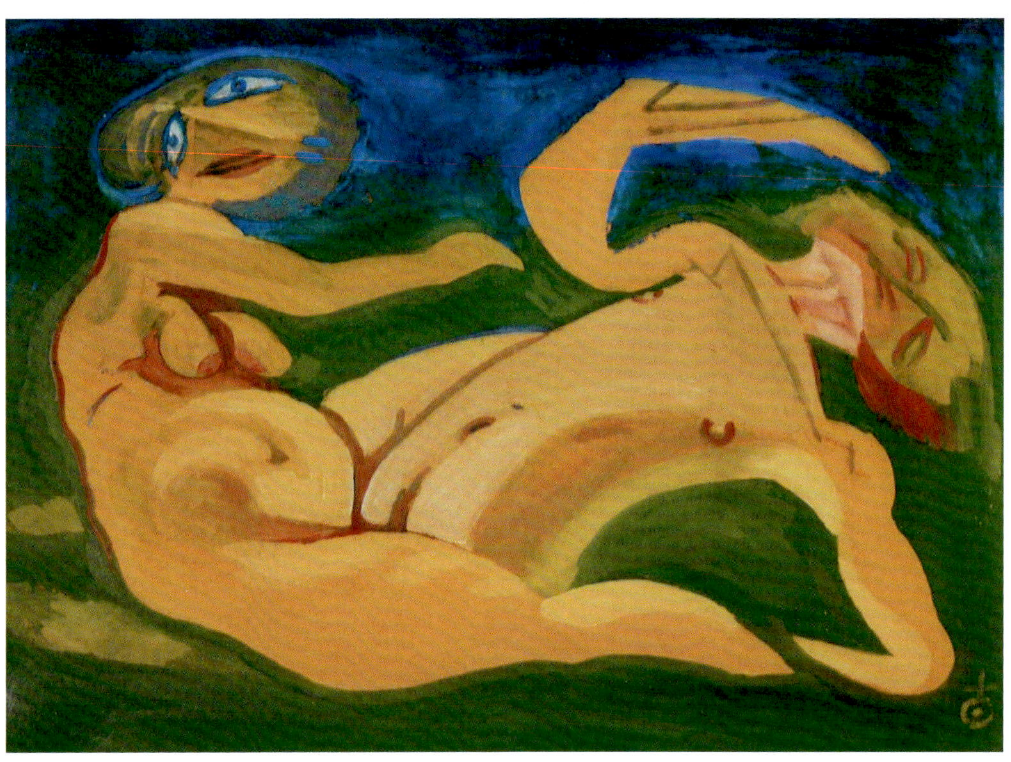

Im Liebesdialog, um 1968
Acryl auf Pappe, 63 x 88 cm.

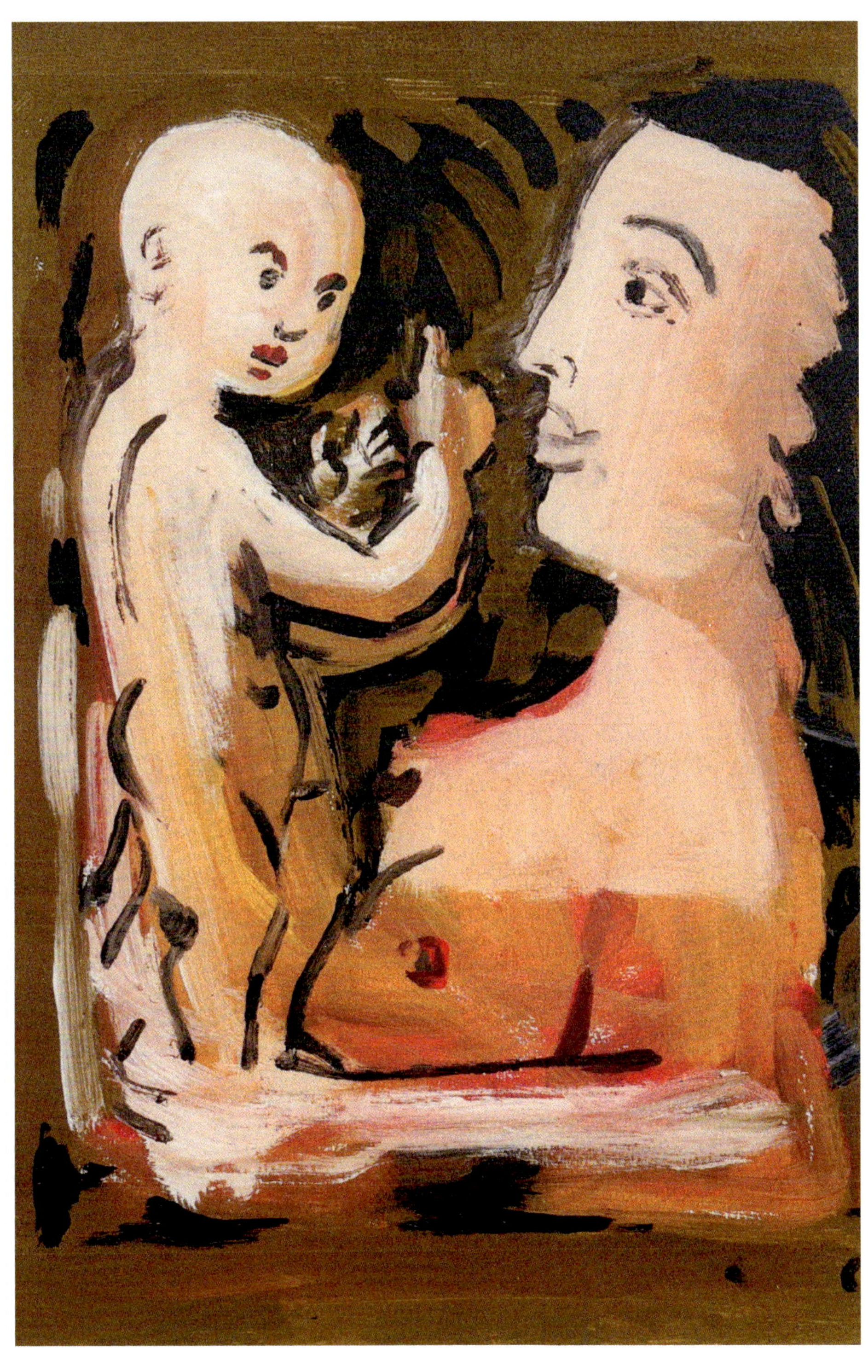

Mutter und Kind mit ausgestrecktem Zeigefinger, 1988.
Acryl auf Pappe, 50 x 35 cm.

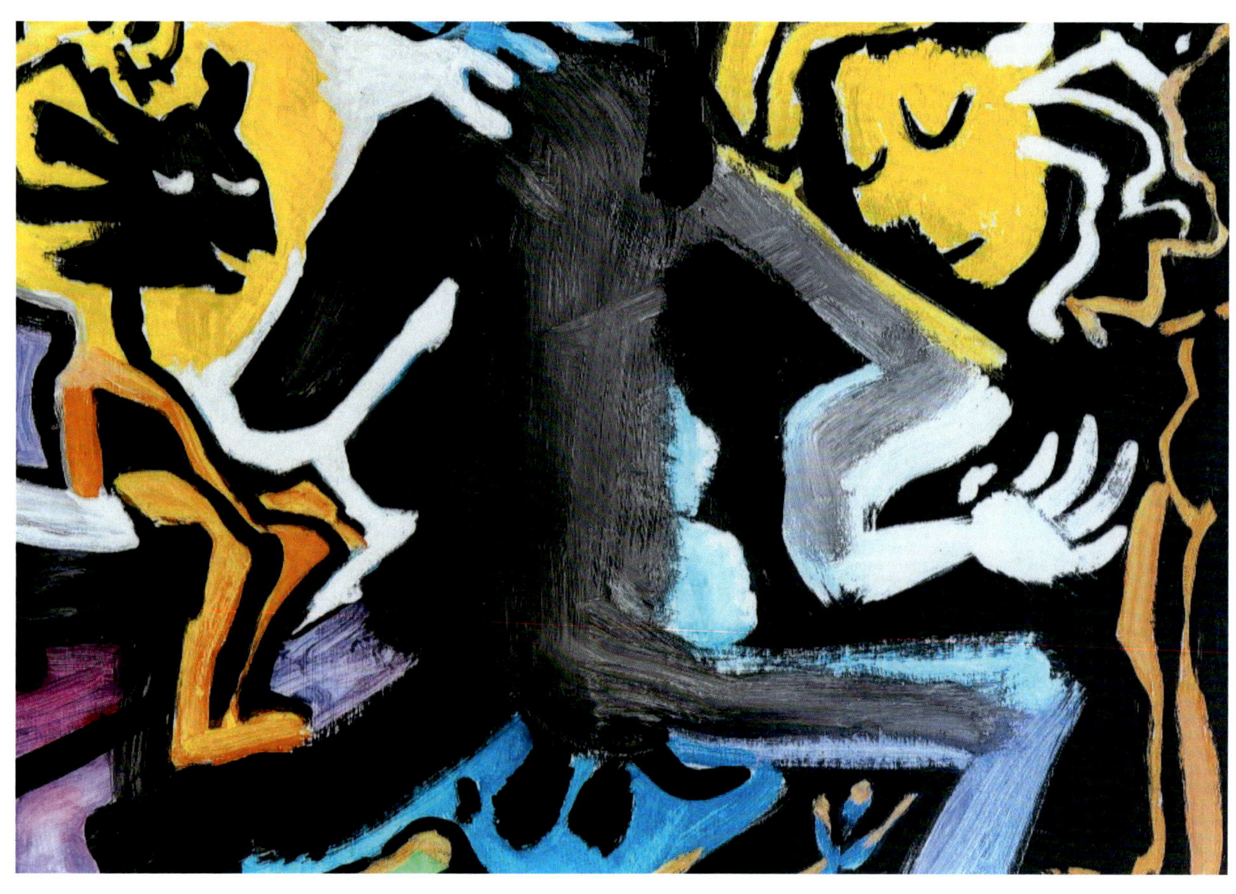

Phantastische Szene mit drei Figuren, 1984.
Acryl auf Pappe, 135 x 65 cm.

3.1 Malerei auf Werbung für Konsumartikel

Seit den achtziger Jahren begann für Meyerratken eine weitere Phase seines malerischen Experimentierens. Er besorgte sich dafür Musterkataloge von Firmen, aus denen er Illustrationen auswählte, die von ihm auf Leinwände vergrößert und übermalt wurden. Es handelt sich dabei um bestimmte Möbel-, Bekleidungs- und Buchkataloge, die er für seine Malunterlagen gebrauchen konnte. Die Werbebilder, für die er sich dann als Malvorlage entschieden hatte, hat er vergrößert nach seinen Ideen persiflierend künstlerisch bearbeitet.

Einige dieser Kataloge hat er Seite für Seite kritisch übermalt. Damit gelang es ihm, die Werbung mit ihren trügerisch idyllischen Bildern zu entlarven, wodurch er ihnen zugleich eine kulturelle Bedeutung verlieh. Typisch für diese sehr besondere Acrylmalerei Meyerratkens auf vorgedruckten Glanzseiten ist die lebhafte Gestaltung und die intensive, expressiv abstrahierende Formgebung.

Als Vorläufer für diese Art von Malerei wäre der Österreicher Arnulf Rainer zu erwähnen. Dieser hat seit den fünfziger Jahren damit begonnen, eigene und fremde Bilder, Fotos und Bücher zu übermalen. Durch die mit monochromen Farben veränderten Werke bezweckte er eine Umdeutung und zugleich eine Integration von anderen Kunstwerken in sein malerisches Oeuvre.

Völlig gegensätzlich zu dem künstlerischen Konzept von Arnulf Rainer hat Gerhard Meyerratken versucht, aus einer kritischen Reflexion über den Massenkonsum mit seinen figürlichen Übermalungen die vermeintlichen Essentials des menschlichen Daseins herauszufiltern. Darin ähnelt er in seiner konzeptuellen Kunst den Malern der „Wilden Malerei". Denn wie diese Malergruppe, darunter besonders Peter Bömmels und Walter Dahn, benutzte auch er eine auf wesentliche Elemente reduzierte Bildsprache, um unsere gesellschaftlichen Missstände zu hinterfragen.

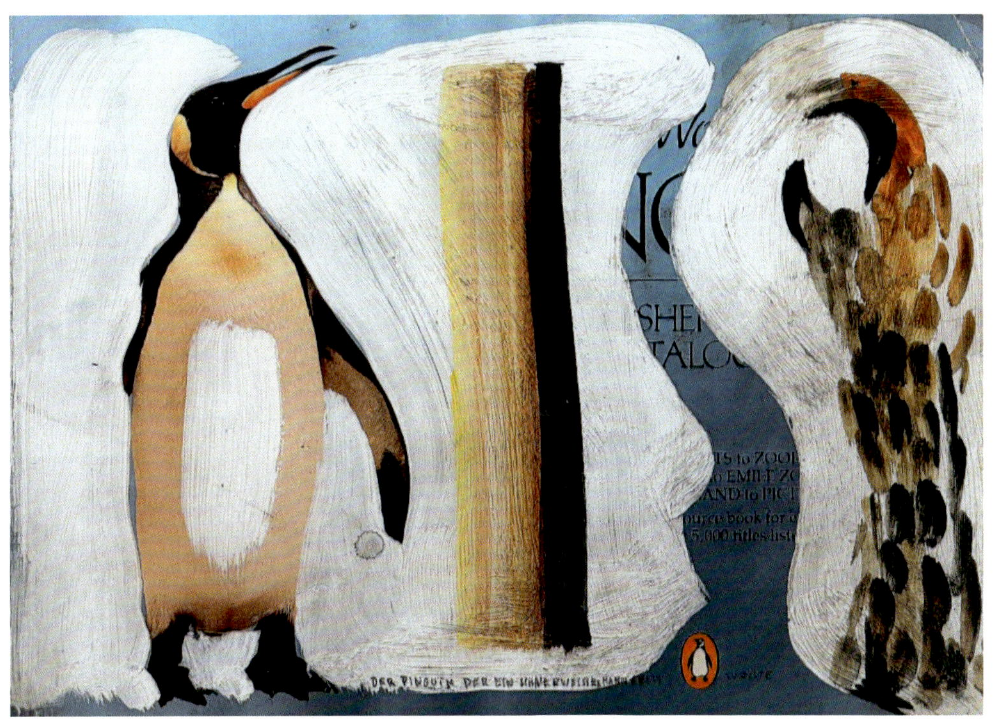

Gerhard Meyerratken: Der Pinguin. Der ein schneeweißer Mann sei. Übermalung des Umschlages des englischen Kataloges „The world of Penguin", um 1986. London, 1985. Acryl auf Umschlagpapier, 20 x 35 cm.

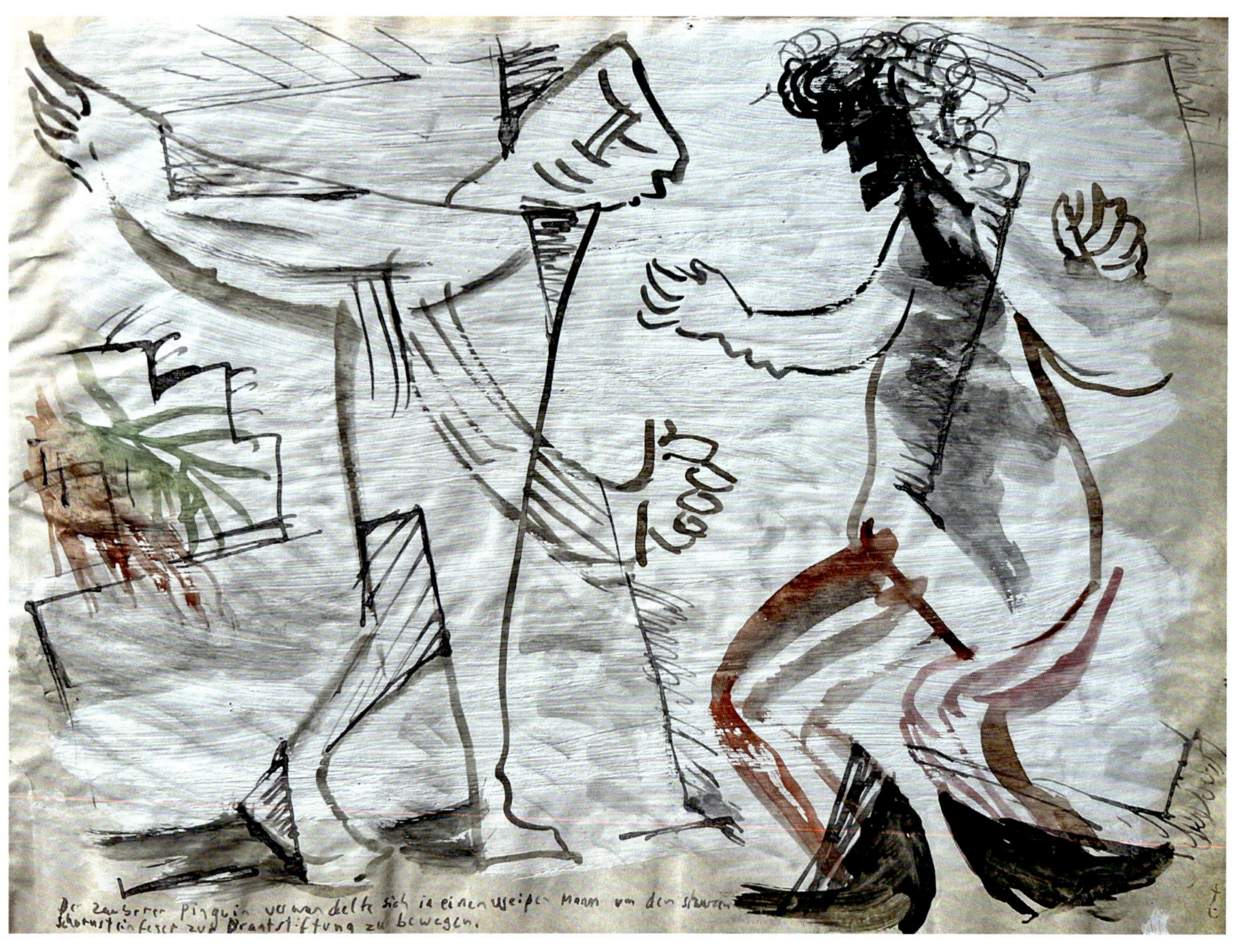

Tanzszene mit dem Zauberer Pinguin, um 1990.[13]
Acryl auf Glanzpapier, 20 x 28 cm.
Übermalte Werbeseite aus: The world of Penguin. London, 1985.

13 Die Bildlegende von Meyerratken lautet:
"Der Zauberer Pinguin verwandelt sich in einen weißen Mann,
um den schwarzen Schornsteinfeger zur Brandstiftung zu bewegen."

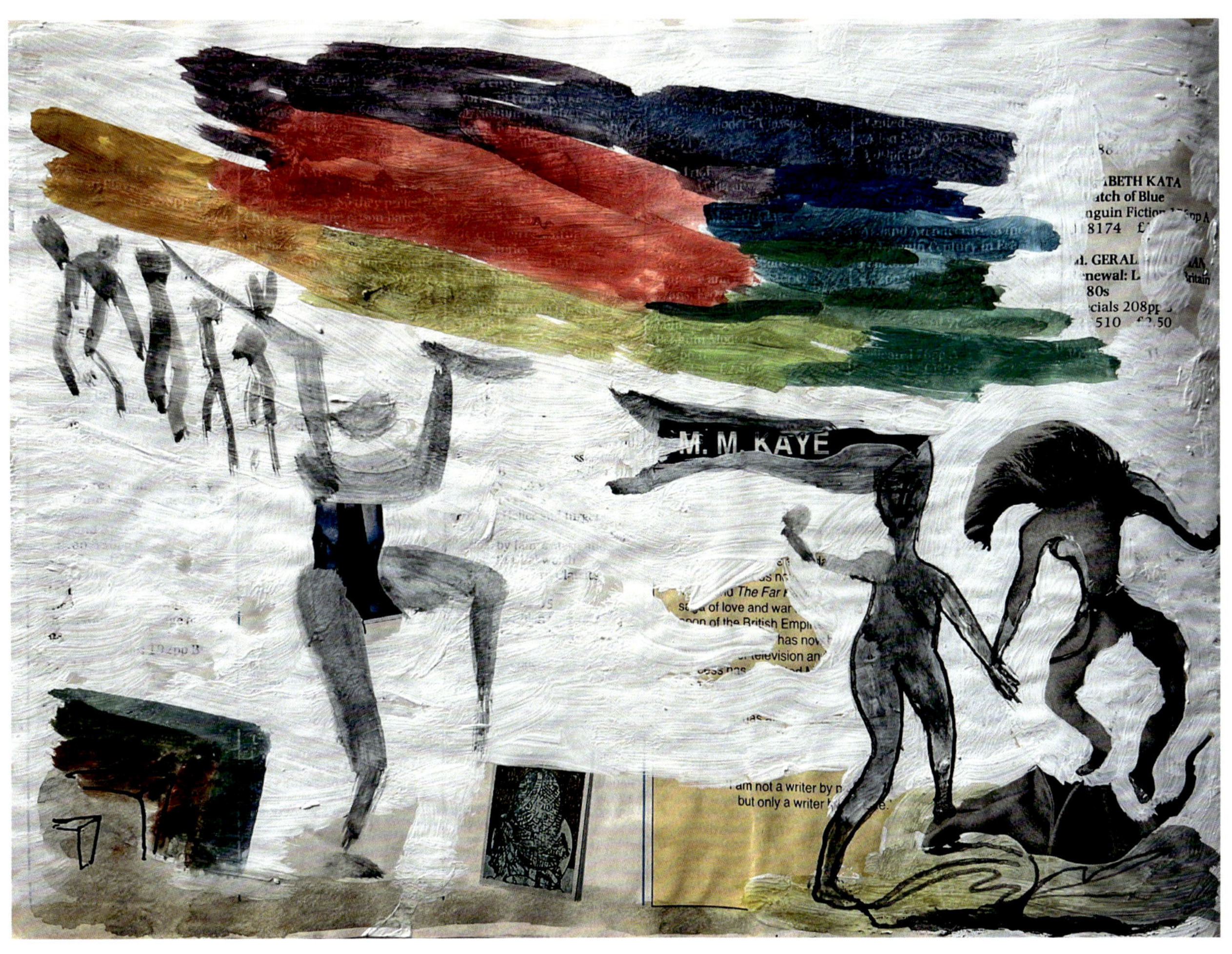

Tänzer auf einer Werbeseite für Bücher, um 1990.
Acryl auf Glanzpapier, 20 x 28 cm.
Übermalte Werbeseite aus: The World of Penguin, London 1985.

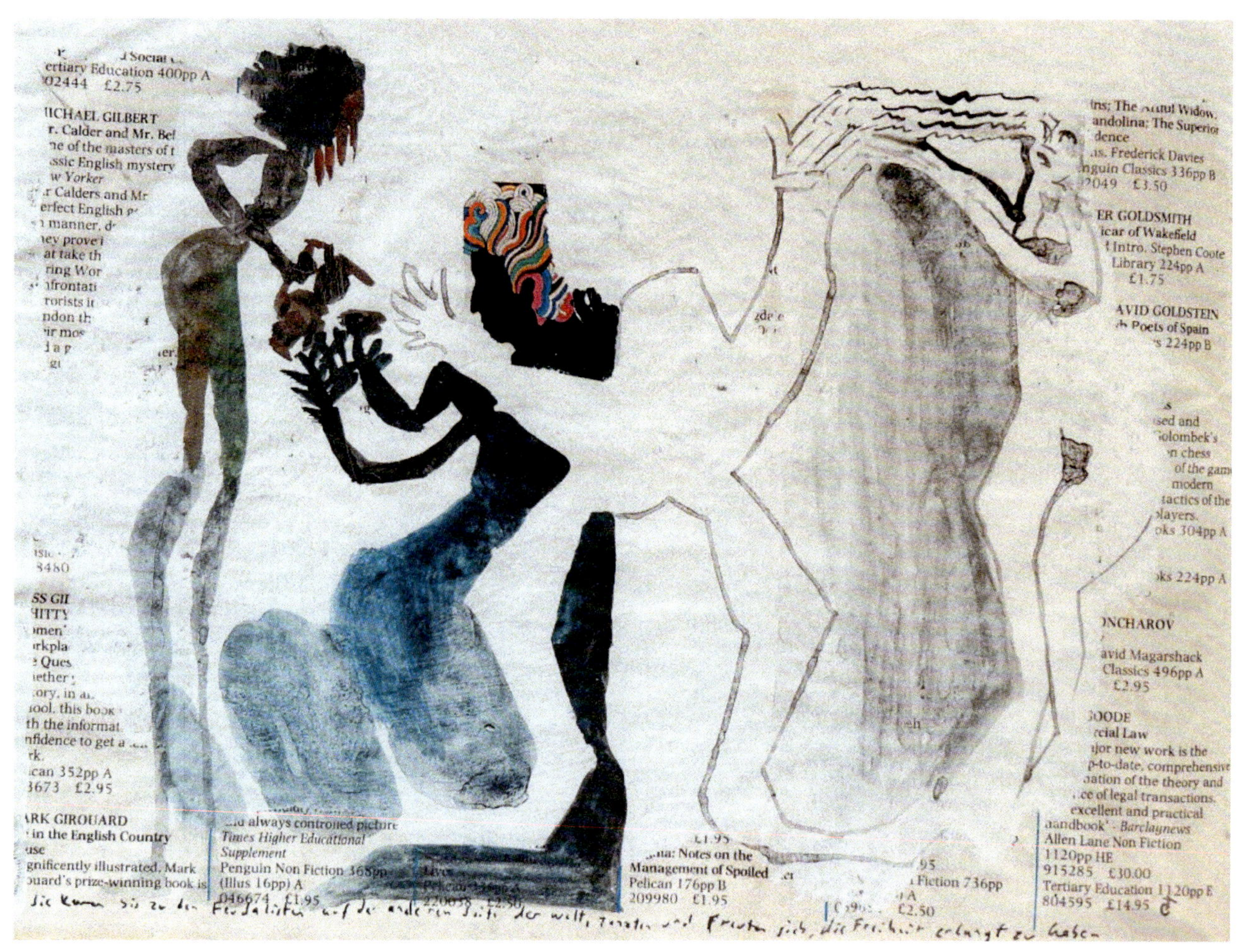

Exotische Begegnung, um 1990.
Acryl auf Glanzpapier, 20 x 28 cm.
Übermalte Werbeseite aus: The world of Penguin. London, 1985.

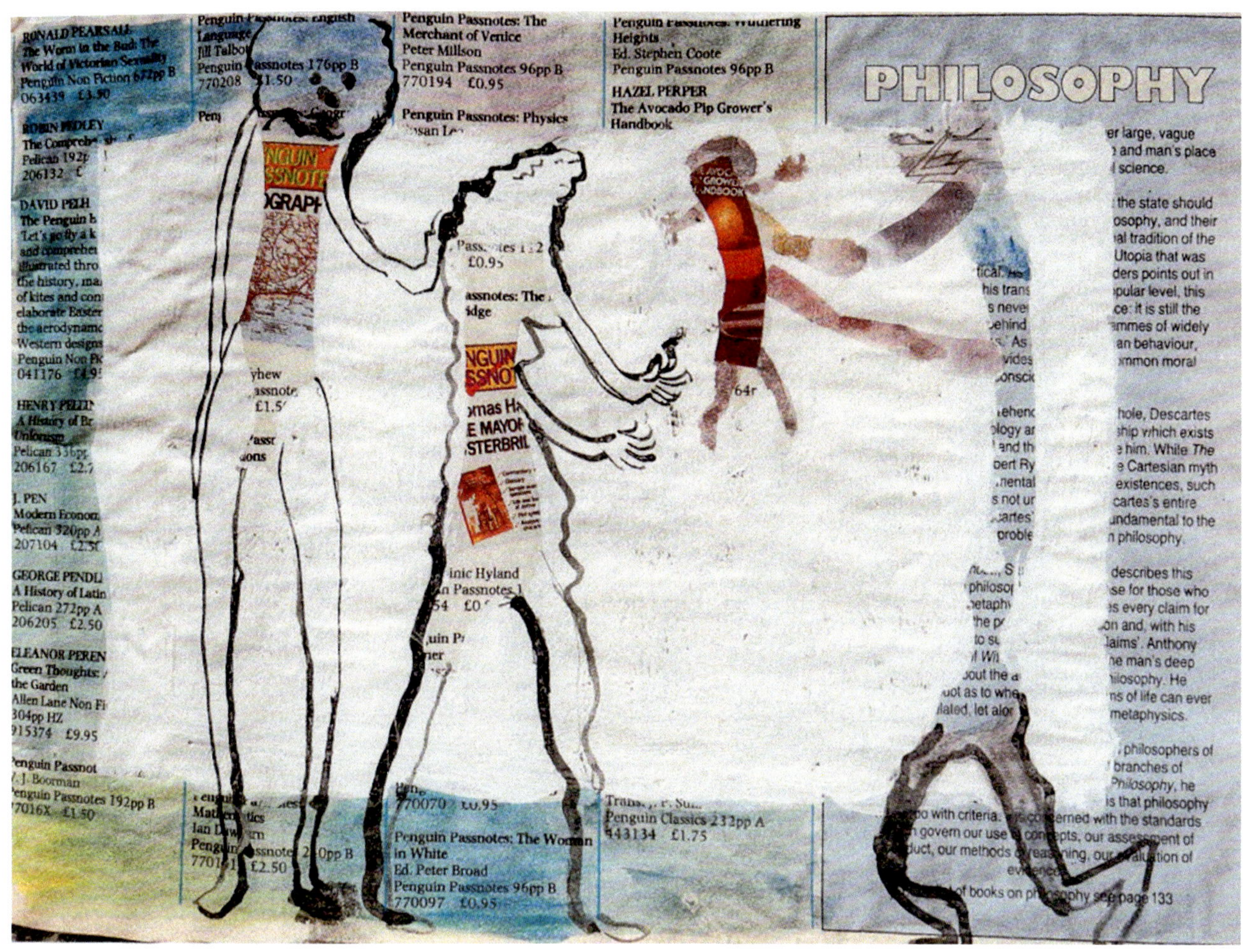

Vier Figuren auf einer Werbeseite für philosophische Bücher, um 1990.
Acryl auf Glanzpapier, 20 x 28 cm.
Übermalte Werbeseite aus: The World of Penguin, London 1985.

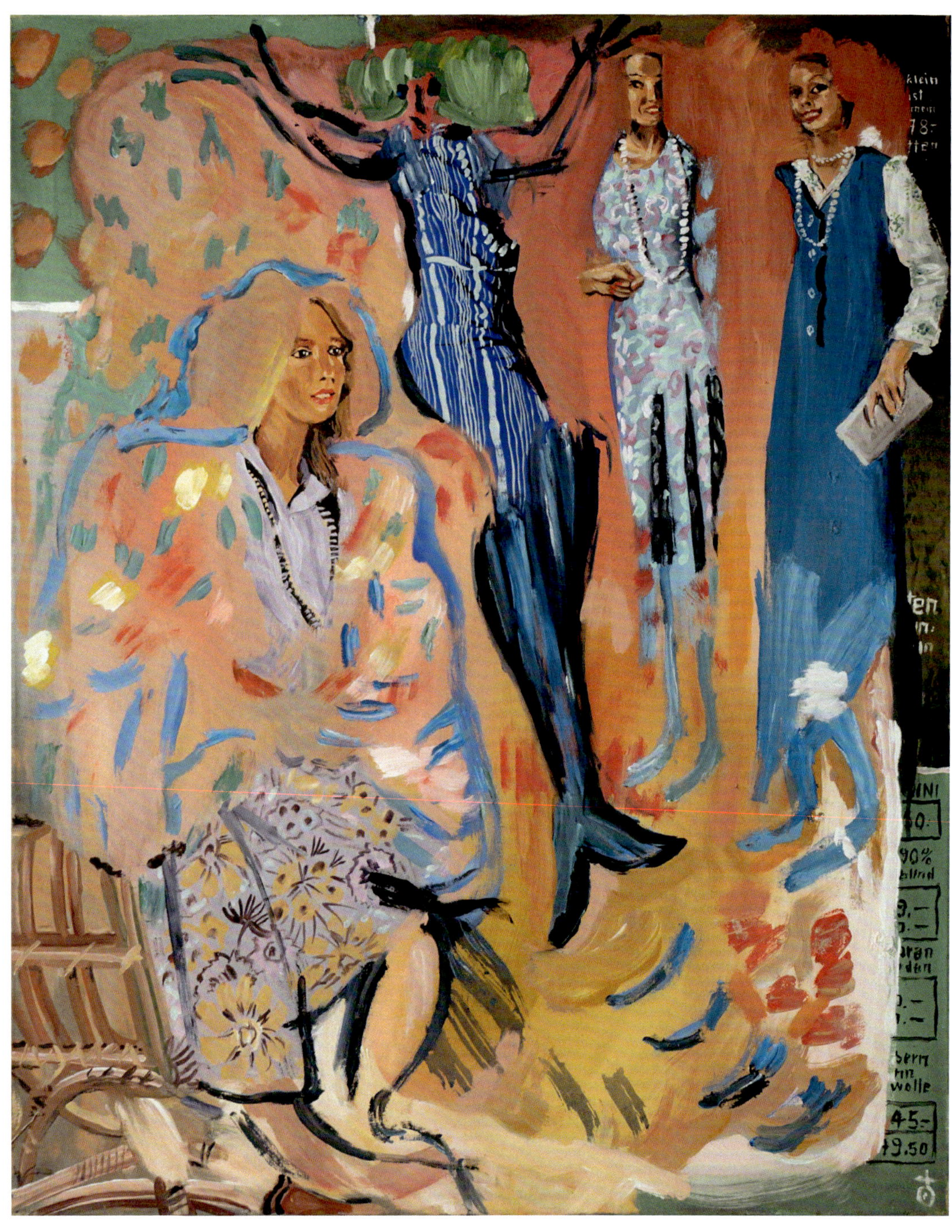

Models mit Nixe (vergrößerte und übermalte Werbevorlage), um 1985.
Acryl auf Leinwand, 100 x 80 cm.

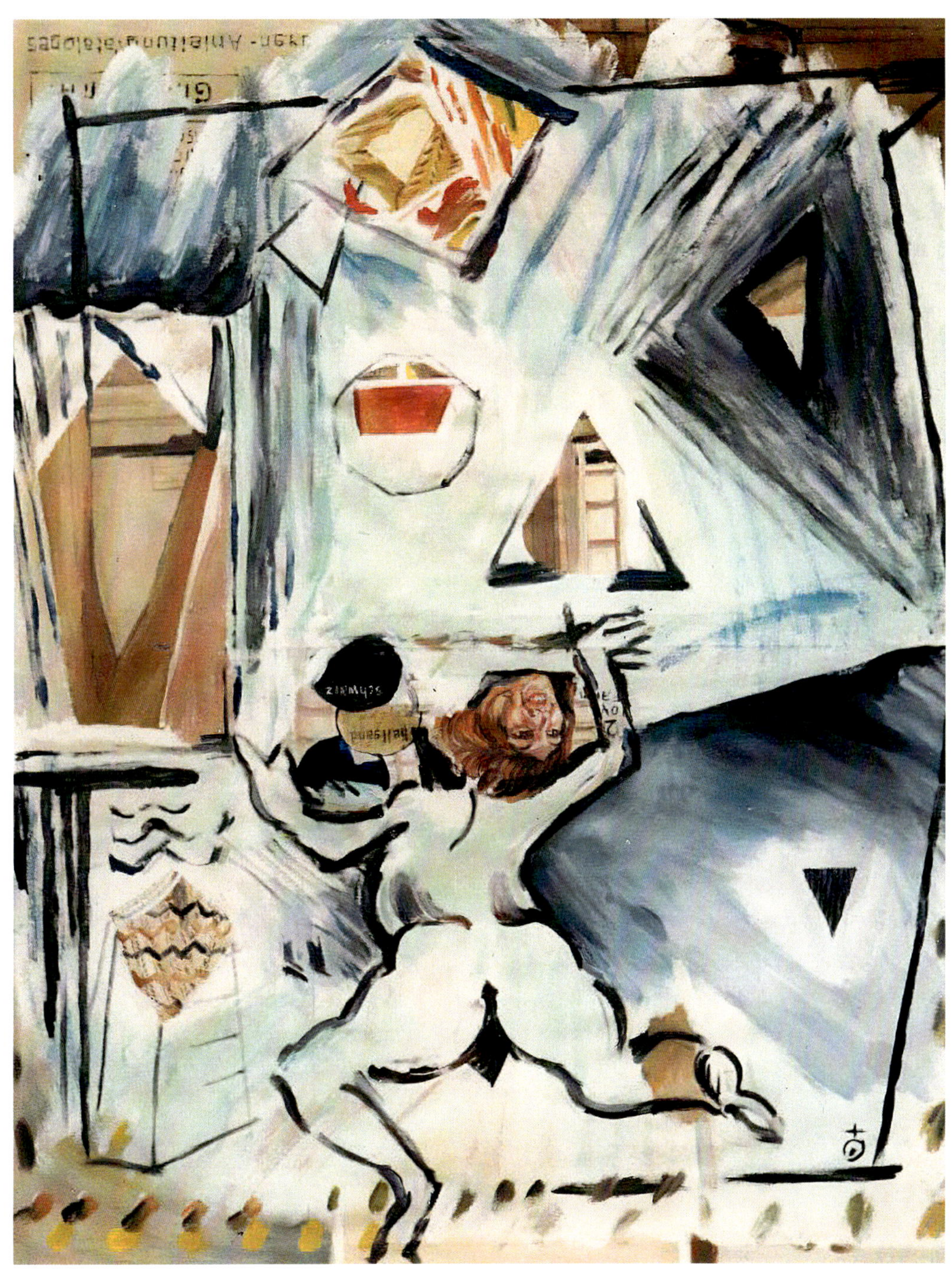

Liebespaar im Kaufhaus (vergrößerte und übermalte Werbevorlage), 1985.
Acryl auf Leinwand, 140 x 100 cm.

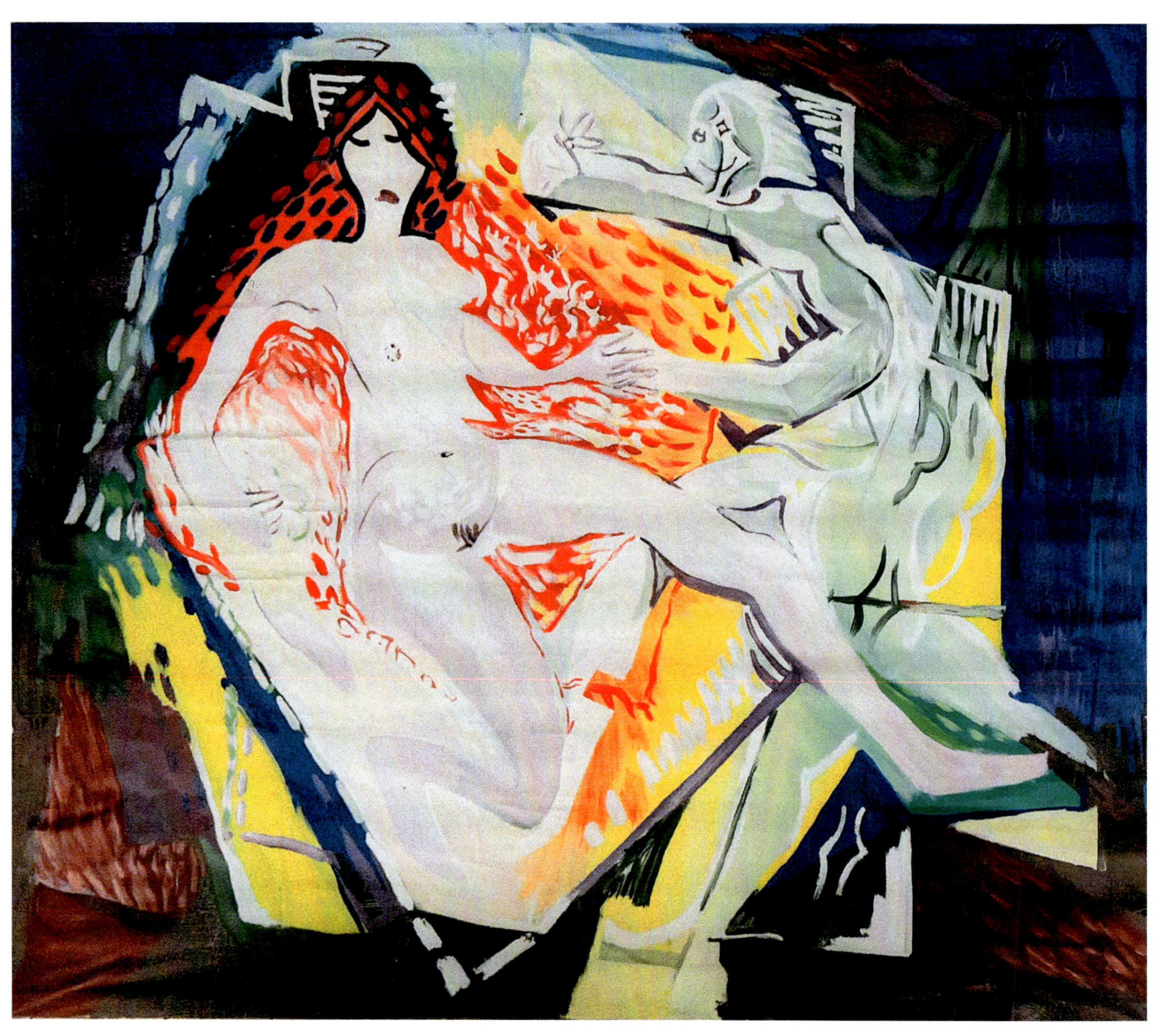

Faun und antike Prinzessin von heute, 1984.
Acryl auf Leinwand, 200 x 220 cm.

„Natur ist Leben. Die Natur und die Liebe zu ihr ist das Größte. Ich sehe meine Kunst als eine Form der Huldigung an sie."
Gerhard Meyerratken[14]

4. Aktbilder

Gemälde, Gouachen und Aquarelle

Neben seinen Gemälden auf Leinwand und auf Pappe hat Gerhard Meyerratken eine Fülle von Aquarellen und Zeichnungen geschaffen. Wendet man sich diesem Bereich seiner Bildwelt zu, so fällt die Bevorzugung figurativer Motive auf, die sich vornehmlich mit der Darstellung des nackten Menschen beschäftigen. Hier reiht sich Meyerratken in die lange klassische Tradition der Aktmalerei ein, die mit der realistischen Wiedergabe von Adam- und Eva-Gestalten in der Renaissance des frühen 15. Jahrhundert ihren Anfang genommen hat.

Seit dem Beginn des 20. Jahrhunderts hat die Aktmalerei durch den Impressionismus und den Expressionismus sowie durch die Lebensreform neue Impulse bekommen. In der Nachkriegszeit sollte sich Picasso in seinem Alterswerk diesem Sujet in unendlicher Vielfalt widmen. Sein Werk hat wohl auch Gerhard Meyerratken maßgeblich beeinflusst.

Mit der Aktdarstellung und darüber hinaus mit dem Thema „Paar" hat er sich in allen Phasen seines Werkes beschäftigt. Dabei entfaltete er eine variationsreiche stilistische Mannigfaltigkeit zwischen abstrahierenden und realistischen Darstellungen der Figuren. Gerhard Meyerratken diente die Nacktheit, wie schon erwähnt, in seinen Gemälden, Aquarellen und Zeichnungen als Symbol für das ursprünglich Menschliche, das von zivilisatorischen Einflüssen befreit ist. Der nackte weibliche und der männliche Körper standen für den Maler offensichtlich für das elementare menschliche Dasein mit all seinen spirituellen und sexuellen Energien.

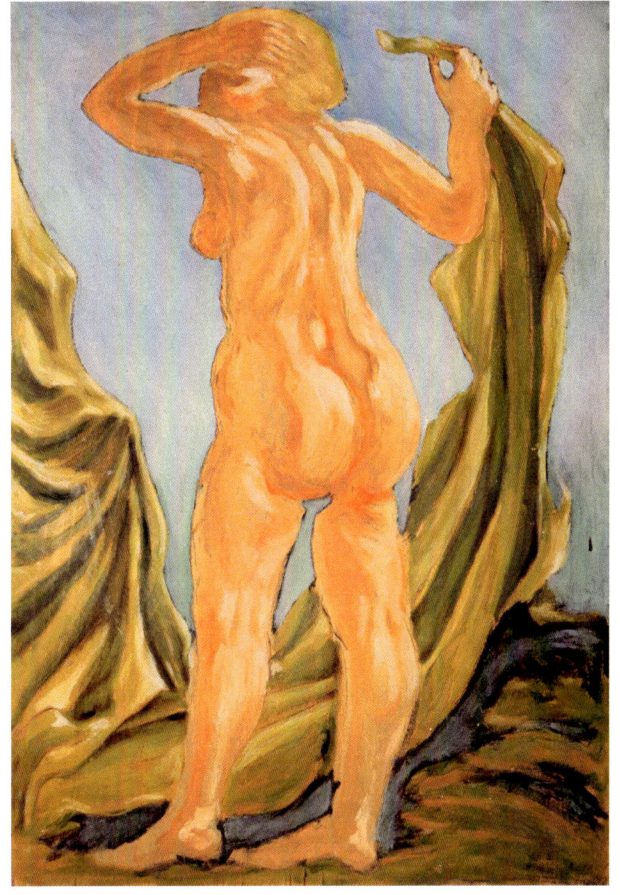

Rückenakt mit Stoffdraperie, um 1975.
Öl auf Leinwand, 81 x 56 cm.

14 Entnommen aus dem Folder, der zur Ausstellung "Gerhard Meyerratken - Quo Vadis" im Landhaus Adlon, Potsdam, 2017, erschienen ist.

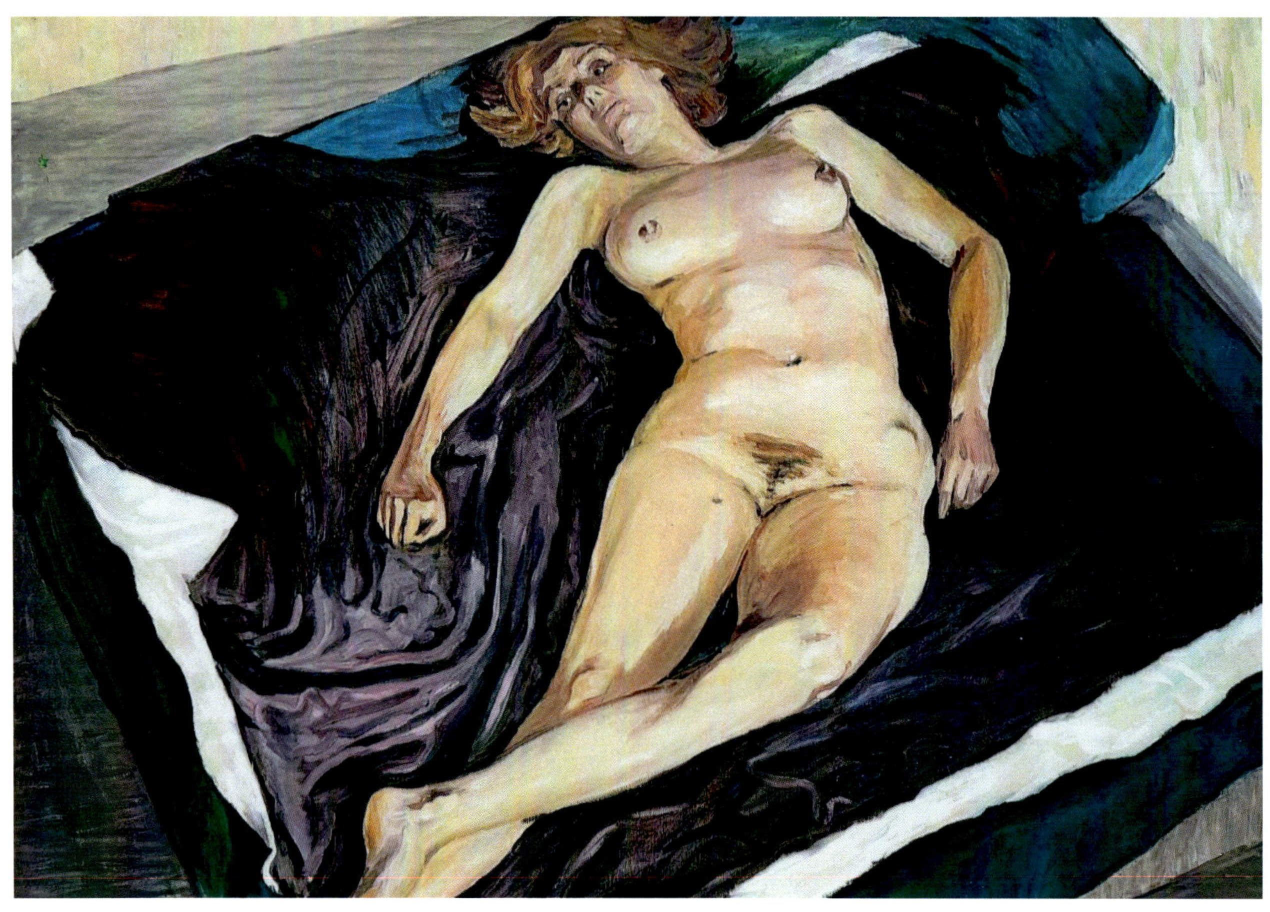

Weiblicher Akt auf blauer Decke, 1988.
Acryl auf Leinwand, 100 x 140 cm.

Das Motiv der Nacktheit bedeutet in Meyerratkens Bilderkosmos eine Grundkonstante innerhalb seines künstlerischen Werkes. Seit seinem Studium an der Berliner Hochschule für bildende Kunst, wo die Aktzeichnung in den sechziger Jahren noch zur festen Ausbildung gehörte, hat er sich immer wieder mit diesem Sujet befasst. Es gelang ihm mühelos, dieses Motiv in all seinen stilistischen Spielarten in realistischer oder grotesker Art und Weise wiederzugeben. Auch wenn manchmal impressionistische oder expressionistische Vorbilder durchscheinen, so sind Meyerratkens Aktbilder doch von einer eigenwilligen Charakteristik, Farbigkeit und sinnlichen Note geprägt. Das trifft besonders für die Modelle zu, die aus seinem Freundeskreis stammten. Diese hat er wohl mit einer spürbaren Passion gemalt, so dass es gleichsam individuelle Bildnisse geworden sind. Bei solchen Bildern ist es ihm mit großer malerischer Könnerschaft gelungen, die weibliche Körperlichkeit in unterschiedlichen Haltungen und Stellungen mit einer gewissen emotionalen Aura zu versehen.

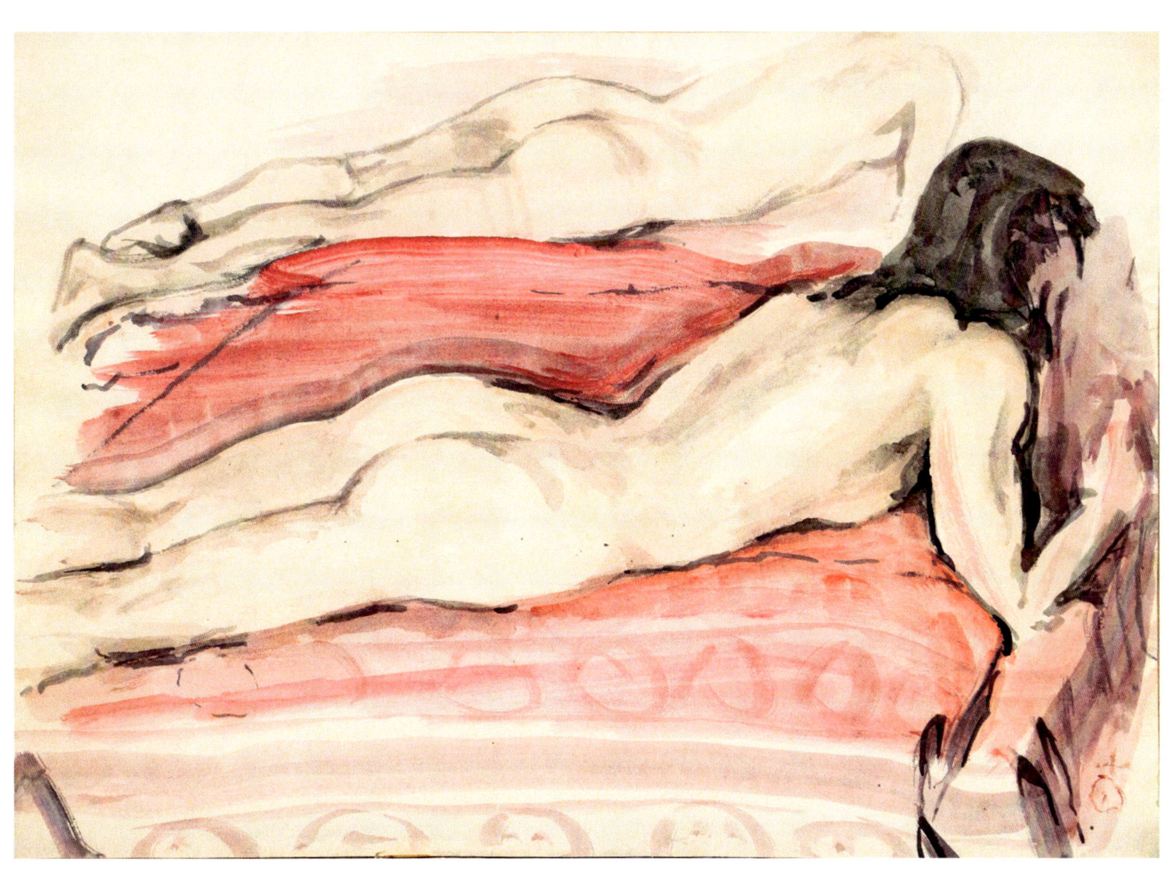

Zwei liegende Akte, 1984.
Aquarell, 29,5 x 42 cm.

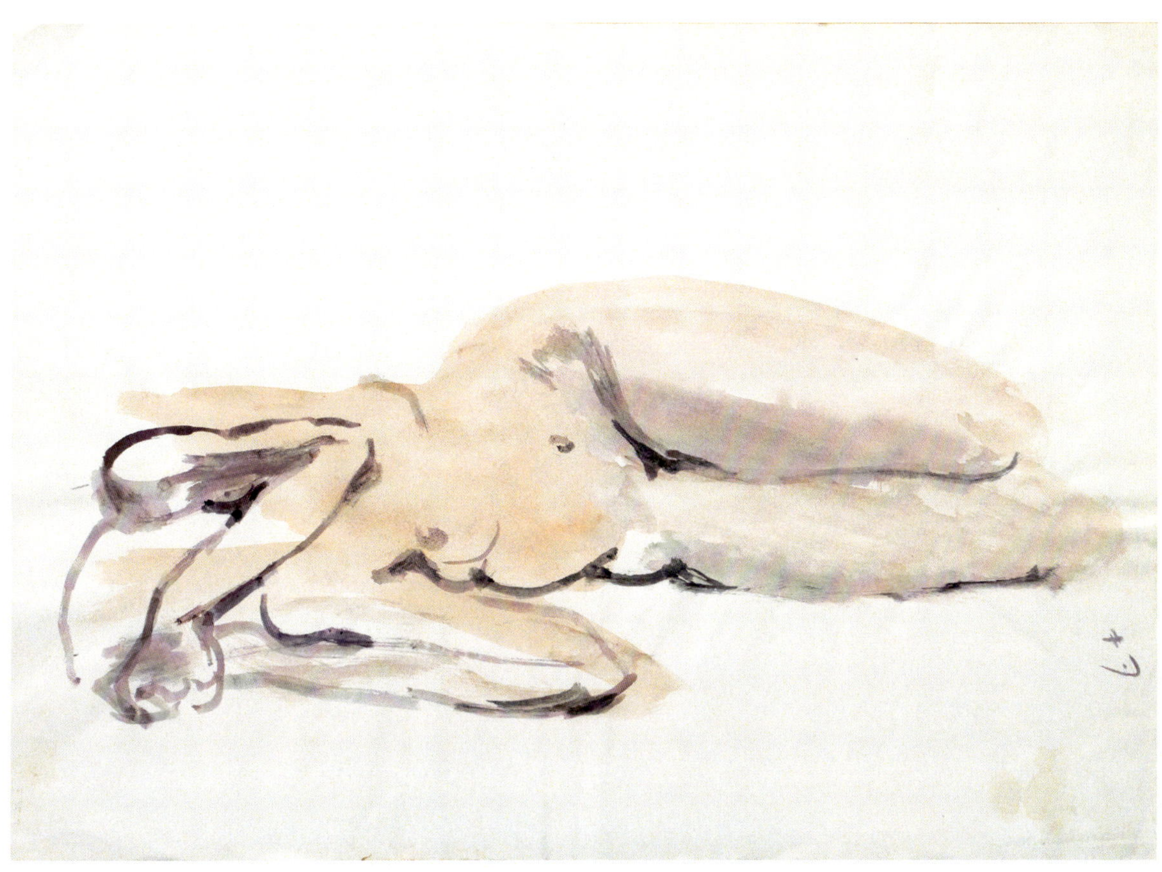

Liegender Akt, 1984.
Aquarell, 30 x 40 cm.

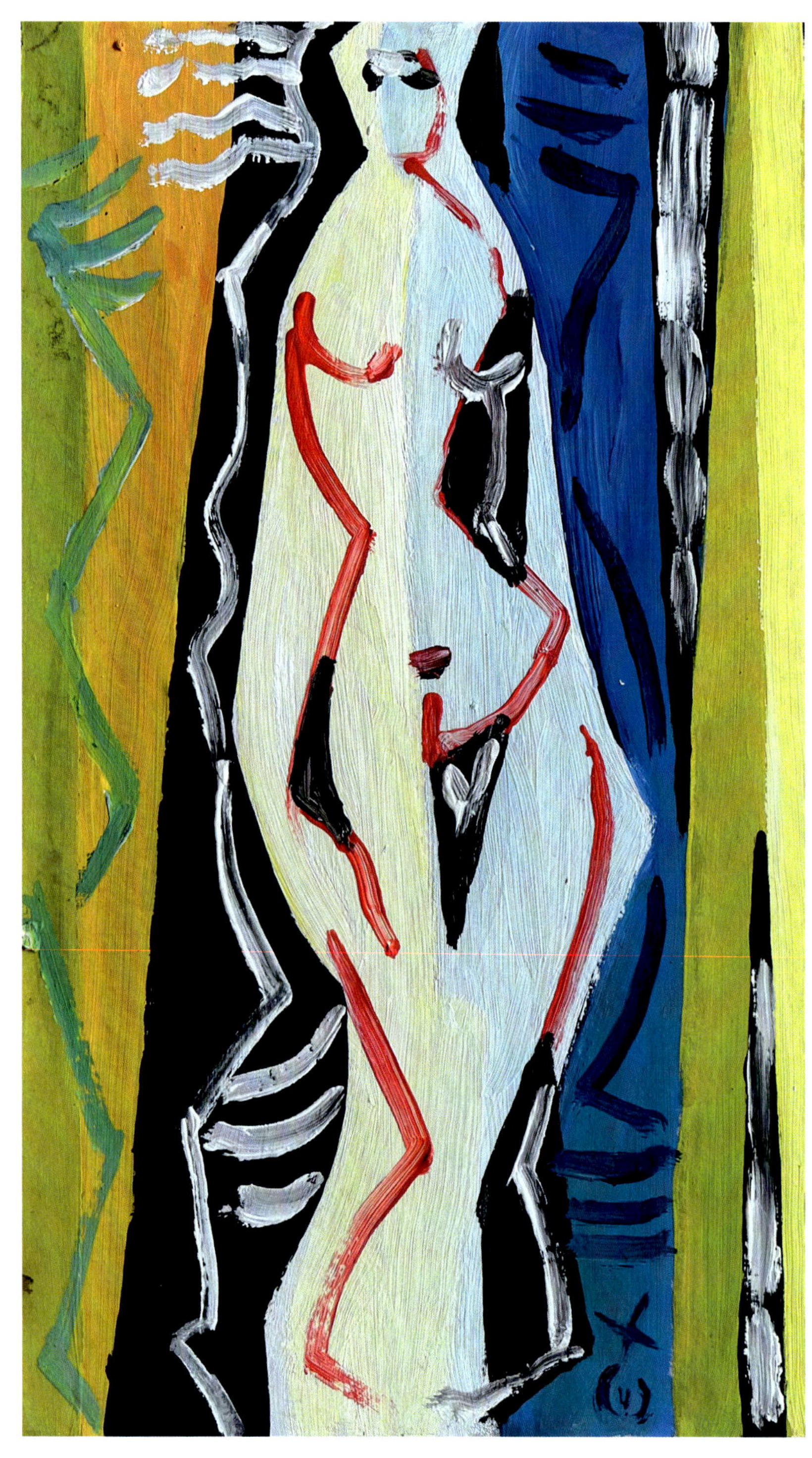

Akt vor farbigem Hintergrund, um 1984.
Acryl auf Papier, 70 x 20 cm.

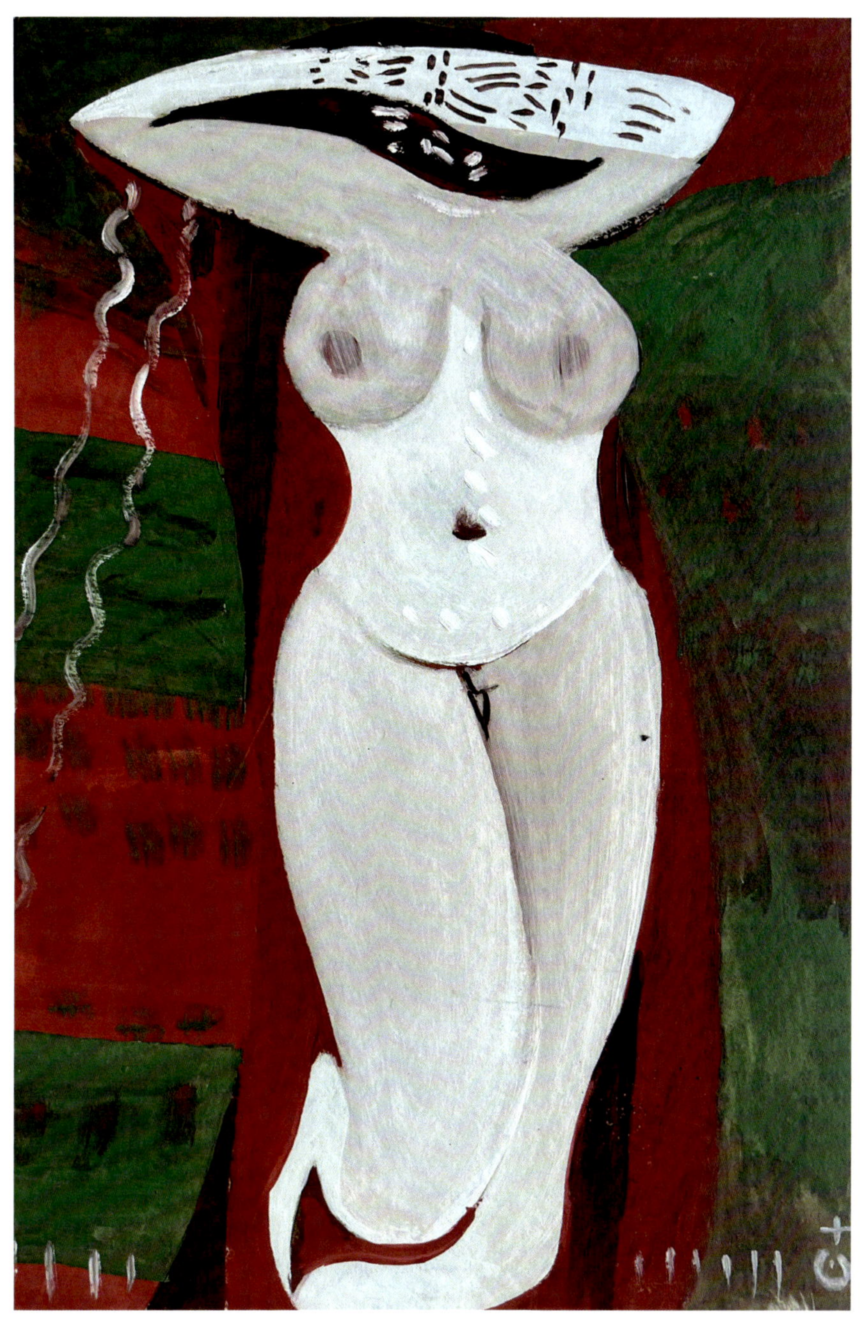

Kopfloser Akt vor abstraktem Hintergrund, um 1982.
Acryl auf Papier, 63 x 30 cm.

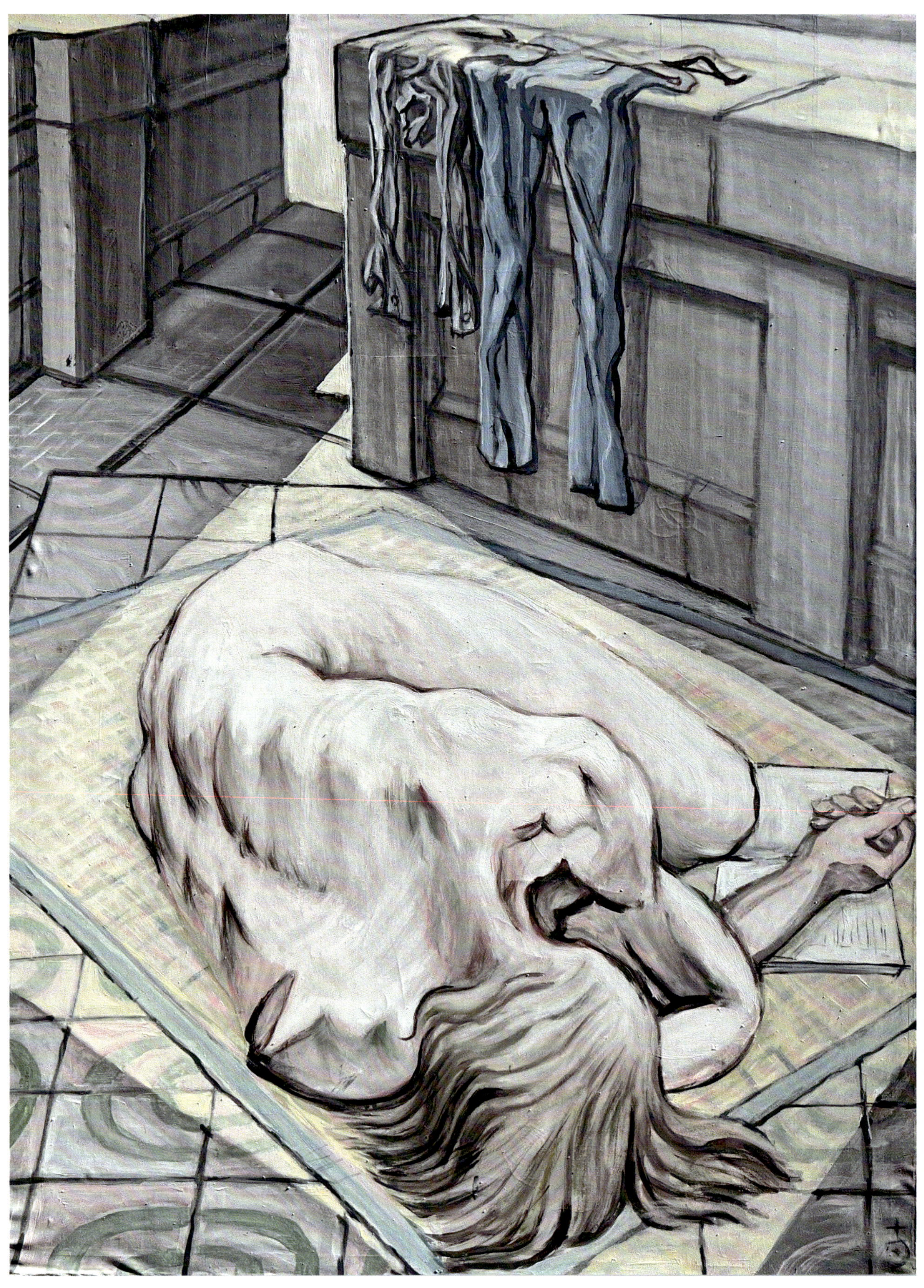

Liegende, 1980.
Acryl auf Leinwand, 160 x 110 cm.

Die mit Aquarell- oder Pastellfarben gemalten Aktbilder zeigen das Modell häufig in akademischer Manier in den klassischen Posen des Stehens, Sitzens oder Liegens. Manchmal bezieht Meyerratken andeutungsweise eine Umgebung mit ein, so dass abgeschlossene, vollendete Bilder entstehen. Hier geht der Künstler bereits über die eigentliche Intention der spontanen Wiedergabe hinaus, mit der er von verschiedenen Seiten eine schnell sich verändernde Situation festhalten möchte. Besonders kennzeichnend für diese in ihrer Vielzahl kaum überschaubaren aquarellierten Aktdarstellungen, die in der Regel ohne Bleistiftvorzeichnung entstanden, ist ihr lebendiger Charakter. Die helle Farbigkeit und lockere Pinselführung erinnern zuweilen an die impressionistische Aktmalerei von Lovis Corinth (1858-1925).

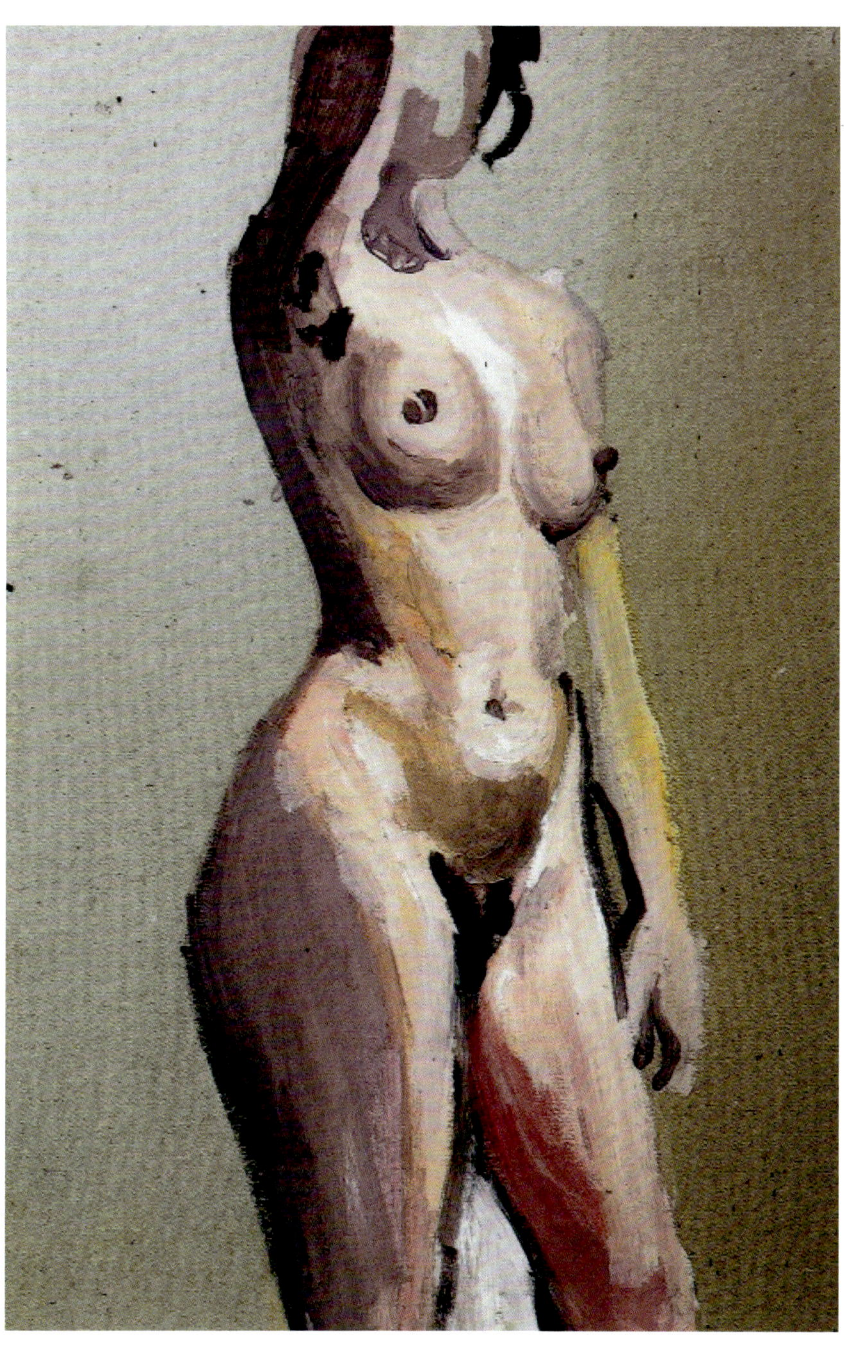

Stehender Akt, 1984.
Acryl auf Pappe, 63 x 44 cm.

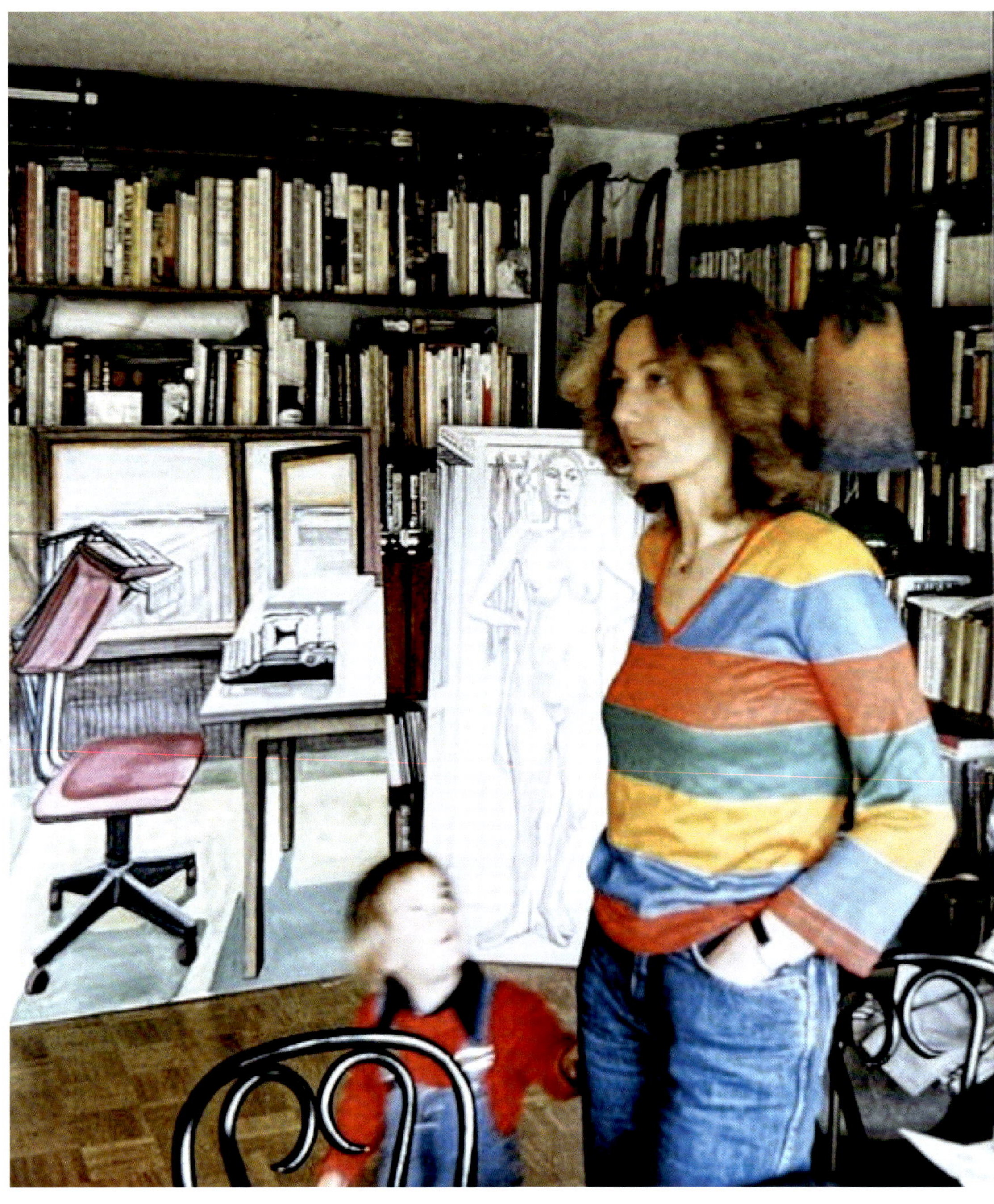

Christa Murken mit ihrer Tochter Imme vor den Bildern von Meyerratken in ihrem Haus in Herzogenrath.
Im Hintergrund hängt eine Skulptur von Joseph Beuys ("Schlitten").

5. Die Bild gewordene Philosophie bei Gerhard Meyerratken

Christa Murken:

Es gibt Künstler und Künstlerinnen, die sich fast ausschließlich mit der Leinwandmalerei beschäftigen und nur am Rande Aquarelle, Zeichnungen und Grafiken produzieren. Der Maler Gerhard Meyerratken war einer jener seltenen Künstler, die parallel zur klassischen Malerei nicht nur alle künstlerischen Techniken ganz außerordentlich souverän beherrschten, sondern diese zeitlebens auch in einem unerhörten Ausmaß in seinen Bildern wiedergaben. Das Leben war für ihn ein Schaffensrausch, dem sich alles andere unterzuordnen hatte.

Sein Atelier war für ihn die eine Heimat, die andere war die Bühne, für die er Dekorationen entwarf und sogar dramaturgische Stücke schrieb. Dennoch hatte er, der einsiedlerisch Veranlagte, durchaus den Finger oder, besser gesagt den Pinsel am Puls der Zeit. Die gesellschaftlichen und politischen Ereignisse seiner Zeit, über die er durch das ständig laufende Radio immer aktuell informiert war, beschäftigten ihn sehr.

Diese für einen Künstler eher seltene Kombination, verbunden mit einer außergewöhnlich dichten Produktion brachte ihm schon zu Lebzeiten einen beachtlichen lokalen Stellenwert ein. In der heimischen Kulturszene Münsters war er eine Instanz. Doch der Zeitpunkt, ihm die gebührende Anerkennung zuzugestehen scheint erst heute, zwanzig Jahre nach seinem Tod gekommen zu sein. Und wie so oft wird die Kunstgeschichte nicht erwartungsgmäß von Museen oder Galerien und schon gar nicht von Seiten kunsthistorischer Institute geschrieben. Sie erfolgt von einzelnen engagierten Kunstliebhabern jenseits der Kunstmagazine und des Kunstmarktes, die den Wert eines Malers oder einer Malerin erkennen und sich an deren biografische Aufarbeitung machen.

Zu diesen Persönlichkeiten gehört der Arzt, Medizin- und Kunsthistoriker Axel H. Murken, dem schon mancher Künstler seine Entdeckung und damit ein Wiederaufleben seines Werkes zu verdanken hat. So etwa Herbert Rolf Schlegel (1889-1972), Edgar Ende (1901-1965), Roland Delcol oder Bernd Hötzel 1958-2006). Während seiner universitären Jahre in Münster und Aachen war er mit Gerhard Meyerratken freundschaftlich verbunden, nicht zuletzt aufgrund seiner Wertschätzung des künstlerischen Werkes. So war er nicht nur sein Freund, sondern er wurde mit der Zeit auch sein Auftraggeber und Sammler.

Überblickt man die hier erstmals aufgearbeitete, nahezu unüberschaubare Fülle von Gemälden, Aquarellen, Zeichnungen und Skizzen Meyerratkens allein aus der Sammlung Murken, so kommt man in der Tat nicht umhin, diesen Künstler als eine außergewöhnliche Persönlichkeit anzuerkennen. Zwar verhält es sich nicht unbedingt so, dass man lange und andächtig vor einem Bild dieses Malers verweilen möchte, wie dies oft bei Werken alter Meister, bei Gemälden der Klassischen Moderne oder auch bei überteuert angebotenen Bildern des Kunstmarktes der Fall ist. Vielmehr erlangt man großen Respekt vor der Fülle der Bildmotive, der Stilvielfalt, der Einfälle, vor dem hohen, das ganze Werk durchziehenden künstlerischen Impetus. Nicht anders verhält es sich bei Picasso, ein großes Vorbild Meyerratkens, dessen Ideenvielfalt, verbunden mit dem Drang jeden Eindruck, jede Idee unmittelbar umzusetzen, vergleichbar ist.

Ein Blick auf die jüngere Kunstgeschichte zeigt, dass Künstler, die einen eindeutigen Stil aufweisen und deren Bilder von daher einen gewissen Wiedererkennungseffekt haben, eine weit größere, zumindest raschere Akzeptanz erfahren, als solche, deren Werke vor lauter Einfällen und Experimentierfreudigkeit eher beunruhigen und so den Zugang erschweren. In Gerhard Meyerratkens Oeuvre finden sich so gut wie alle Bildgattungen und Sujets, vom Einzelporträt über Gruppendarstellungen bis hin zu mythologischen Szenen. Dazu gesellen sich Stilbrüche und postmoderne Aneignungen, wie dies auch bei manch anderen Künstlern des 20. und beginnenden 21. Jahrhunderts der Fall ist.

Die Unruhe, die sich im Werk Meyerratkens offenbart, prägte auch sein persönliches Leben.

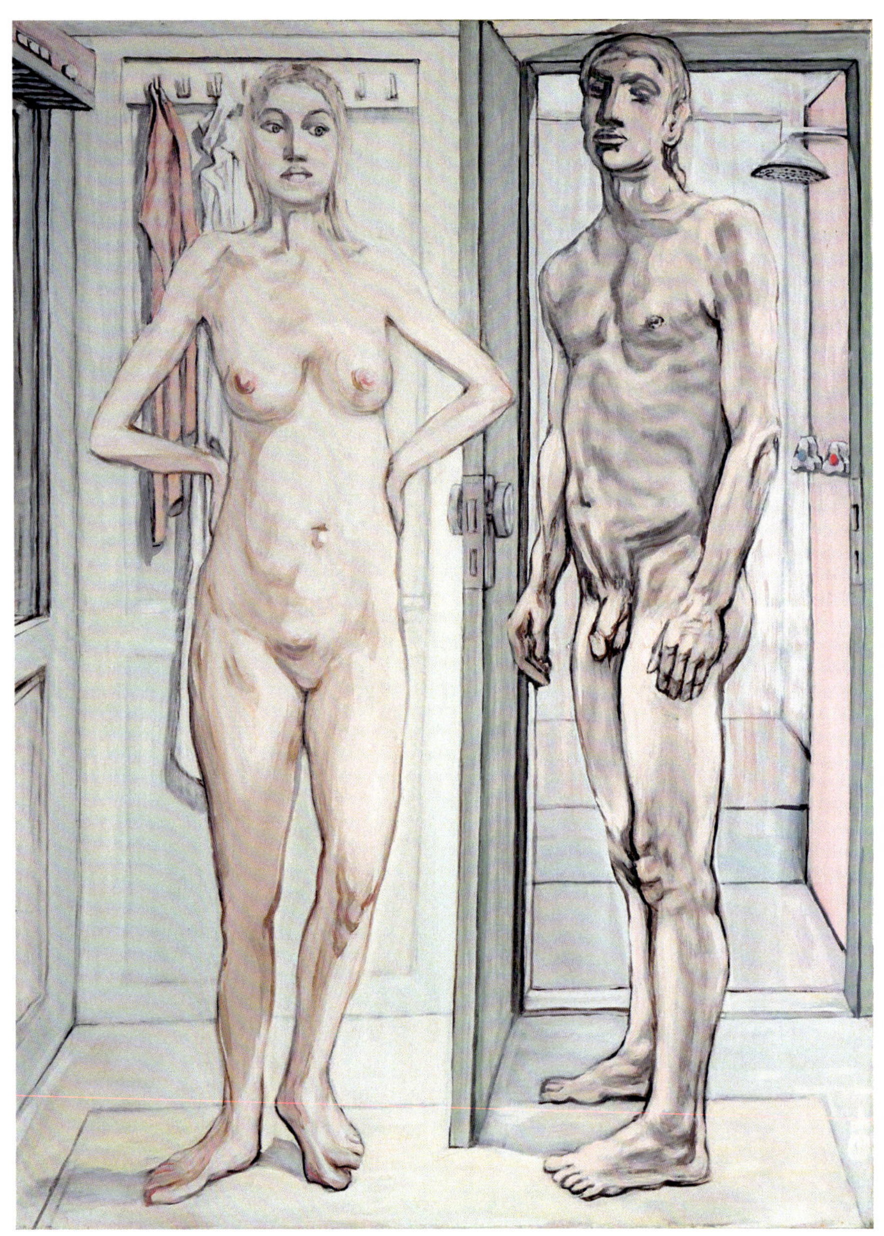

Paar im Badezimmer, 1980.
Acryl auf Leinwand, 150 x 110 cm.

Der gebürtige, nach außen eher ruhig und sesshaft wirkende Oldenburger, den ich in den siebziger und achtziger Jahren näher kennenlernen durfte, hat oft seine Zelte in Münster abgebrochen, um für längere Zeit ein Bohème-Leben in fernöstlichen Ländern zu führen. So ist sein Werk auch als das einer Inspiration suchenden, zutiefst unruhigen Malerpersönlichkeit zu betrachten, welche die Freiheit und das Ausloten aller Daseinsmöglichkeiten erkundete. Entsprechend finden wir in seinen Bildern die ganze Skala menschlicher Existenz, von der Eingeschlossenheit in sich selbst sowie dem bedrückenden Dasein in engen Räumen bis hin zur die Seele beflügelnden Weite der südpazifischen Inselwelt.

Auch die ganzen Facetten der Erotik werden bei ihm nicht nur thematisiert, sie scheinen eine Triebfeder seines Schaffens gewesen zu sein. Der nackte Körper stellt so eines seiner Hauptthemen dar. Mit spielerischer Leichtigkeit erfasst er sowohl die sinnlichen Formen des weiblichen Körpers als auch die Animalität der nackten männlichen Gestalt. Dabei handelt es sich bei seinen Aktdarstellungen auch um das ästhetische Erfassen von Körperformen und Haltungen, eingebettet in eine bestimmte Umgebung. Außerhalb solcher Szenen und von Porträtaufträgen sind die Dargestellten zumeist einfach menschliche Wesen, Anwesende, die keine persönliche Ausstrahlung haben und in keinem erkennbaren Bezug zum

Maler stehen. Nicht von ungefähr wird die Darstellung des Kopfes oft vernachlässigt, wenn nicht gar weggelassen. Es handelt sich um Körper, die von Raum und Zeit bestimmt werden, Bilder ohne Empathie und Einfühlung. Die Leidenschaft des Künstlers ist offensichtlich der Malakt selbst.

Nicht von ungefähr prägte der Künstler selbst den Begriff des „Anonymen Realismus", auf den er großen Wert legte. Damit fällte er einerseits ein Urteil über unsere Gesellschaft. Andererseits wollte er sich damit, wie dies aus zahlreichen Gesprächen mit ihm hervorging, eine eigene Position in der Kunstgeschichte sichern. Dieser Terminus war insofern fast prophetisch, als wir heute im Zeichen des Internets, der Künstlichen Intelligenz und der Robotik einer bedrohlichen Entindividualisierung entgegensteuern.

Seit der Renaissance war die Leidenschaft, waren Pathos und große Gefühle das Merkmal der menschlichen Darstellung, die schließlich im Barock auf eine manieristische Weise ausuferte. In der Romantik waren es die feineren Gefühle und die Innerlichkeit, die aus den Bildern sprachen. Schließlich spiegelte sich die zerrissene Gefühlswelt der Kriegs- und Nachkriegsjahre deutlich in den Gemälden der ersten Hälfte des 20. Jahrhunderts wider, um bald einem allumfassenden Pluralismus zu weichen.

Inzwischen ist unser Blick in die Zukunft ernst geworden. Er richtet sich nicht mehr hoffnungsvoll gen Himmel und auch nicht mehr verständnissuchend auf den Mitmenschen. Wir fühlen uns weder der Gesellschaft noch der Natur verpflichtet. Große Gefühle sind unangebracht. Unser Bedürfnis entspricht eher dem Anliegen der Evolution: Wir sollen nicht als Individuum, sondern als Gattung ganz einfach überleben. Zugleich oder gerade deswegen ist die Schwermut in uns verankert, wie sie aus vielen Bildern Meyerratkens spricht: Er dachte in Bildern wie andere mit der Sprache. So ist die als stoisch zu bezeichnende Gelassenheit in den figurativen Szenen Meyerratkens fast Bild gewordene Philosophie.

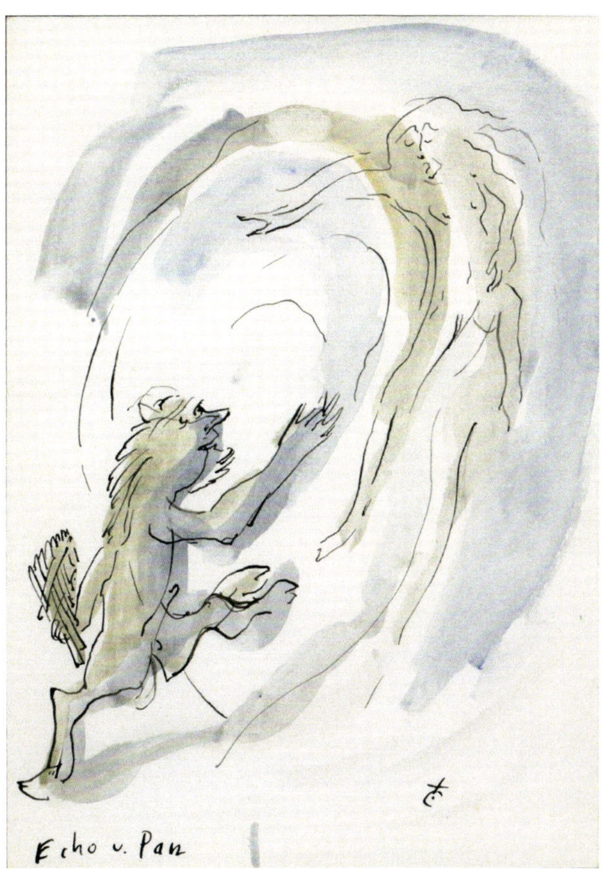

Echo und Pan, um 1980.
Aquarellierte Zeichnung, 24 x 15 cm.

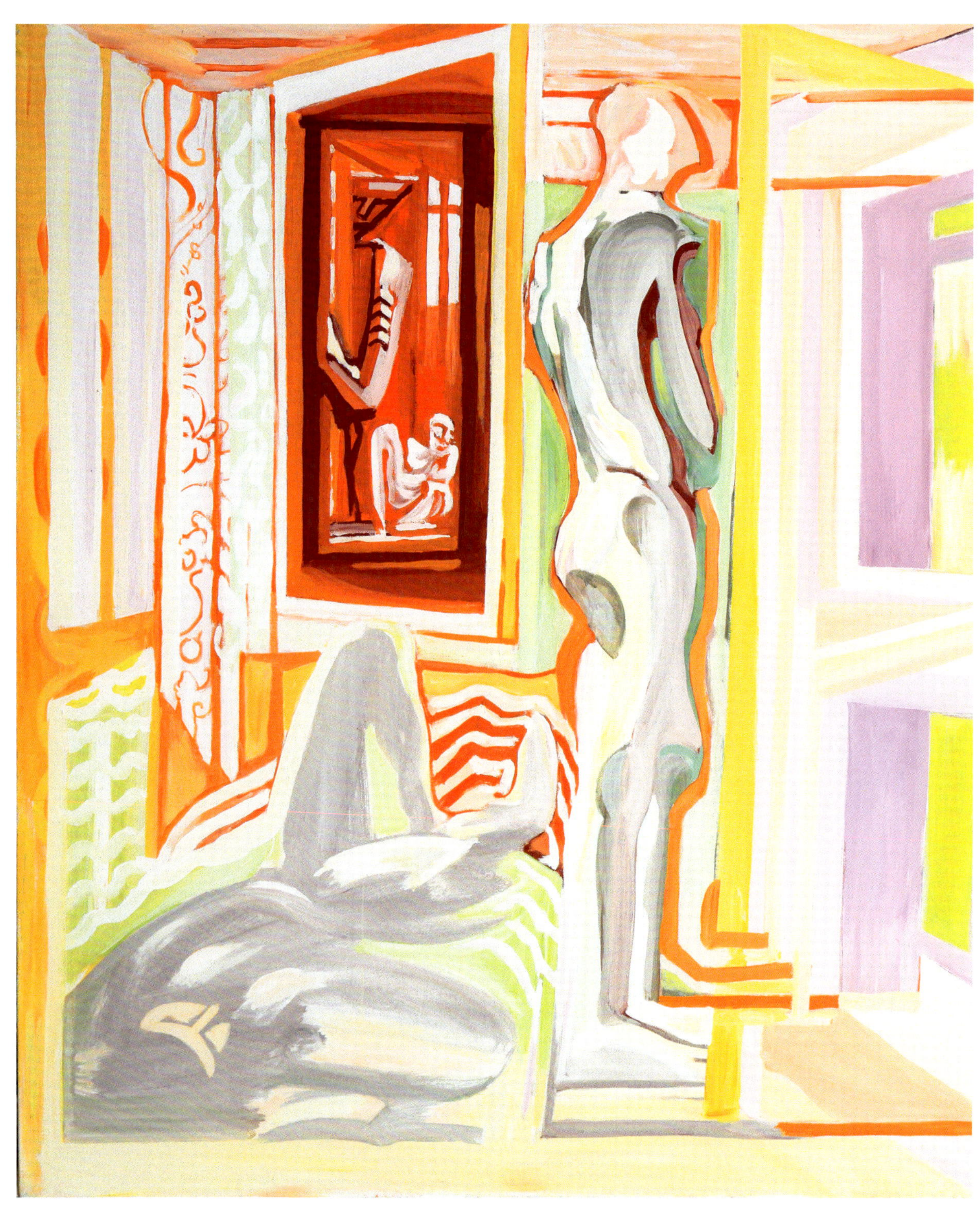

Paar am offenen Fenster, um 1980.
Acryl auf Leinwand, 160 x 140 cm.

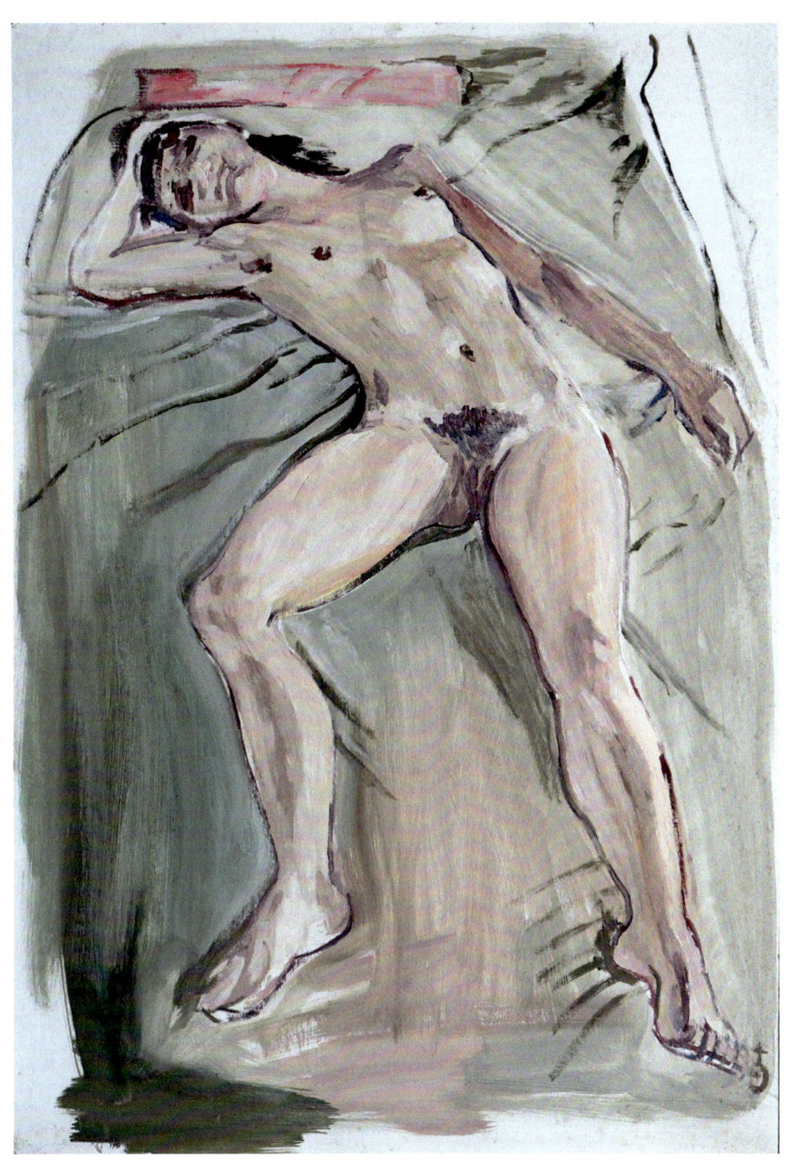

Liegender weiblicher Akt, 1984.
Acryl auf Pappe, 87 x 63 cm.

6. Resümee

Diese Übersicht über das Leben und Werk von Gerhard Meyerratken anhand einer Auswahl von knapp achtzig Bildern soll einen anschaulichen Zugang zu seinem Bilderkosmos vermitteln. Aufgrund der vielfältigen Motive und malerischen Techniken erschließt sich sein künstlerisches Werk wohl nicht auf den ersten Blick. Dies mag daran liegen, dass er nicht nur auf die uns vertrauten europäischen kunsthistorischen Vorbilder, sondern auch auf antikes Gedankengut zurückgreift. Einen sehr eigenständigen Bereich nehmen die Architekturbilder mit ihren menschlichen Gestalten ein, welche die gestörte Befindlichkeit unseres Daseins thematisieren. Diese Tendenz trifft auch auf seine figurative, besonders auf seine Aktmalerei zu, die stilistisch sowohl impressive als auch expressive Züge trägt.

Aus seinen Bildern spricht eine überzeugende Einfühlsamkeit in die seelischen und die körperlichen Gegebenheiten des Menschen wie auch in ihren grundlegenden männlichen und weiblichen Verbindungen. Das verleiht seiner Kunst eine auffallende humane Grundstimmung.

Immer wieder griff Meyerratken, nachdem sein malerisches Werk seit den siebziger Jahren zu einem eigenständigen Stil herangereift war, auf mythologische Themen aus der Antike und aus der christlichen Religion zurück. So besonders in dem Gemälde "Der Bischof von Münster und seine Konfirmanden", um 1986. Gerade in diesem Bild kommt die malerische Fähigkeit Meyerratkens zum Ausdruck, dynamische und statische Stilelemente miteinander zu verbinden und so grelle Farbfelder in eine harmonische Komposition einzubeziehen. Auf diese Art und Weise wird sehr stark etwas in der Bildwelt des Malers spürbar, was mit Macht und Ohnmacht noch heute mit der Vorstellung des christlichen Glaubens verbinden kann.

Überblickt man das zeichnerische und malerische Werk Meyerratkens, so versteht er es sehr überzeugend, wesentliche Aspekte unseres Daseins auf künstlerische Weise zu analysieren. Um die ganze Wirklichkeit des Lebens zwischen Eros und Tragik melancholisch einzufangen, wechselt er zwischen figurativer Realistik und abstrakter Stilistik. Seine Kunst spiegelt nicht zuletzt die Probleme des entheimateten Menschen in der Nachkriegszeit wider. Es scheint, als ob es dem Künstler Meyerratken darum ging, mit malerischen Mitteln die gesellschaftlichen Zwänge innerhalb der menschlichen Beziehungen offenzulegen, die die Freiheit, die Kreativität und damit die Entfaltung des Individuums einschränken.

Zugleich schafft er in seinem Bilderkosmos die ganze Komplexität menschlicher Entfaltungen und Verhaltensweisen wie sie evolutionär vorgegeben sind und wohl noch zukünftig bleiben werden.

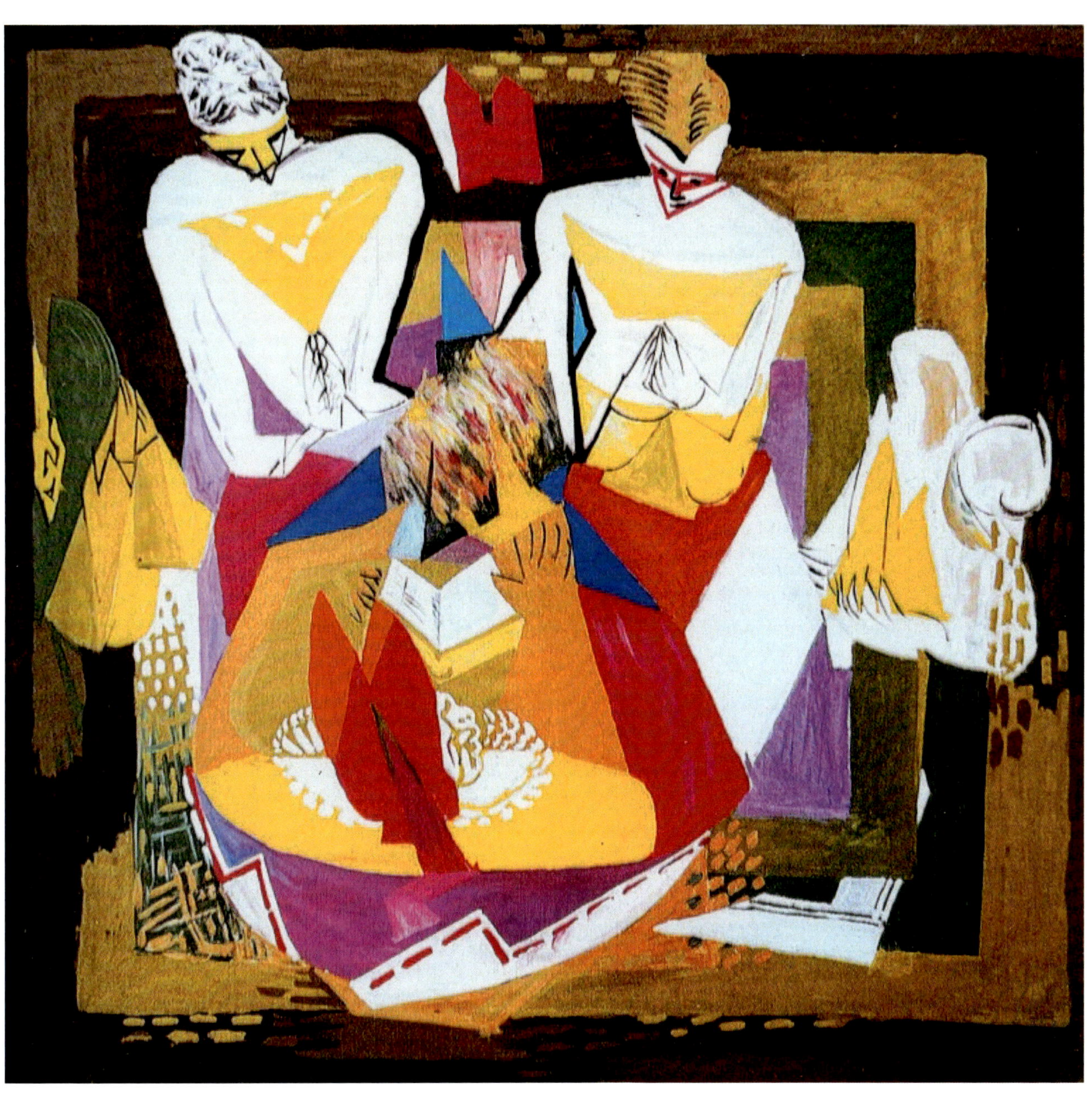

Der Bischof von Münster und seine Konfirmanden, um 1986.
Acryl auf Leinwand, 215 x 200 cm. [15]

15 Abgebildet in: Dorothea Eimert (Hrsg.): Dein Reich komme. Variationen zur Sinnfrage. München und Zürich 1986, Seite 55.

7. Anhang

7.1 Leben und Werk
7.2 Einzelausstellungen (Auswahl)
7.3 Bücher und Manuskripte
von Gerhard Meyerratken
7.4 Ausgewählte Literatur

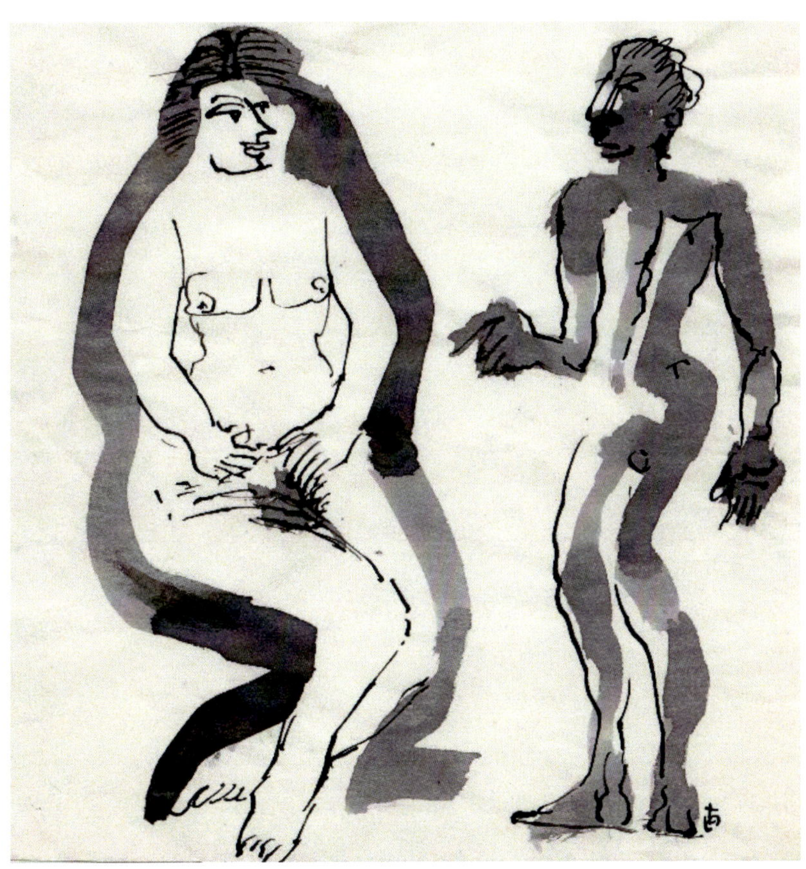

Gespräch zwischen Frau und Mann, 1978.
Aquarellierte Skizze, 12 x 19,5 cm.

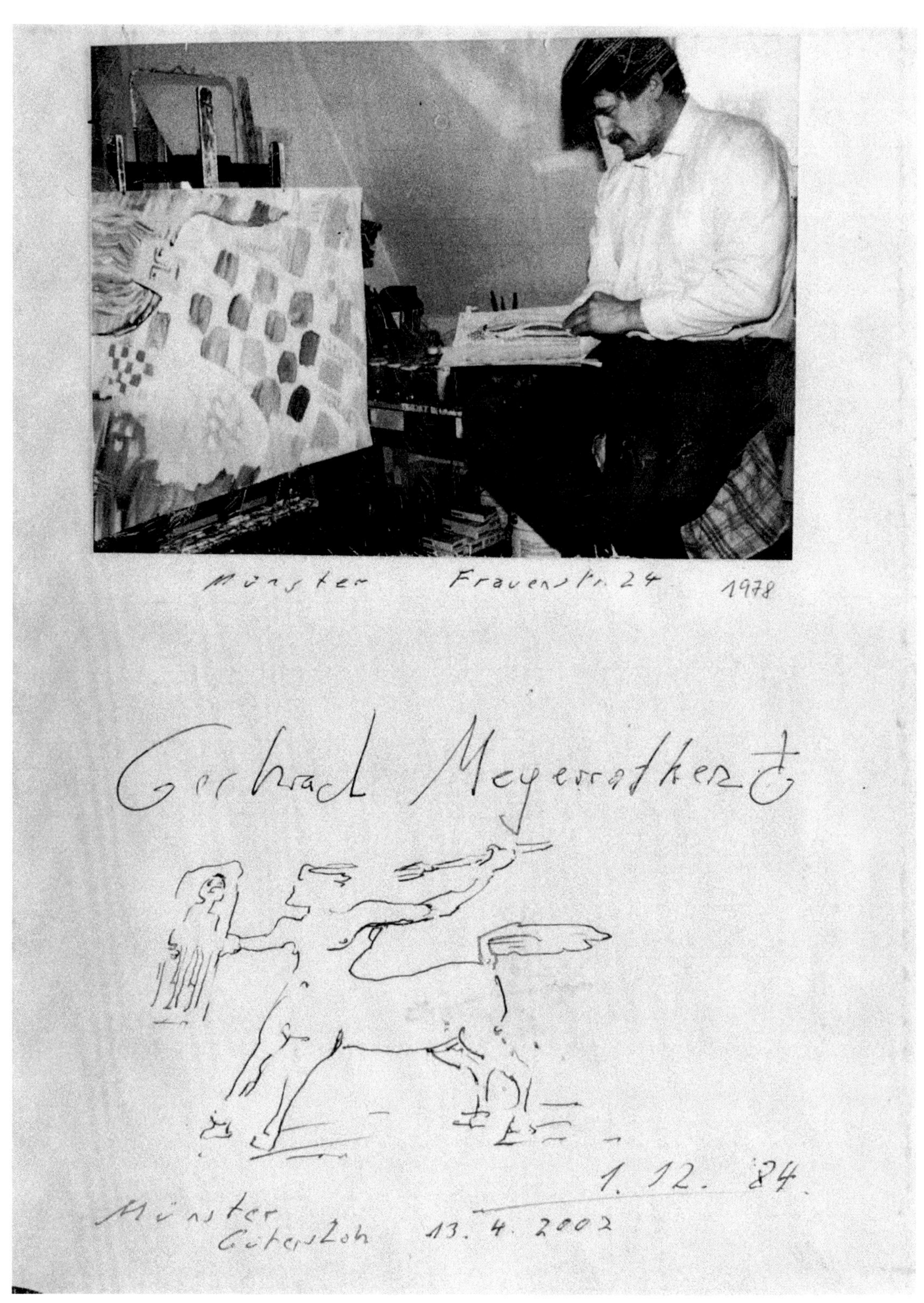

Aus dem Gästebuch der Klinik Dr. Diedrich Murken in Gütersloh.
Ausstellung: Gerhard Meyerratken. Gütersloh 1984, Seite 9. Gerhard Meyerratken in seinem Küchenatelier in der Münsteraner Frauenstraße 24.
Mit Zeichnungen und Signatur vom Künstler. Foto: Axel Hinrich Murken, 1978.

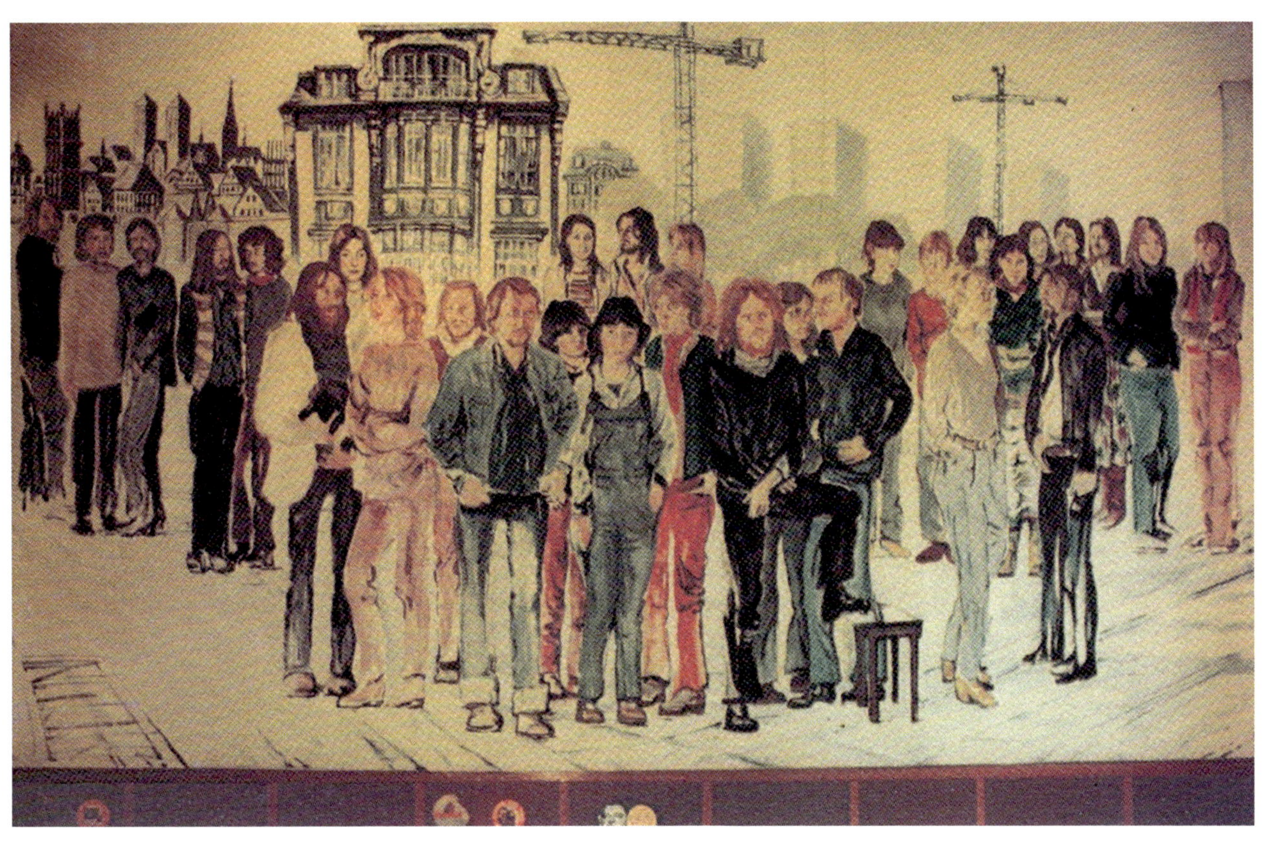

Gerhard Meyerratken: Bewohner des Hauses Frauenstraße 24 in Münster, 1983.
Öl auf Leinwand, 420 x 240 cm.
Das monumentale Gemälde versammelt die einstigen Bewohner des mehrgeschossigen Gebäudes in der Münsteraner Frauenstraße 24, das er auf die Wand in der Kulturkneipe gemalt hat.[16]

16 Als vergrößerte Postkarte (l 5x2 l cm) wurde das Gemälde von Gerhard Meyerratken vom Kaktus Verlag in Münster 1980 herausgegeben. Auf der Vorderseite ist der Aufruf abgedruckt: "Wir wehren uns gegen den Abriß eines der schönsten Jugendstilhäuser in Münster. Das Haus ist aus dem sozialen Wohnungsverbund gelöst worden und zum Abriß aus reinem Profitinteresse freigegeben worden ."

7.1 Leben und Werk von Gerhard Meyerratken

1937	Geboren am 12.4.1937 in Löningen/Oldenburg
1955-56	Erste längere Reise in die Südsee
1962-65	Ausbildung zum Bildhauer an der Werkkunstschule Münster
1964	Reise nach Südamerika
1965-1966	Studienaufenthalt in Antwerpen
1966-1969	Studiengast an der Hochschule für bildende Künste in Berlin
1969-71	Aufenthalte in der Südsee (Tahiti, Papua-Neuguinea, Fidschi-Inseln)
1971	Niederlassung in Münster in Westfalen
1973-1983	Lehrauftrag für Objektgestaltung in der Pädagogischen Fakultät der Westfälischen Wilhelms-Universität Münster
1978	Studienaufenthalt und Ausstellung in Paris
1983	Studienaufenthalt in New York
1986	Erneute Weltreise nach Kanada, Hawaii und zu den Fidschi-Inseln
1988	Aufenthalt in Australien, Malaysia, Indonesien, Thailand und Bali
1991	Reise nach Fitschi, Samoa, Tonga und Australien
1993	Heirat mit Sabine Hetzel in Dießen am Ammersee am 9.8.1993 Aufenthalt auf den Cook-Inseln, auf Tahiti und in Neuseeland
1994	Reise nach Südamerika: Argentinien, Feuerland, Chile und Patagonien
1995	Aufenthalte auf den Philippinen, in Thailand und Malaysia
1993-1996	Wohnsitz in Wuppertal
1996	Geburt des Sohnes Friedrich am 3.10.1996 in Münster
2005	Gestorben am 30.9.2005 in Münster

7.2 Einzelausstellungen (Auswahl)

1978	Galerie Willy Maiwald, Paris
1981	Galerie Tode, Berlin
1981	Pädagogische Abteilung der Westfälischen Wilhelms-Universität Münster, 3. - 28.4.1981
1982	Galerie Kalkmarkt, Münster
1984	Burghaus, Stolberg/Rheinland, 27.5. - 17.6.1984
1984	Klinik Dr. Diedrich Murken, Gütersloh, 1.12. - 25.1.1985
1985	Augustinus-Buchhandlung, Aachen, 31.5. - 28.6.1985
1987	Galerie Vogler und von Rötel, Köln
1987	Galerie Alte Weberei, Gütersloh, 5.7. – 30.8.1987
1991	Künstlerwerkstatt, Kettlerstraße, Münster
1991	Kunsthalle Dominikanerkirche, Osnabrück Gerhard Meyerratken – Retrospektive Malerei. 7.7.-4.8.1991
1994	Performance, Pumpenhaus, Münster
1995	Galerie Claus Steinrötter, Münster
1997	Indeklause, Kornelimünster
1997	Kulturforum Kloster Bentlage Rheine, 25.11. – 19.12.1997
1998	Abteilung der Bundesregierung für den Umzug nach Berlin im ehemaligen Berliner Staatsratsgebäude
2000	Bahnhofsmission, Aachen-Kornelimünster
2009	Stadtmuseum Münster, 14.6. – 17.9.2009
2013	Akademie Franz Hitze Haus, Münster, 24.1. – 3.3.2013
2017	Landhaus Adlon, Potsdam, 25.9. – 10.12.2017

7.3 Bücher und Manuskripte von Gerhard Meyerratken:

Grotesken. Berlin 1968.

Kneipentheater – Federzeichnungen – Deckelbilder. Münster 1978.

Manifest des Anonymen Realismus. Kunst am Ende des 20. Jahrhunderts. Herzogenrath 1991.

Wiedertäuferei. Bühnenstück in 4 Akten. Nicht veröffentlichtes Manuskript. Münster 1985.

Übermalungen

Der Pinguin, der ein schneeweißer Mann sein wollte.
Überarbeiteter Katalog der Penguin Books. London 1984.

Musterkatalog für Ikea-Möbel, um 1994

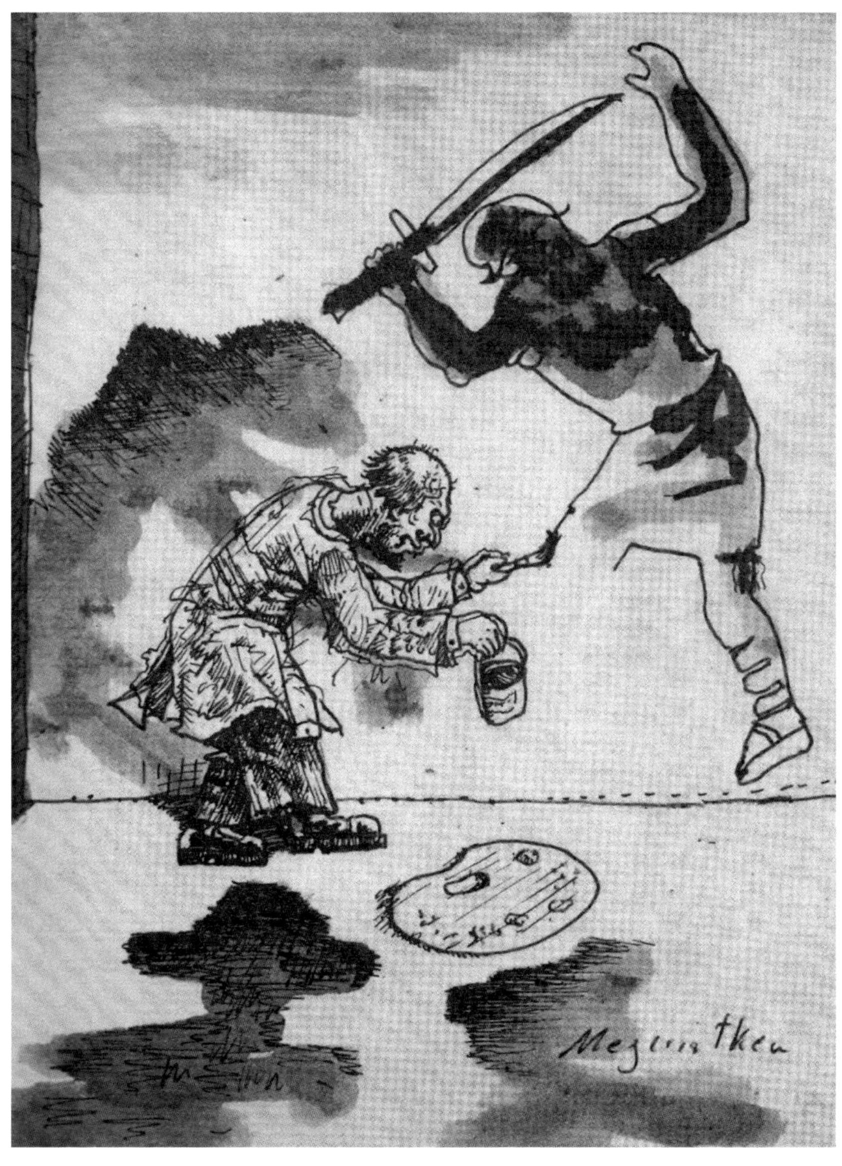

Vor der Vollendung, 1968.
Lithografie, 15 x 12,5. Aus: Gerhard Meyerratken: Grotesken. Berlin 1968, Blatt 9.

7.4 Ausgewählte Literatur

Dorothea Eimert: "Art Brut" in der Sammlung Murken. In: Sammlung Murken. Zeitgenössische Malerei und Plastik. Ausstellungskatalog Städtisches Kunstmuseum. Bonn 1968, Seite 68 - 73.

Uwe Fleckner: Der wilde Körper. Afrikanische Kunst und ihr Einfluss auf das Bild des Menschen im Werk Ernst Ludwig Kirchner. In: nackt! Frauenansichten. Malerabsichten. Aufbruch zur Moderne. Hrsg. Sabine Schulze. Ostfildern-Ruit 2003, Seite 78-93.

Klaus Gallwitz: Picasso Laureatus. Sein malerisches Werk seit 1945. Luzern und Frankfurt am Main, 1971.

Sabine Hetzel-Meyerratken: Kunst war für ihn sein Leben. In: Rita Weißenberg, Bernd Uppena und Joachim Hetscher (Hrsg.): Frauenstraße 24. Geschichte einer erfolgreichen Besetzung. Münster 2023, Seite 160-164.

Charles Jencks: Die Postmoderne. Der neue Klassizismus in Kunst und Architektur. Stuttgart 1987.

André Lindhorst: Gerhard Meyerratken: Malerei: Folder zur Ausstellung Gerhard Meyerratkens in der Kunsthalle Dominikanerkirche Osnabrück. Osnabrück 1991.

Axel Hinrich Murken: Gedanken zum malerischen Werk von Gerhard Meyerratken. Folder zur Ausstellung der Gemälde Meyerratkens in der Pädagogischen Abteilung der Westfälischen Wilhelms-Universität Münster. Münster 1981.

Axel Hinrich Murken: Kranker und Krankenhaus in der modernen Kunst. Sonderausstellung in Aachen. Deutsches Ärzteblatt 79 (1982), Seite 91-94.

Axel Hinrich Murken: Von Menschen und Räumen. Zeichnungen, Aquarelle und Gouachen. Herzogenrath 1984.

Axel Hinrich Murken und Christa Murken-Altrogge: „Wenn ich nicht Maler wäre, möchte ich Arzt sein." Operationsszenen in der Malerei von 1875 bis 1975. Die Waage 16 (1977), 3, Seite 113-121.

Axel Hinrich und Christa Murken (Hrsg.): Romantik in der Moderne. Meisterwerke aus der Sammlung Murken. Jugendstil bis Postmoderne. Dillingen 2003.

Axel Hinrich Murken und Sandra Abend: Kunst und Medizin. Die Sammlung Murken. Herzogenrath 2023.

Christa Murken-Altrogge und Axel Hinrich Murken. Prozesse der Freiheit. Vom Expressionismus bis zur Soul and Body Art. Köln 1985.

Petra Noppeney: Die Heimkehr der Hausbesetzer. Gemälde von Gerhard Meyerratken in der Frauenstraße 24 restauriert. Münstersche Zeitung, Nr. 140, 20.6.2017

Sabine Schulze (Hrsg.): nackt! Frauenansichten. Malerabsichten. Aufbruch zur Moderne. Ostfildern-Ruit, 2003.

Ulla Schneider: Seine Bilder malt er in der Küche. Meyerratken lebt in der Frauenstraße 24. Ausstellung in der Pädagogischen Hochschule. Münstersche Zeitung, 4.4.1981.

Rita Weißenberg: Gerhard Meyerratken. In: Rita Weißenberg. Bernd Uppena und Joachim Hetscher (Hrsg.): Frauenstraße 24. Geschichte einer erfolgreichen Besetzung. Münster 2023, Seite 155-159.

Wendelin Zimmer: Farbenfroher Nacherzähler. Retrospektive Gerhard Meyerrakten in Osnabrück. Neue Osnabrücker Zeitung, 8.7.1991.

Ro.: Kritische Haltung zum Zeitgeist. Gerhard Meyerratken zeigt seine Arbeiten im Burghaus. Stolberger Nachrichten, 29.5.1984.

Wer.: Gerhard Meyerratken in der Weberei-Galerie. Gespenster bei Ikea. Gütersloher Zeitung, 7.6.1987.

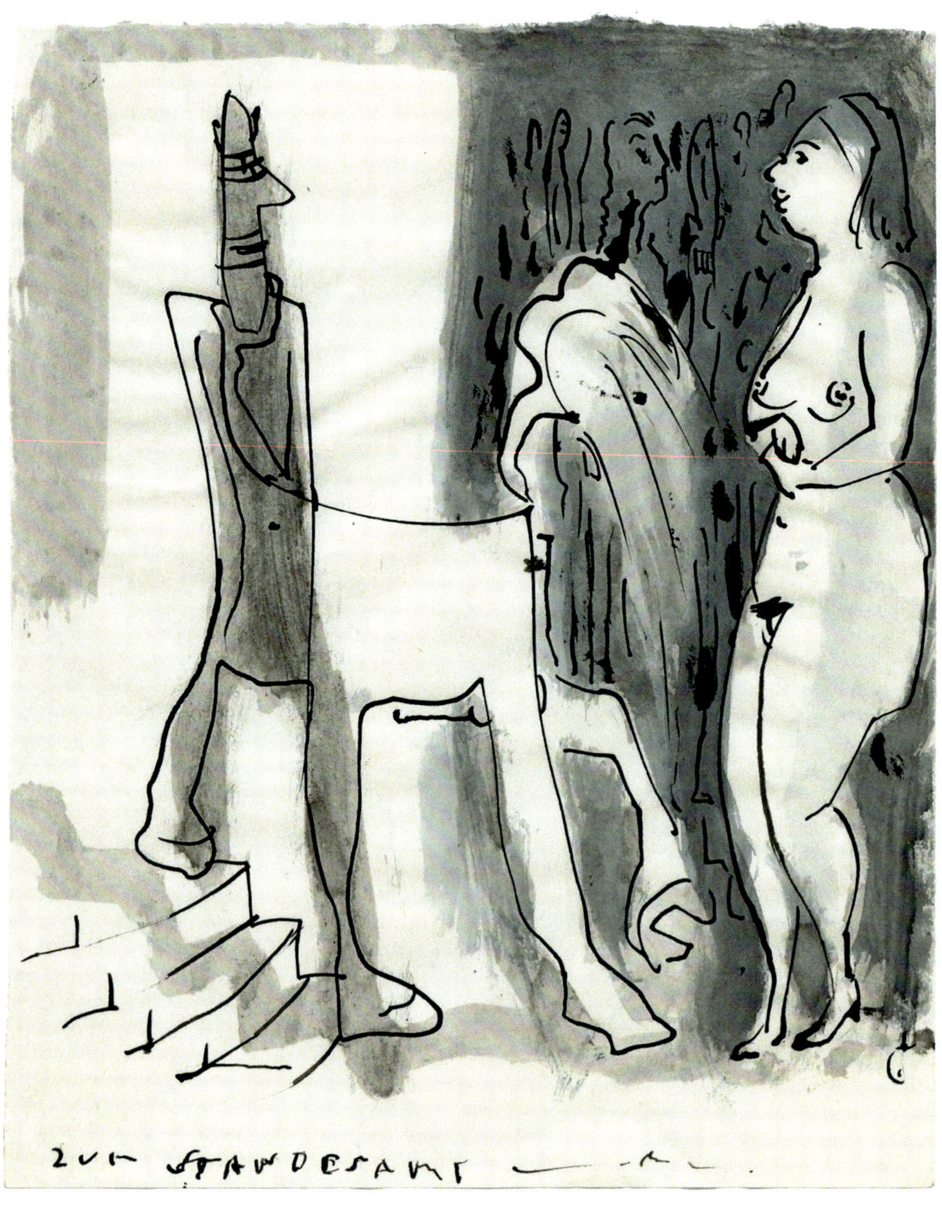

Zum Standesamt, um 1986. Tuschezeichnung, 15 x 12 cm.

8. Verzeichnis der Bilder [17]

8.1 Gemälde
8.2 Gouachen
8.3 Aquarelle und Zeichnungen

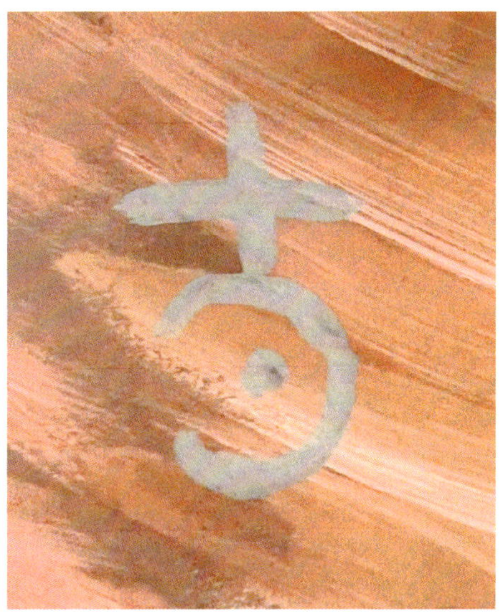

Gerhard Meyerratken signierte sein Werk mit diesem Symbol. [18]

17 Im Verzeichnis sind sämtliche Bilder von Gerhard Meyerratken aufgeführt, die aus der privaten Sammlung von Axel Hinrich und Christa Murken stammen. Sie sind im Textteil hauptsächlich als Vorlagen verwandt worden. Zusätzlich wurden noch fünf Gemälde von Gerhard Meyerratken aus dem Nachlass im Einverständnis mit Sabine Hetzel-Meyerratken abgebildet: "Mutter mit Kind" (Seite 22), "Arbeitskraft" (Seite 30)), "Büro" (Seite 32), "Vier Nixen" (Seite 44) und "Liebespaar im Kaufhaus" (Seite 45).

18 Gerhard Meyerratken signierte seine Werke mit einem Symbol, das aus drei Zeichen besteht:
Der Kreis für die Bewegung, der Punkt in der Mitte für die Konzentrierung, das Kreuz für die Horizontale und die Vertikale.

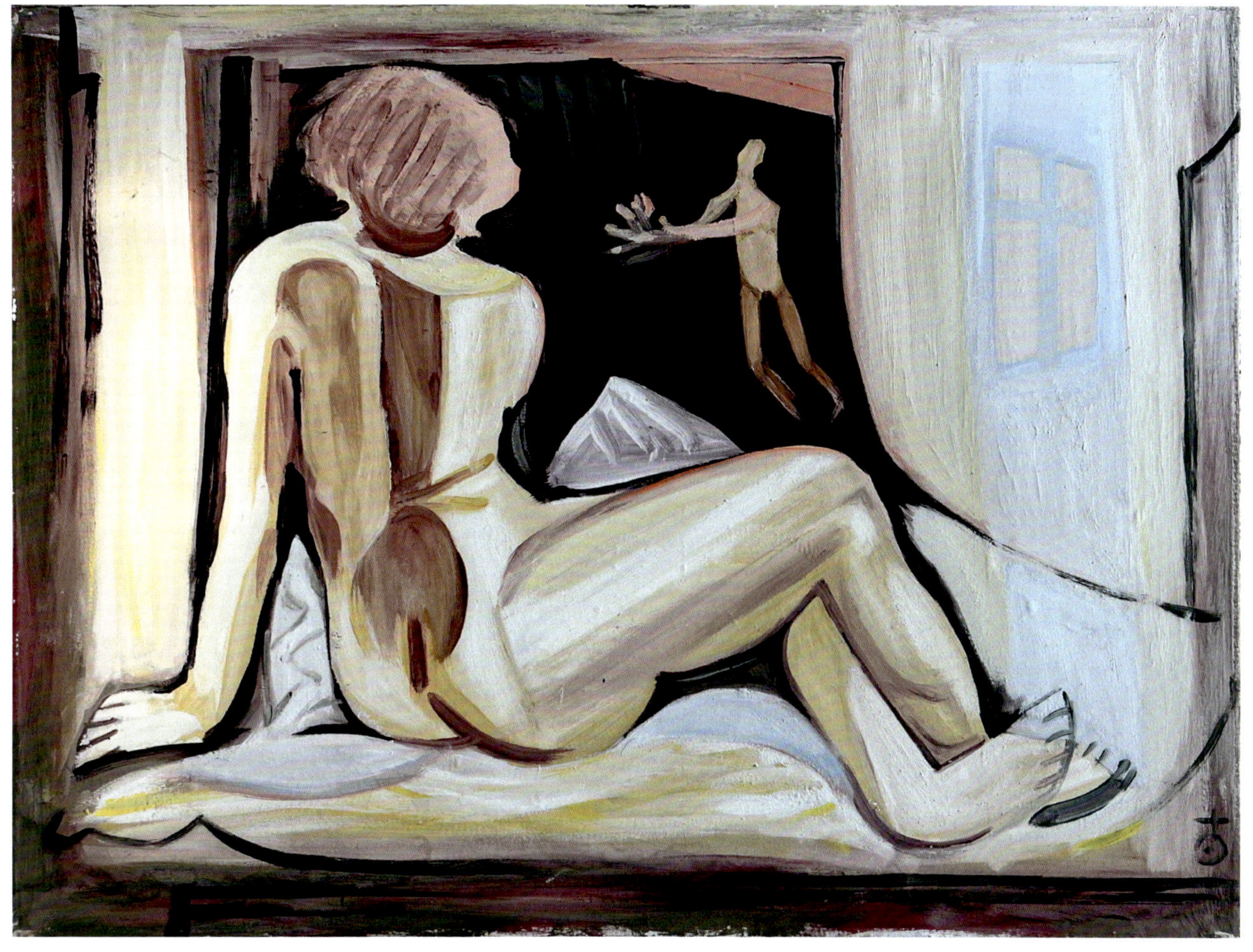

Nachtmahr, 1978.
Acryl auf Leinwand, 80 x 100 cm.

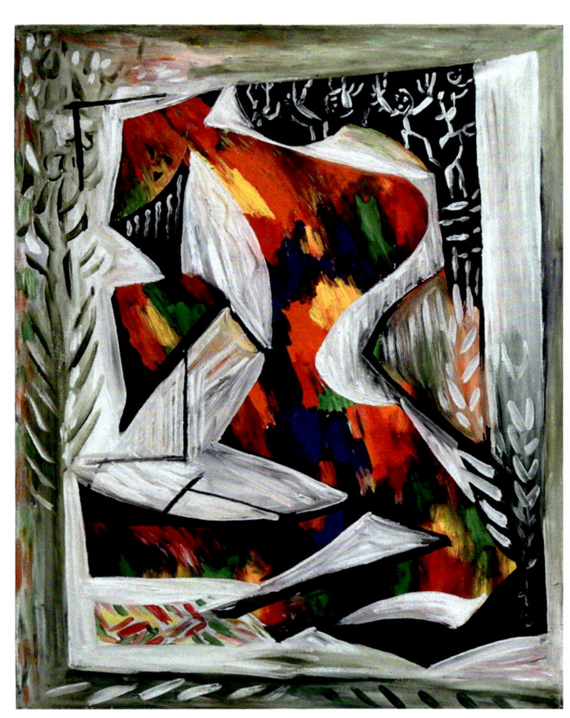

Ohne Titel, um 1980.
Acryl auf Leinwand, 100 x 80 cm.

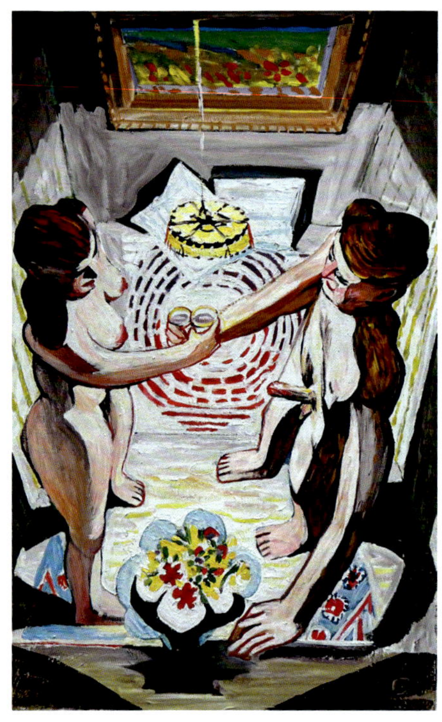

Feierndes Paar, um 1980.
Acryl auf Leinwand, 95 x 55 cm.

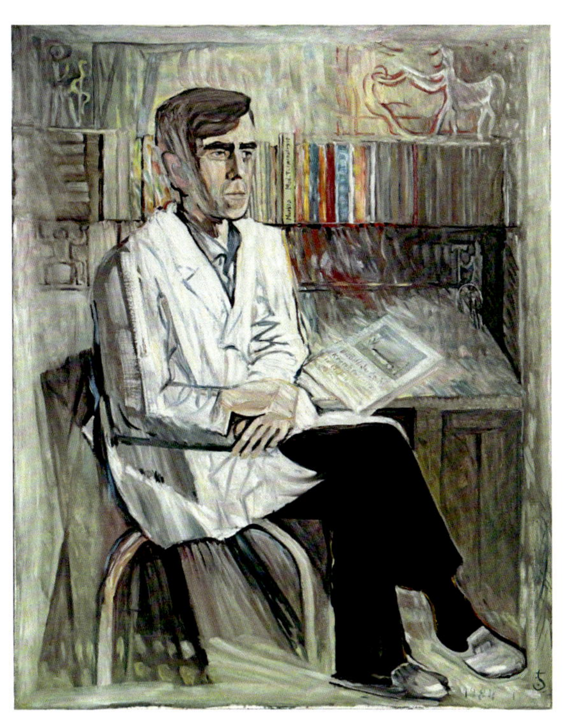

Portrait eines Arztes (A.H.M.), 1988.
Acryl auf Leinwand, 130 x 100 cm.

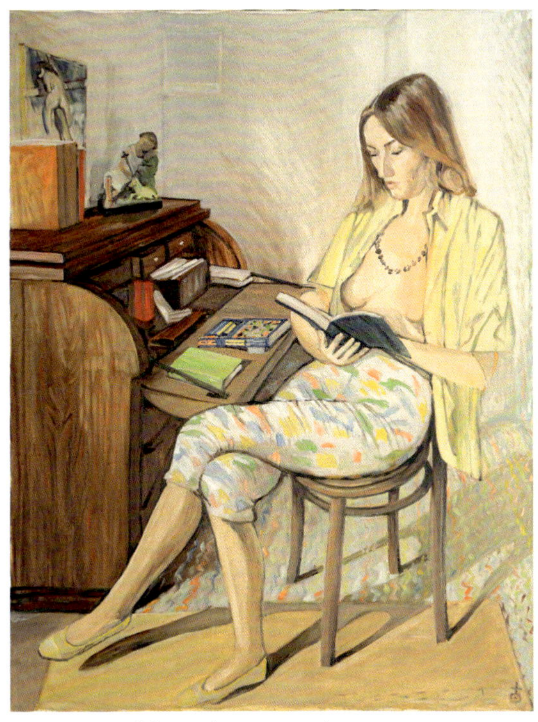

Bildnis Christa Murken, 1985.
Acryl auf Leinwand, 130 x 100 cm.

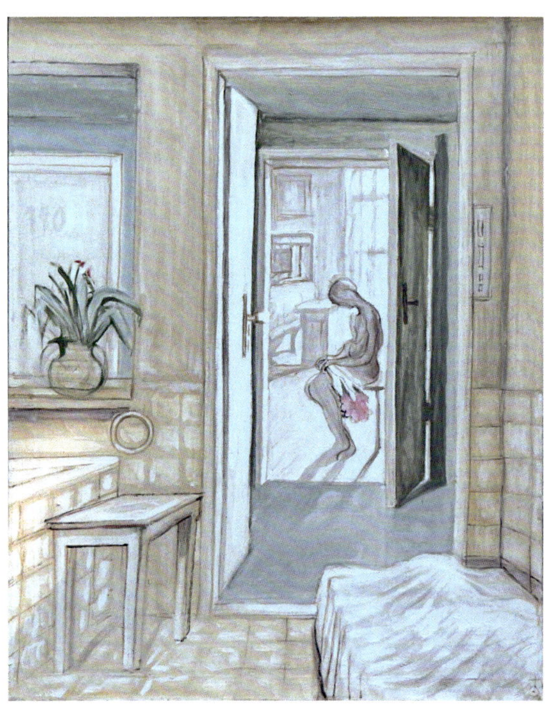

Interieur mit weiblicher Figur, 1986.
Acryl auf Leinwand, 100 x 79 cm.

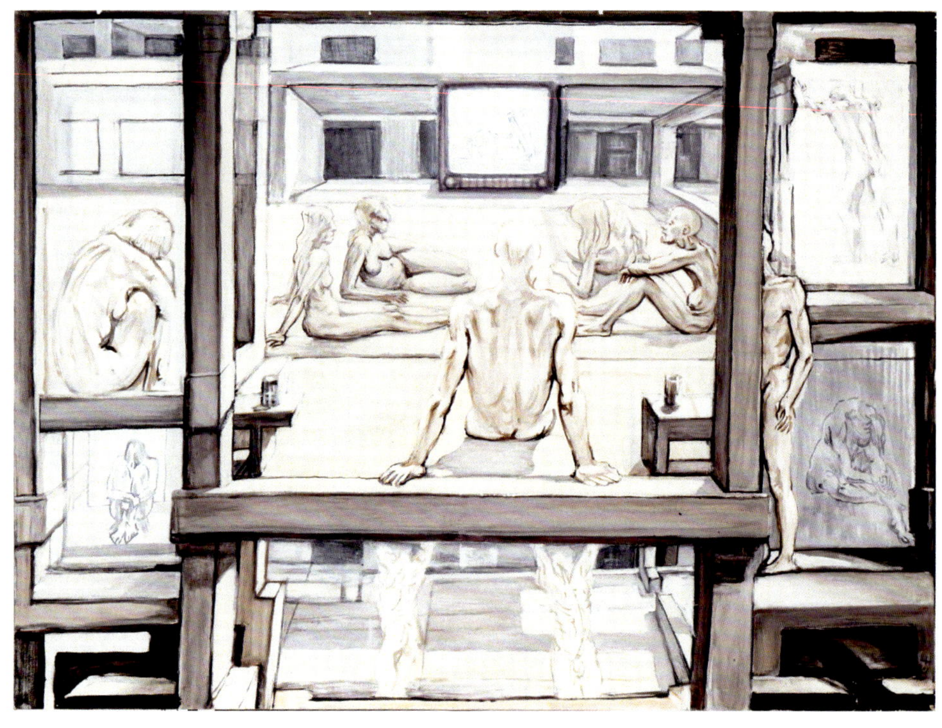

Heimidylle, 1988.
Acryl auf Leinwand, 111 x 153 cm.

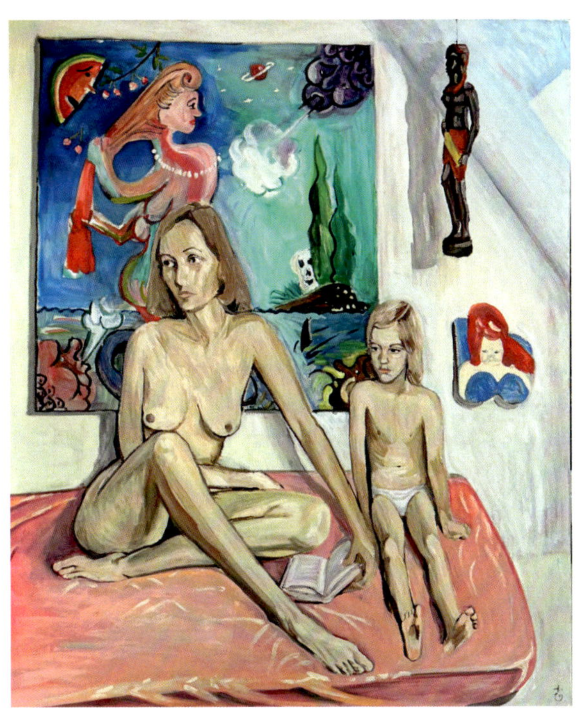

Mutter mit Tochter, 1988.
Acryl auf Leinwand, 139,5 x 119 cm.

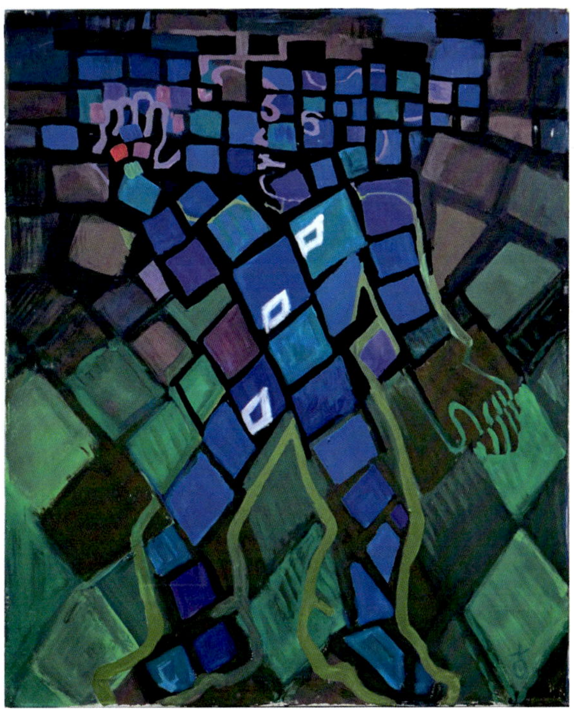

Narr, um 1982.
Acryl auf Leinwand, 119 x 100 cm.

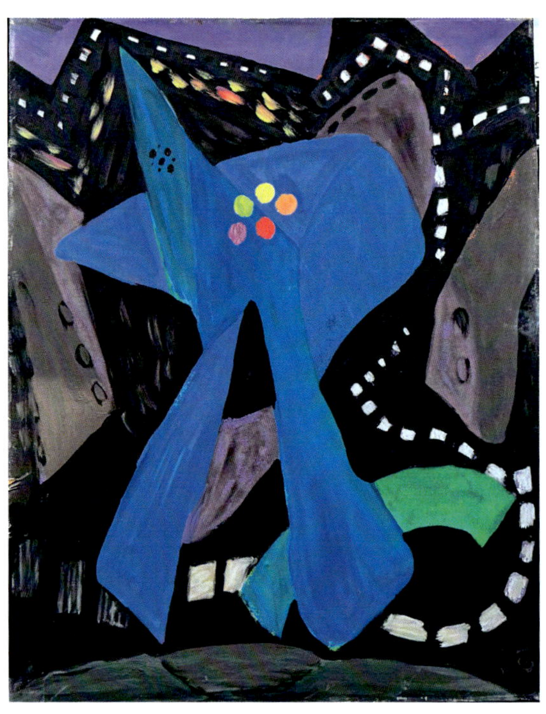

Ohne Titel, um 1980.
Acryl auf Pappe, 100 x 80 cm.

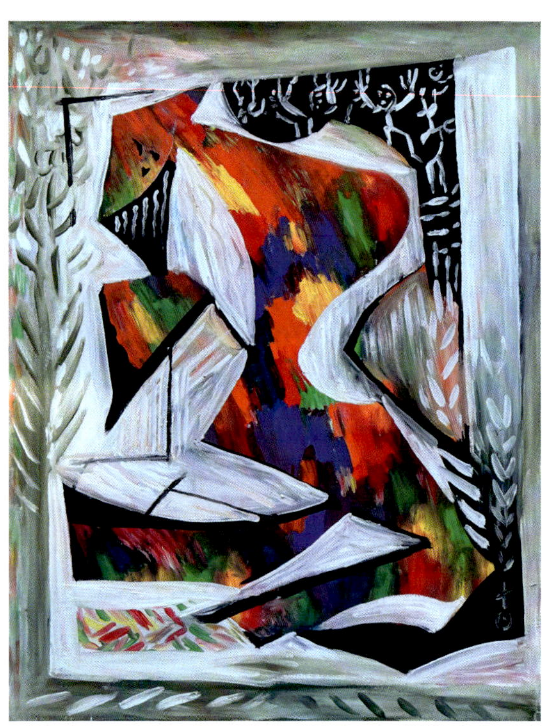

Ohne Titel, um 1980.
Acryl auf Leinwand, 100 x 80 cm.

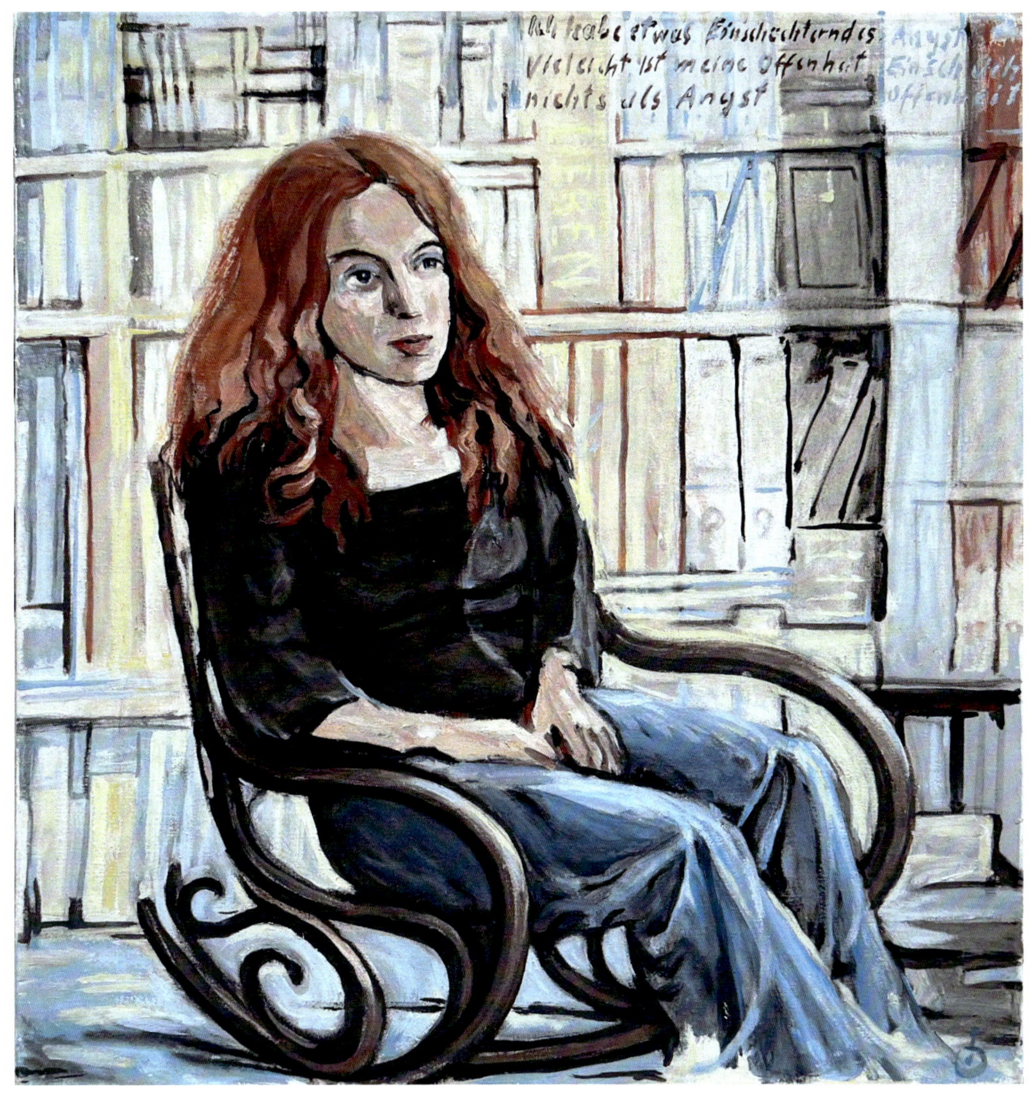

Bildnis Karin Struck, 1978.
Acryl auf Leinwand, 75,5 x 70 cm.

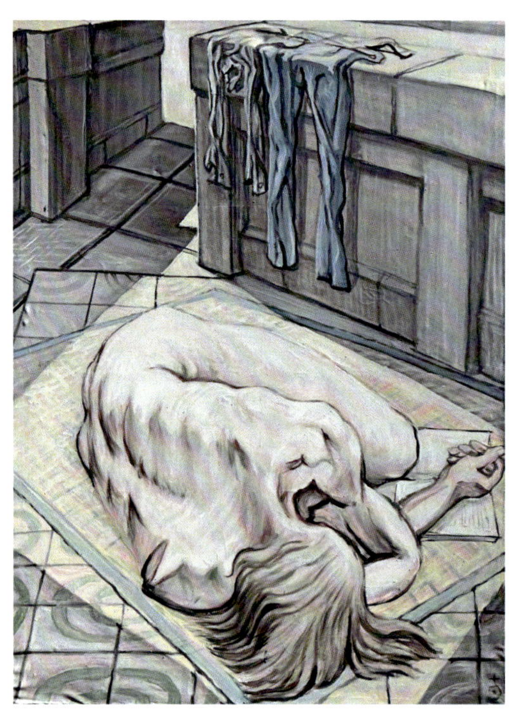

Liegende, 1980.
Acryl auf Leinwand, 160 x 110 cm.

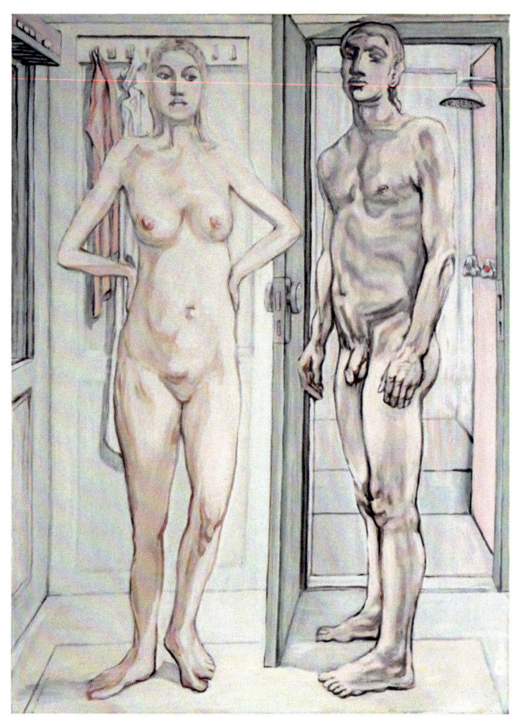

Im Badezimmer, 1980.
Acryl auf Leinwand, 150 x 110 cm.

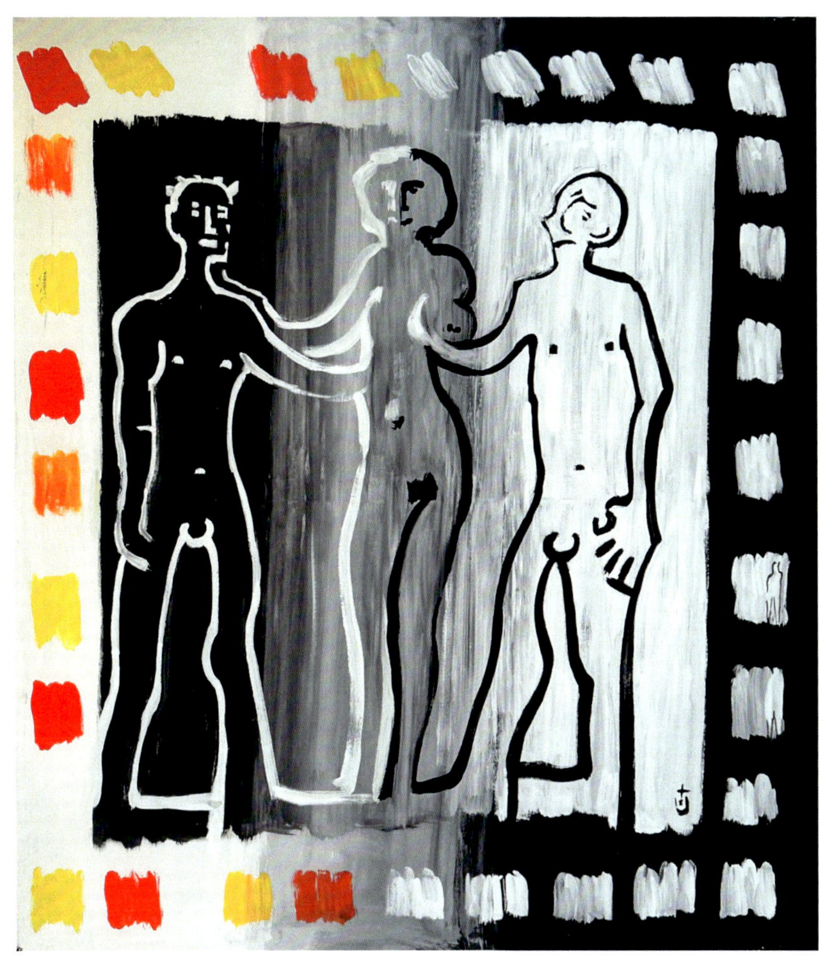

Frau zwischen zwei Männern, 1982.
Acryl auf Leinwand, 150x140 cm.

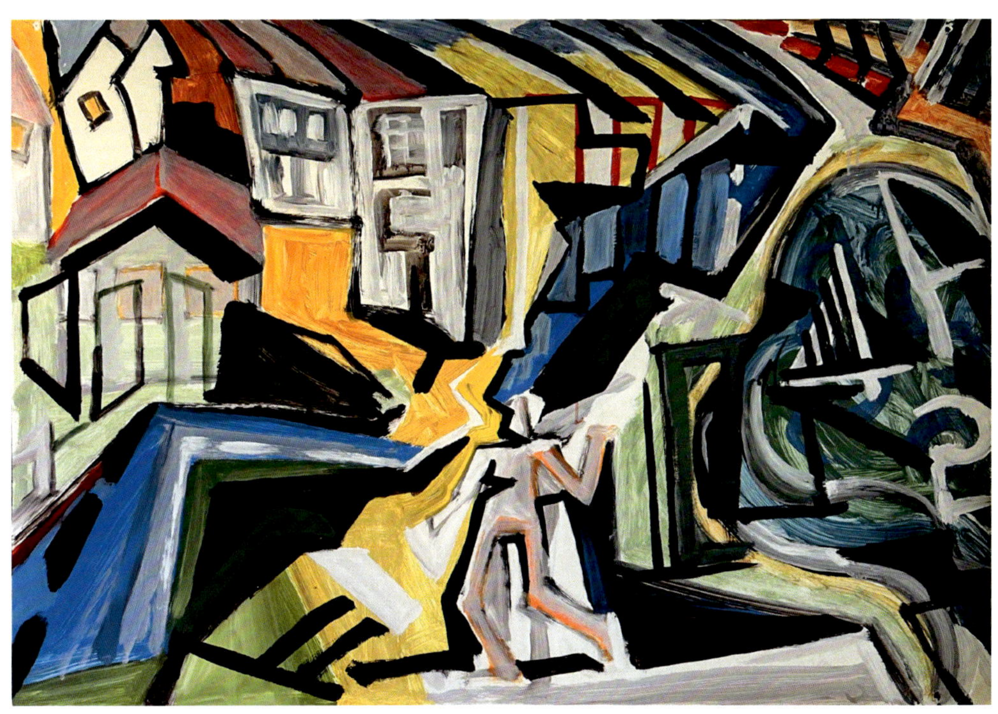

Urbanes Chaos, um 1980.
Acryl auf Leinwand, 121 x 81 cm.

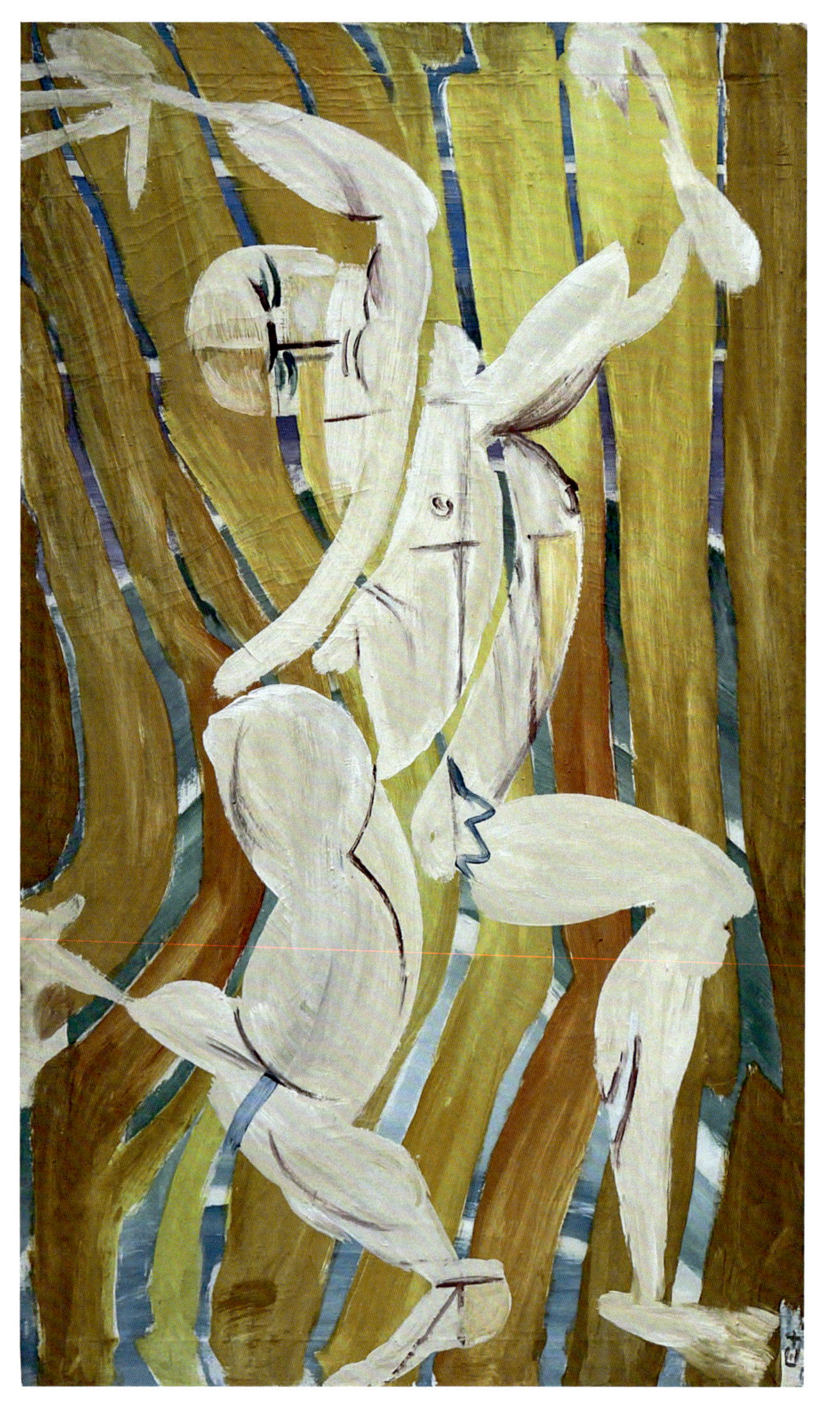

Akrobat, 1978.
Acryl auf Leinwand, 114 x 64,5 cm.

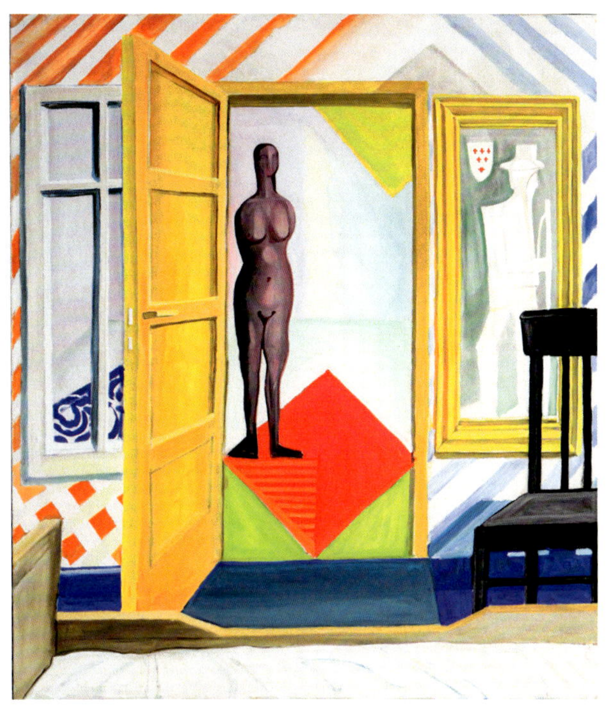

Am Eingang, um 1980.
Acryl auf Leinwand, 160 x 140 cm.

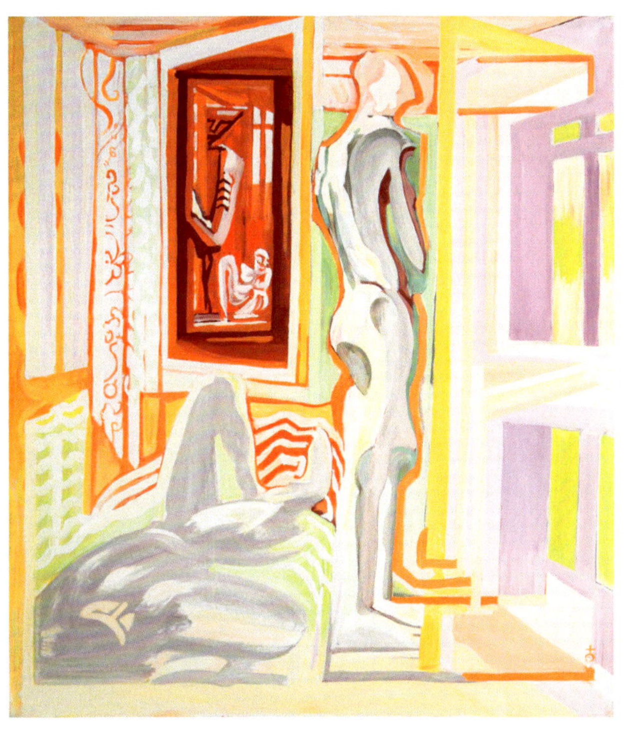

Paar am offenen Fenster, um 1985.
Acryl auf Leinwand, 160x140 cm.

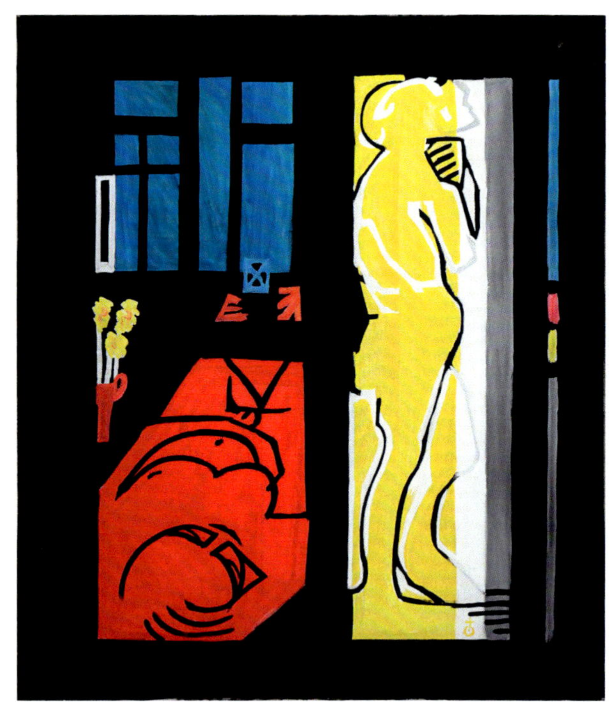

Nächtliche Szene, um 1980.
Acryl auf Leinwand, 160 x 140 cm.

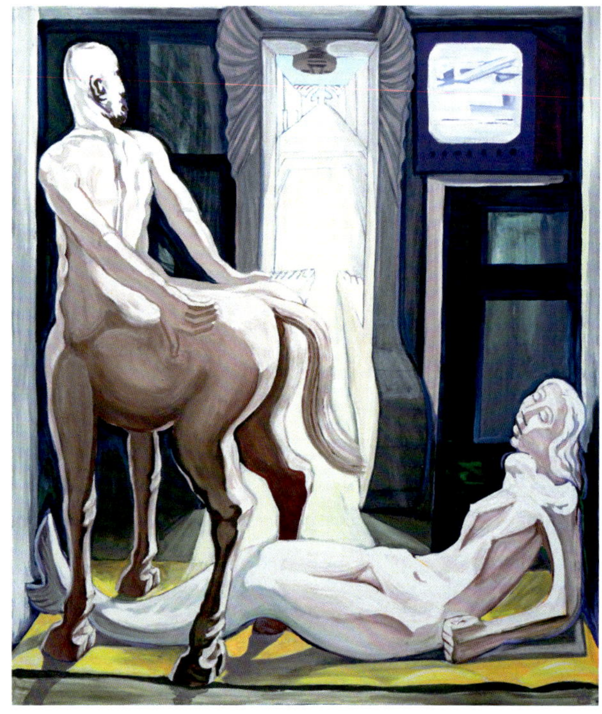

Kentaur über Liegender, um 1986.
Acryl auf Leinwand, 160 x 140 cm.

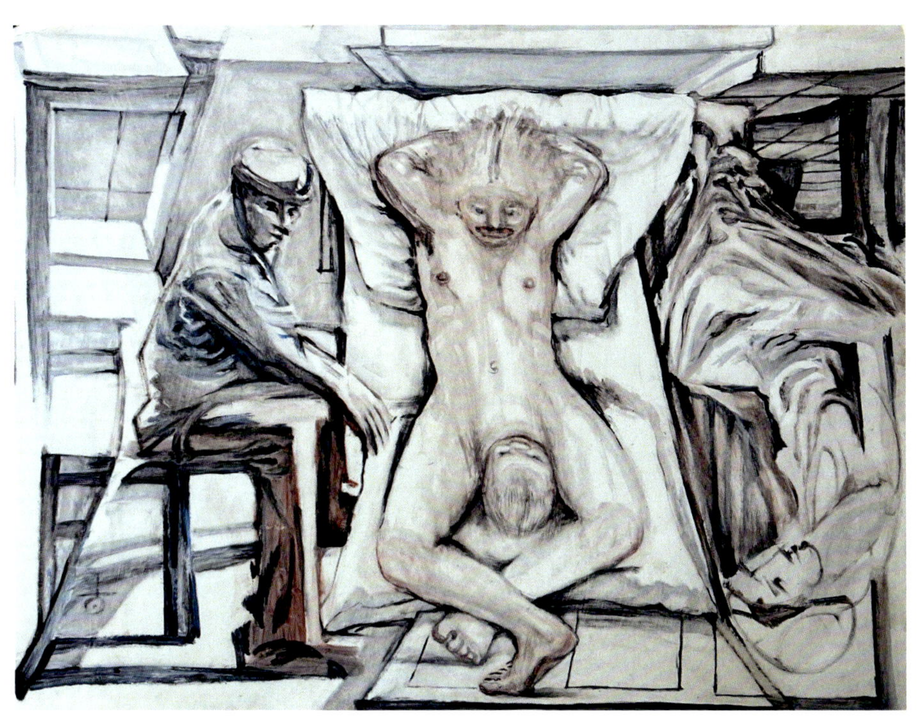

Geburtsszene, um 1980.
Acryl auf Leinwand, 75 x 100 cm.

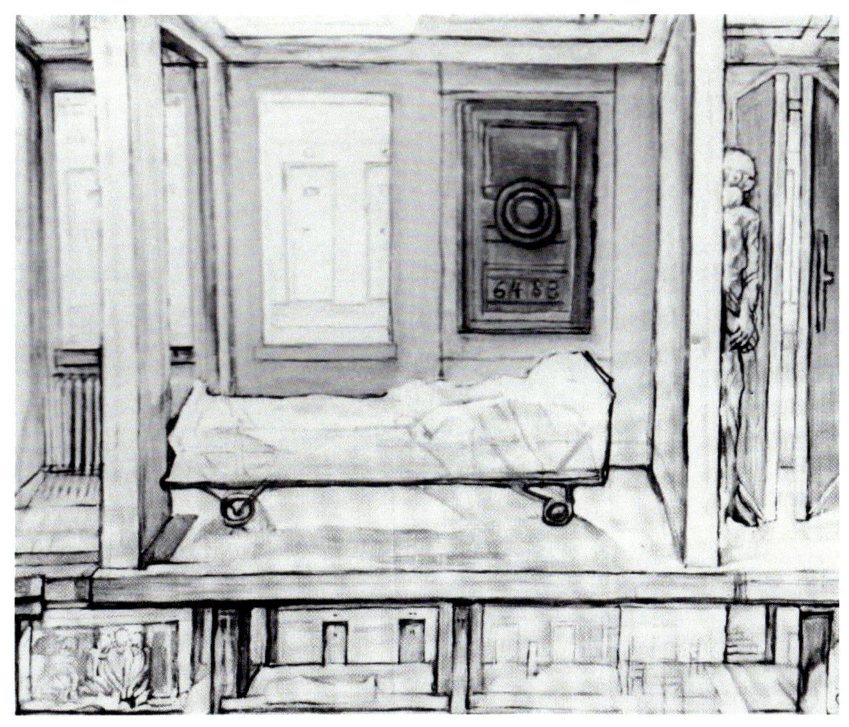

Krankenhaus, 1981.
Acryl auf Leinwand, 100 x 120 cm.

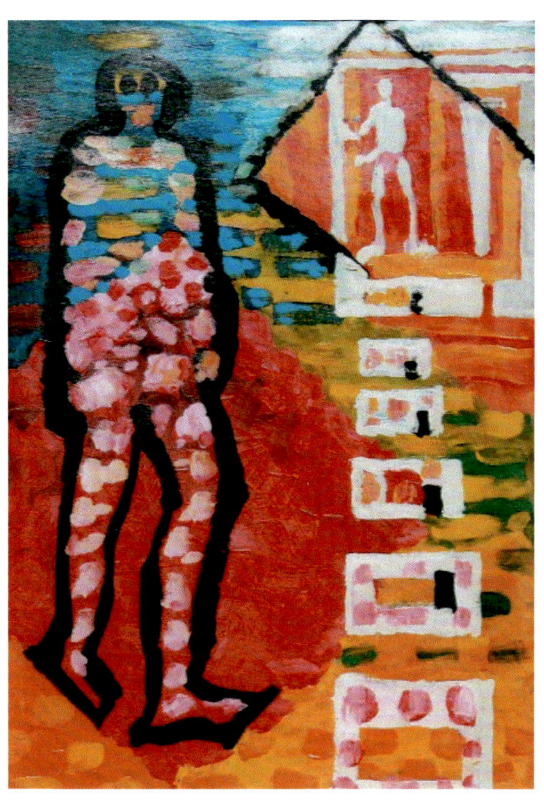

Gaukler, 1982.
Acryl auf Leinwand, 120 x 100 cm.

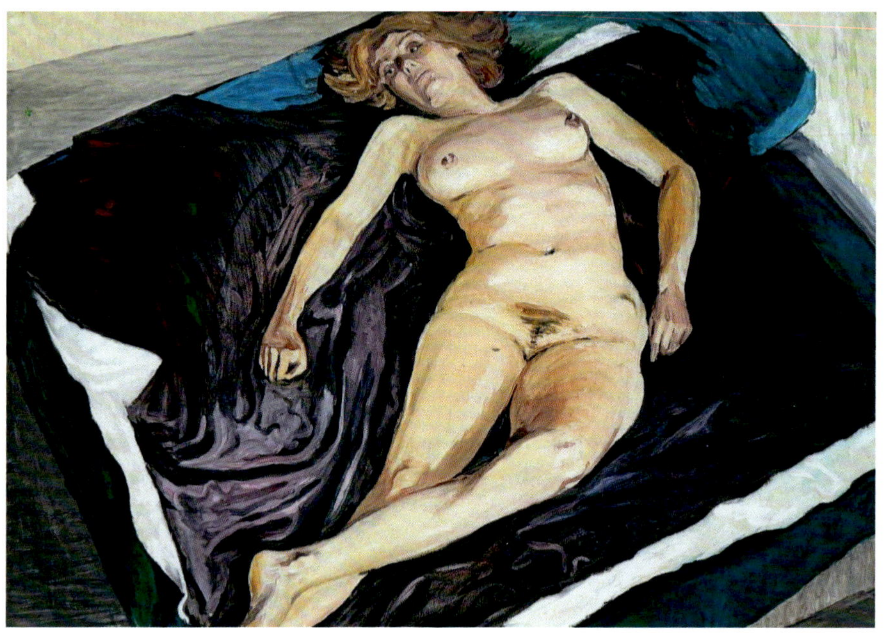

Weiblicher Akt auf blauer Decke, 1988.
Acryl auf Leinwand, 100 x 140 cm.

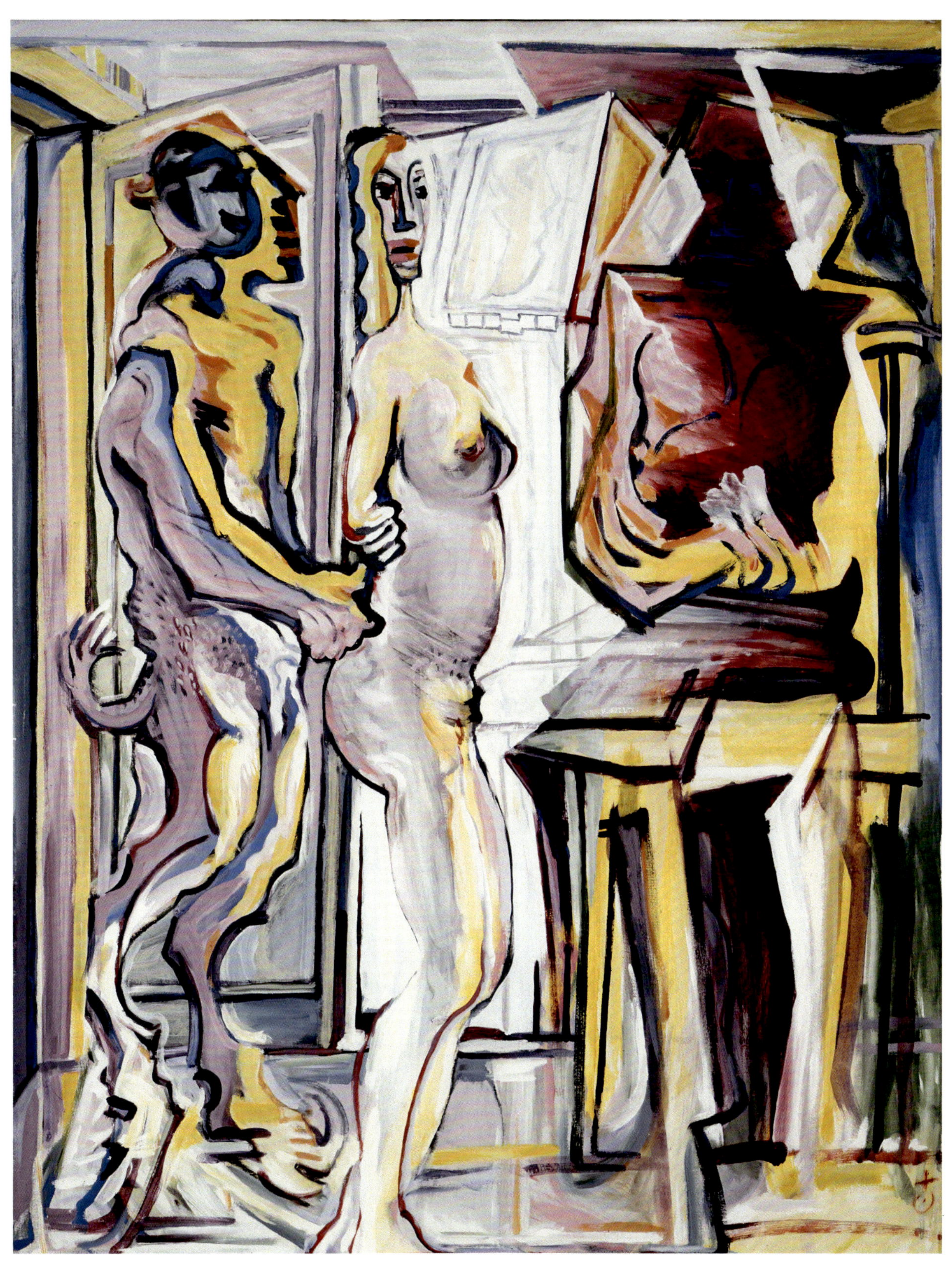

Vor dem Richter, um 1984.
Acryl auf Leinwand, 150 x 110 cm.

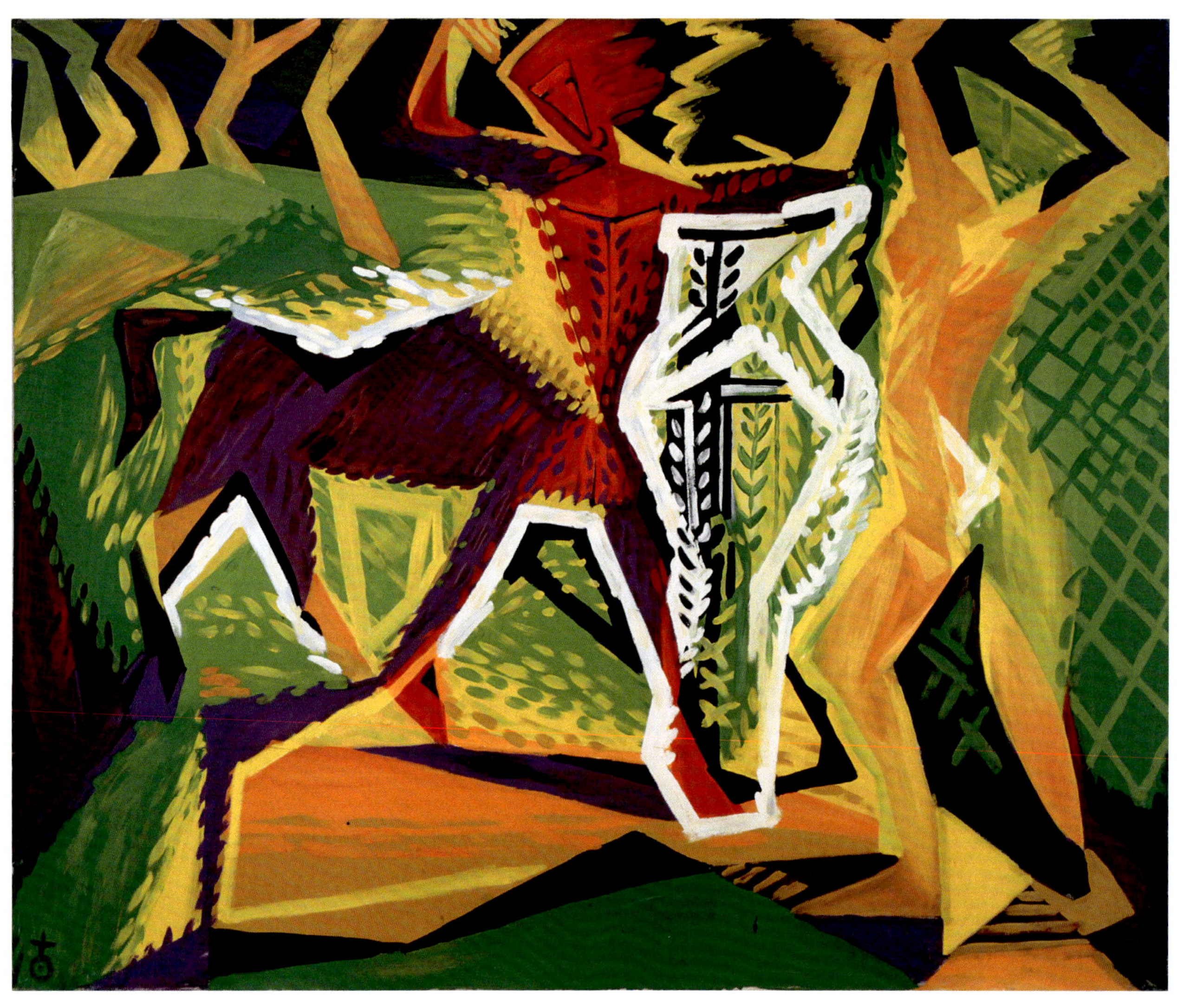

Antike Szene, 1982.
Acryl auf Leinwand, 200 x 220 cm.

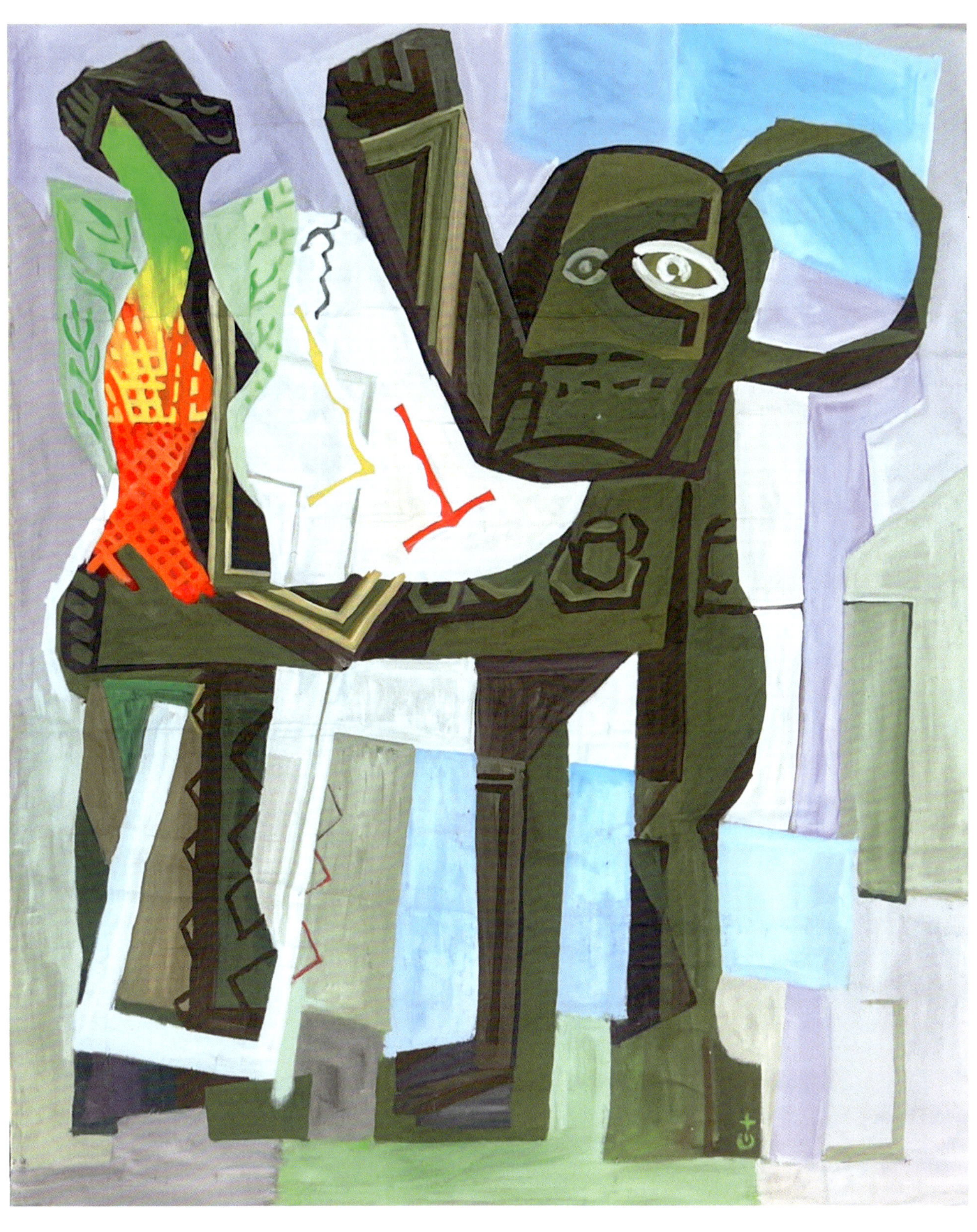

Kopffüßler im Gespräch, um 1982.
Acryl auf Leinwand, 216 x 178 cm.

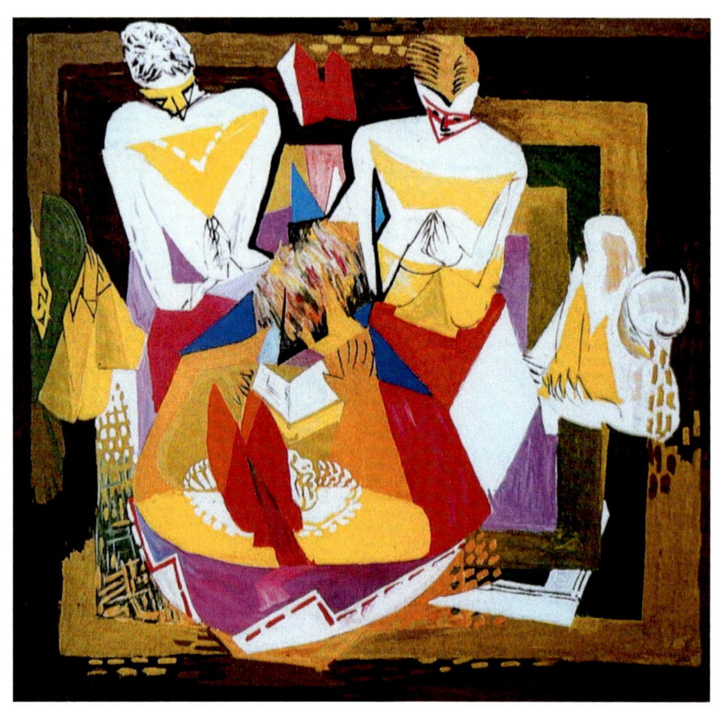

Der Bischof von Münster und seine Konfirmanden, um 1986.
Acryl auf Leinwand, 215 x 200 cm.

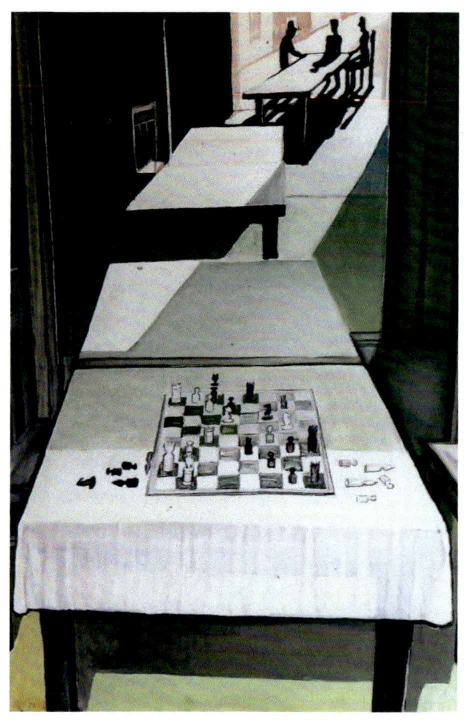

Schachspieler, 1984.
Acryl auf Leinwand, 140 x 100 cm.

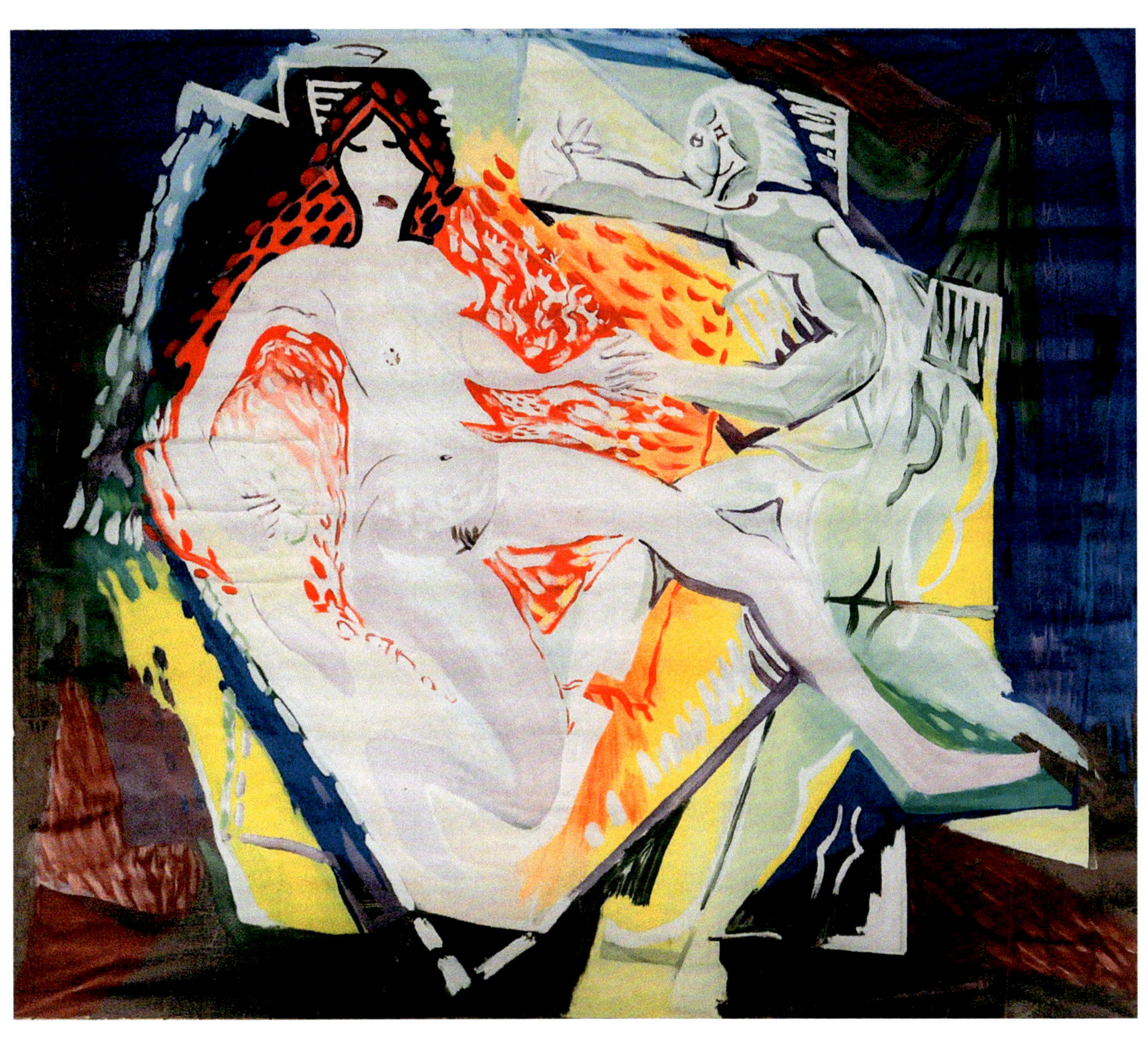

Faun und antike Prinzessin von heute, 1984.
Acryl auf Leinwand, 200 x 220 cm.

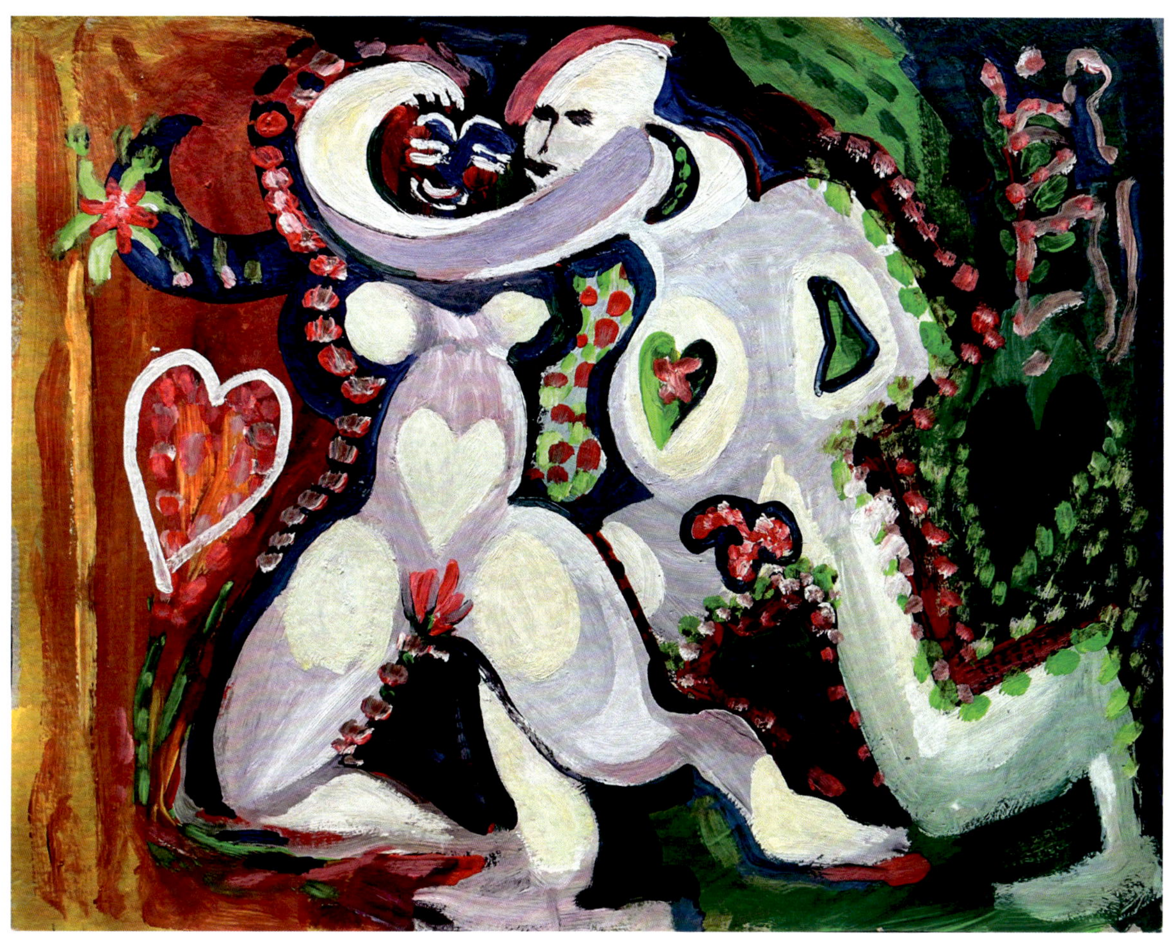

Werben um Liebe, 1988.
Acryl auf Pappe, 87,5 x 63 cm.

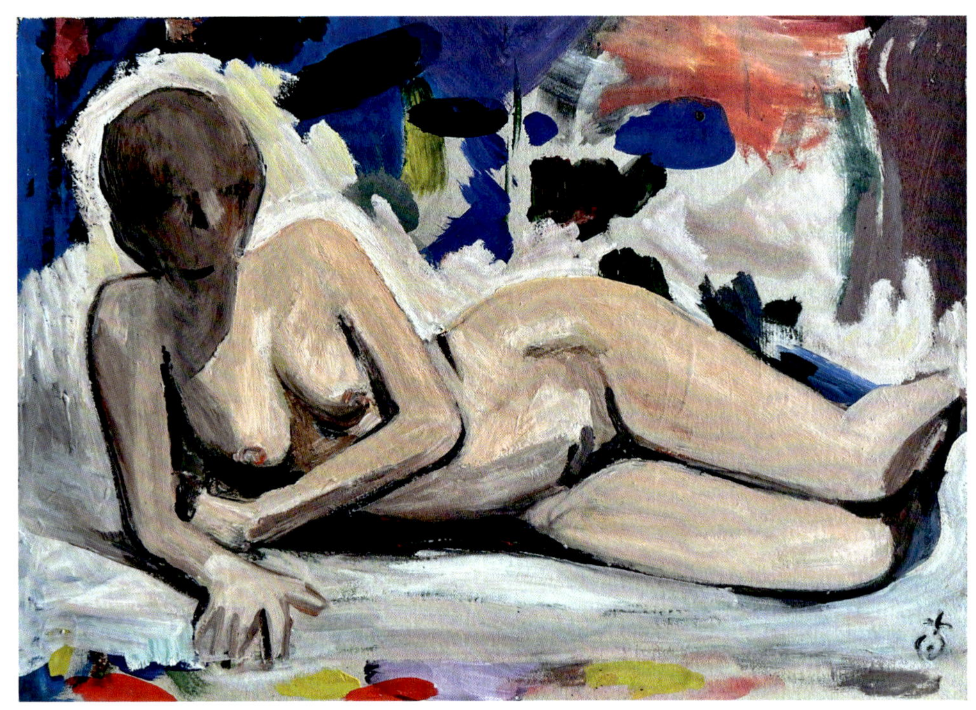

Weiblicher Akt, um 1985.
Acryl auf Pappe, 44 x 63 cm.

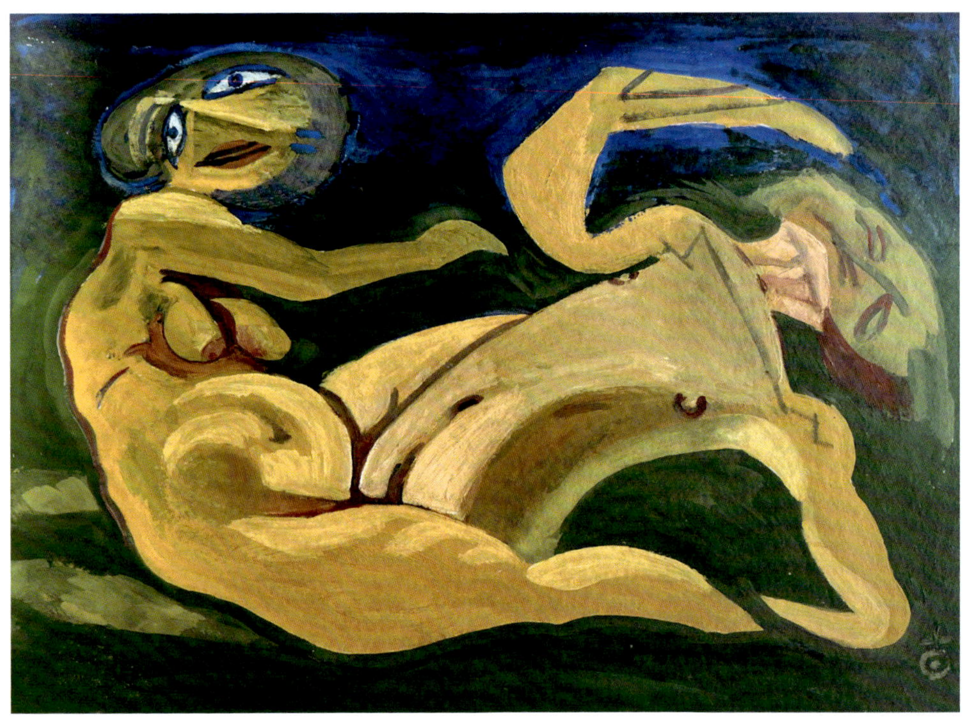

Im Liebesdialog, um 1980.
Acryl auf Pappe, 63 x 88 cm.

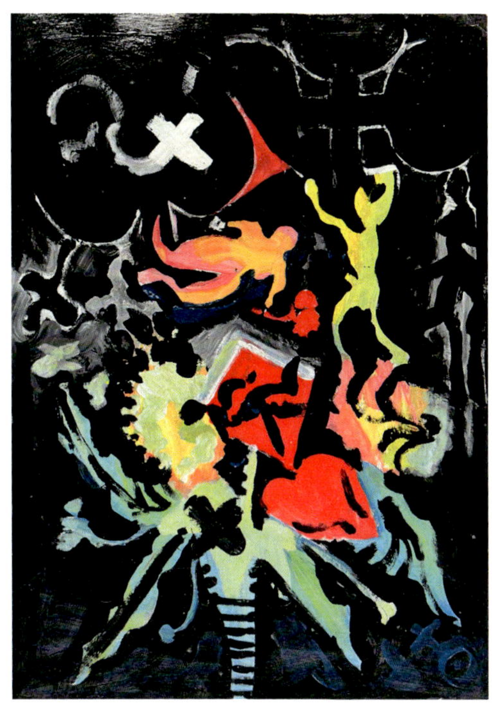

Nächtliches Chaos (Traum), um 1980-1988.
Acryl auf Pappe, 63 x 88 cm.

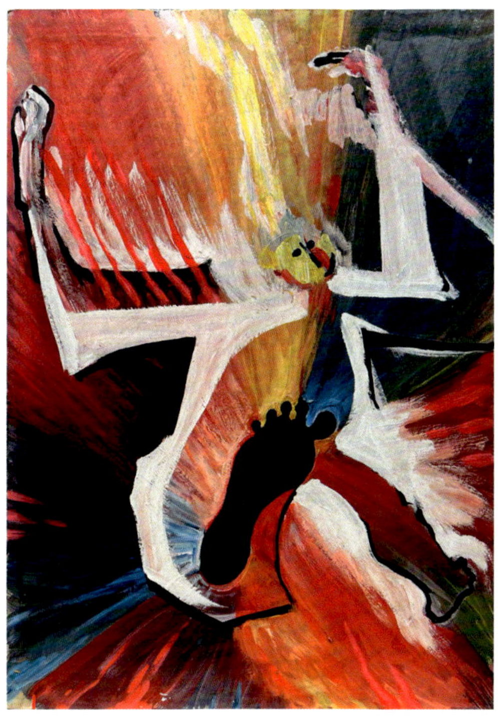

Akrobat, um 1985
Acryl auf Pappe, 63 x 88 cm.

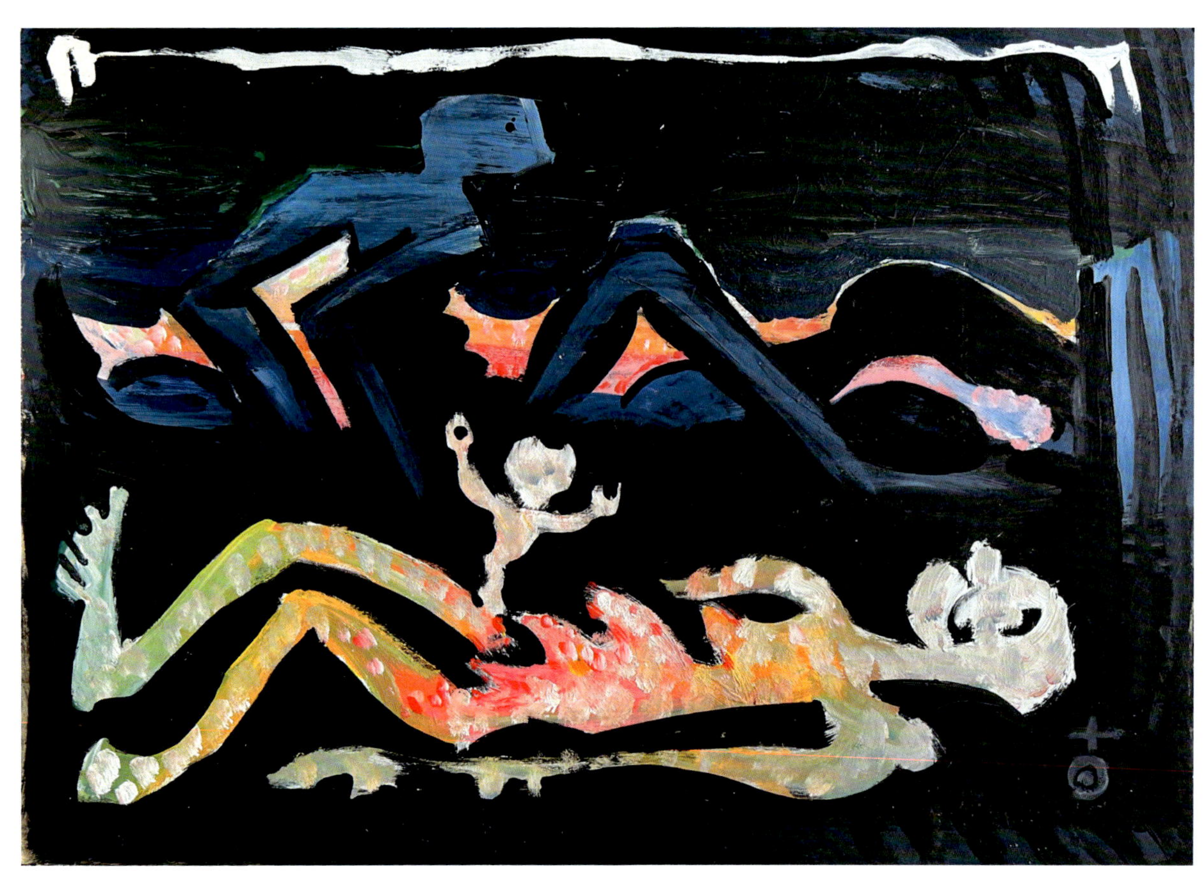

Die Geburt, um 1984.
Acryl auf Pappe, 63 x 88 cm.

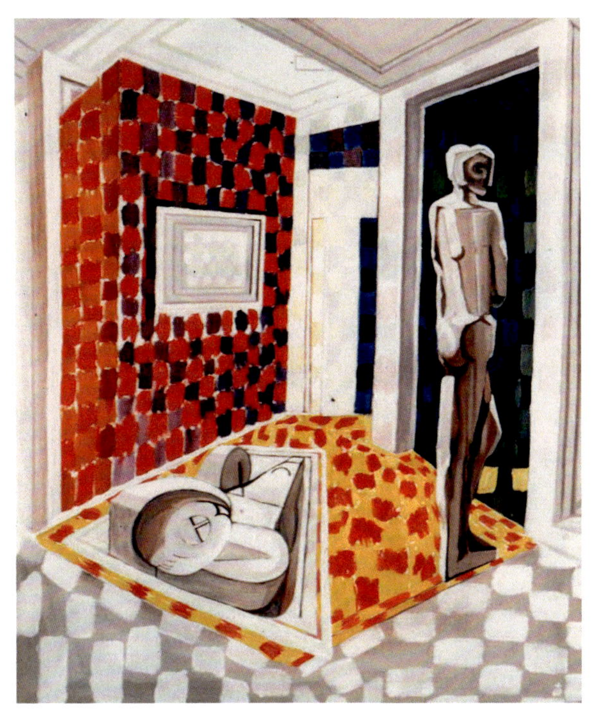

Paar in gemustertem Raum, 1985.
Acryl auf Pappe, 120 x 80 cm.

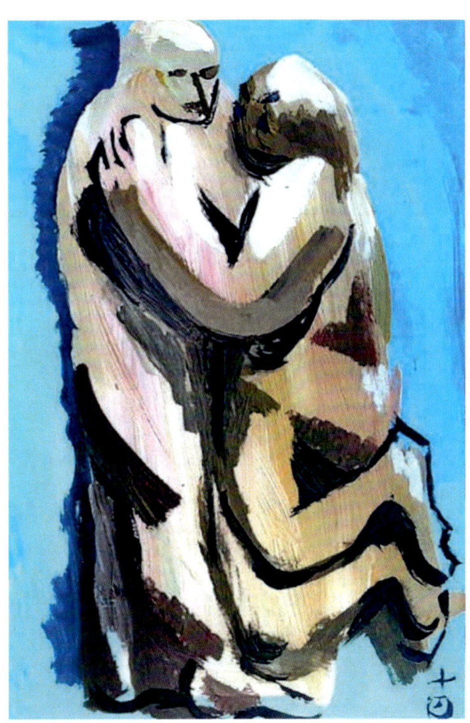

Liebespaar, 1988
Acryl auf Pappe, 35 x 21 cm.

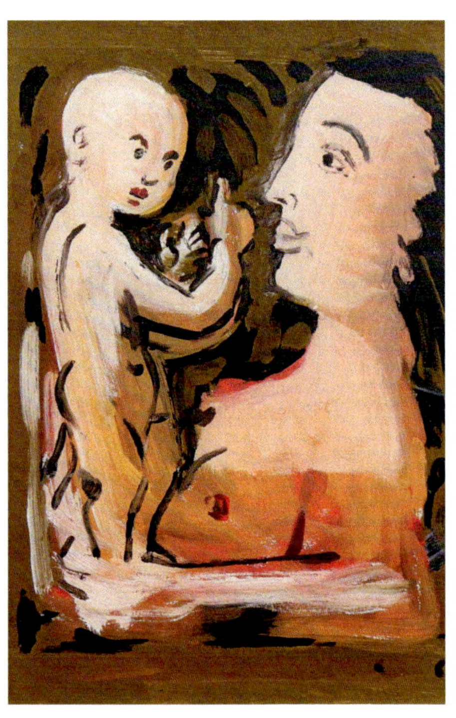

Mutter und Kind mit ausgestrecktem Zeigefinger, 1988.
Acryl auf Pappe, 50 x 35 cm.

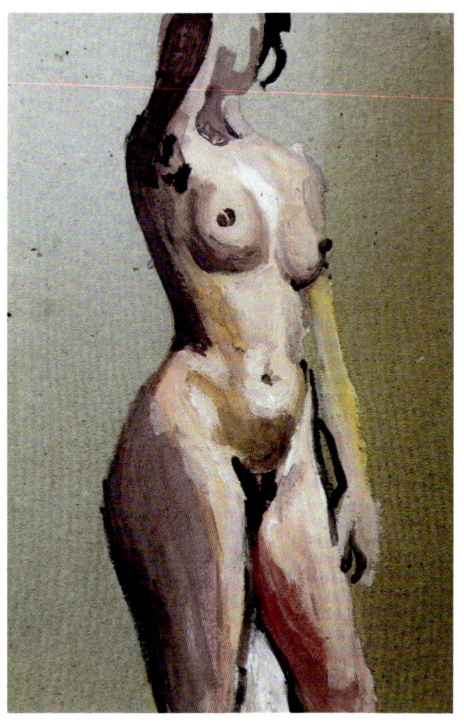

Stehender Akt, 1984.
Acryl auf Pappe, 63 x 44 cm.

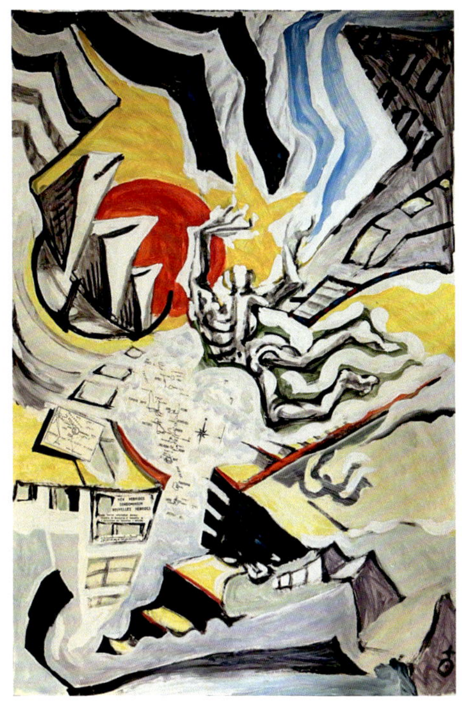

Apokalypse, 1980.
Acryl auf Pappe, 121 x 81 cm.

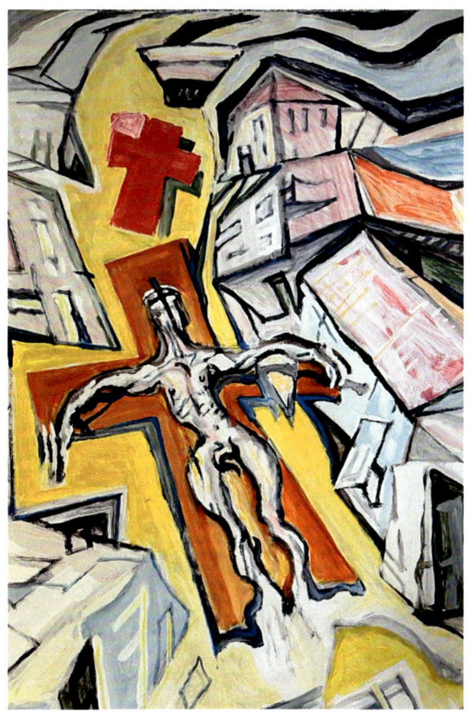

Kreuzigung, 1982.
Acryl auf Pappe, 121 x 81 cm.

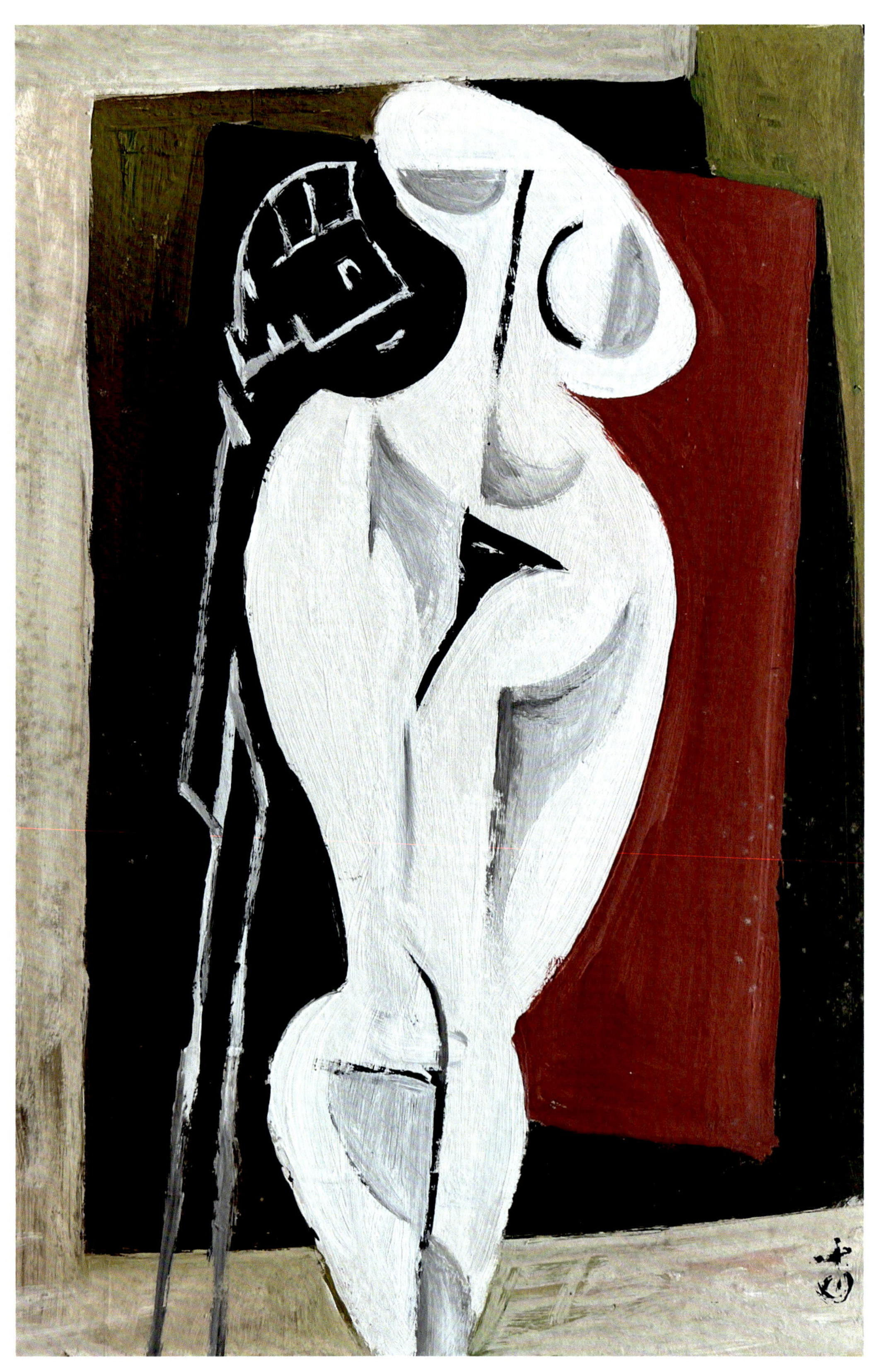

Ohne Titel, um 1980-1988.
Acryl auf Pappe, 63 x 43,5 cm.

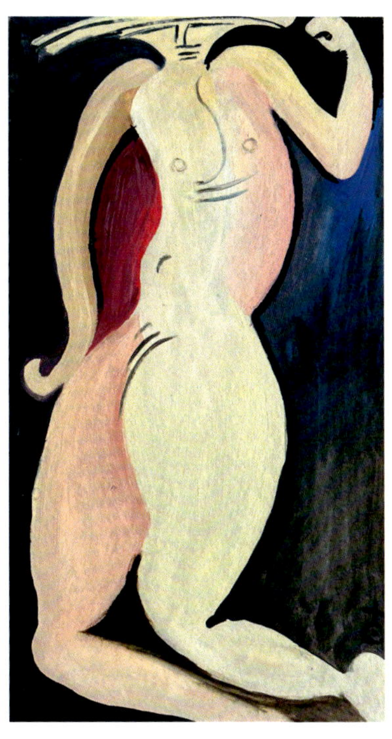

Akrobatin, um 1980-1988.
Acryl auf Pappe, 63 x 44 cm.

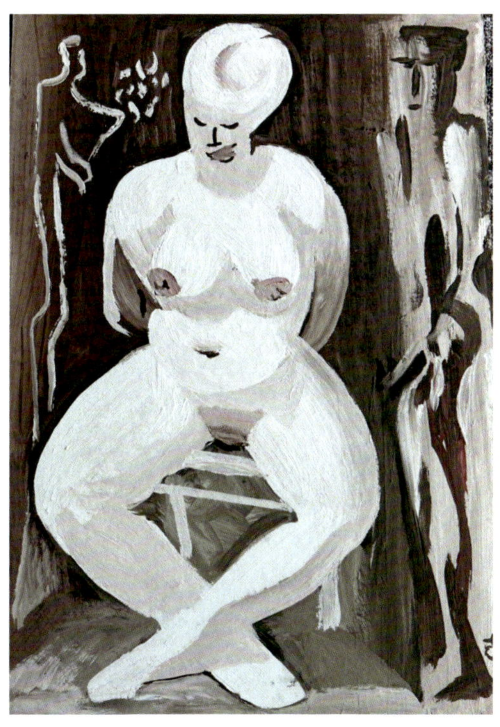

Sitzender weiblicher Akt, um 1980-1988.
Acryl auf Pappe, 63 x 43 cm.

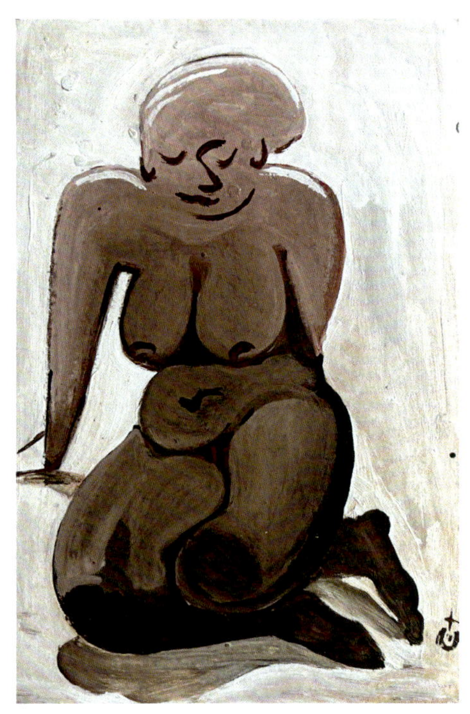

Ohne Titel, um 1980-1988.
Acryl auf Pappe, 45 x 33 cm.

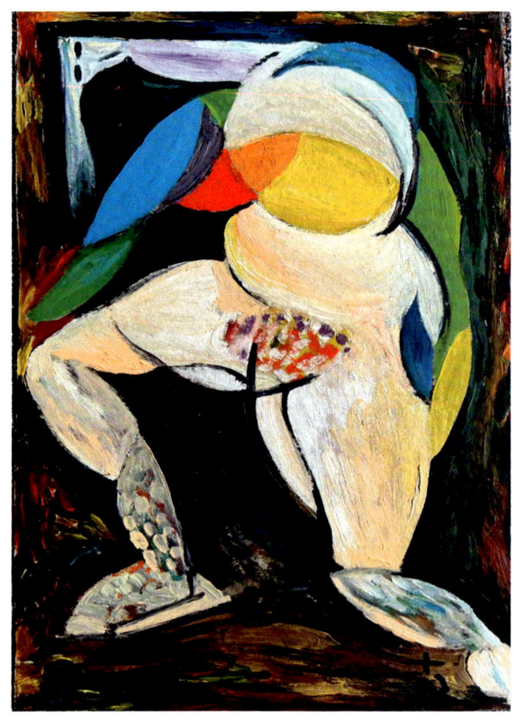

Ohne Titel, um 1980-1988.
Acryl auf Pappe, 63 x 43 cm.

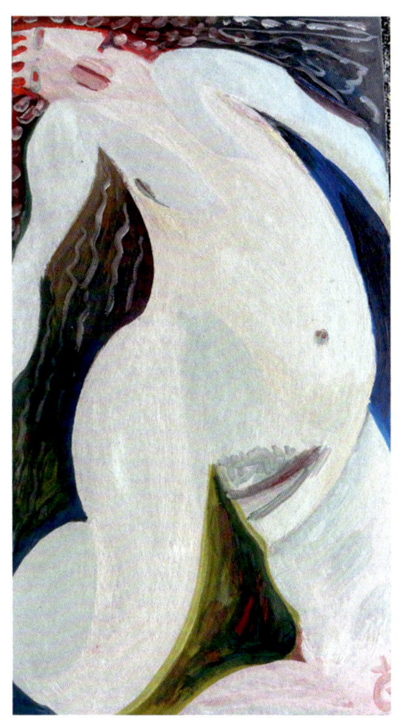

Ohne Titel, um 1980-1988.
Acryl auf Pappe, 63 x 34,5 cm.

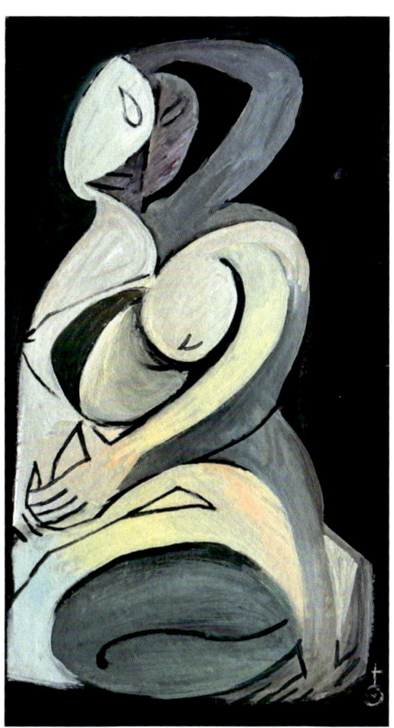

Ohne Titel, um 1980-1988.
Acryl auf Pappe, 63 x 42 cm.

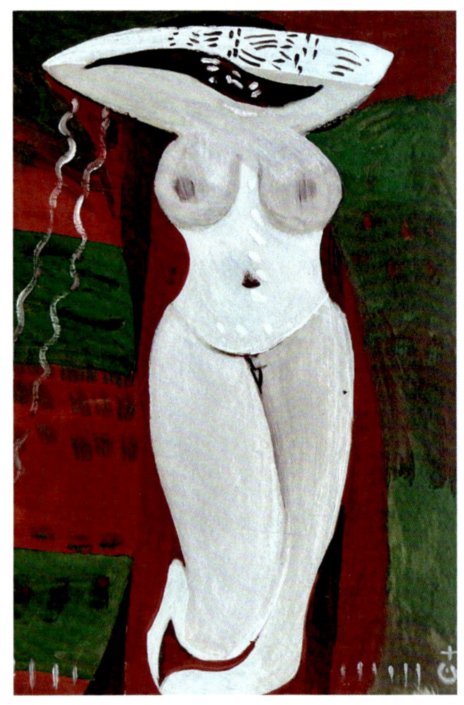

Ohne Titel, um 1980-1988.
Acryl auf Pappe, 63 x 30 cm.

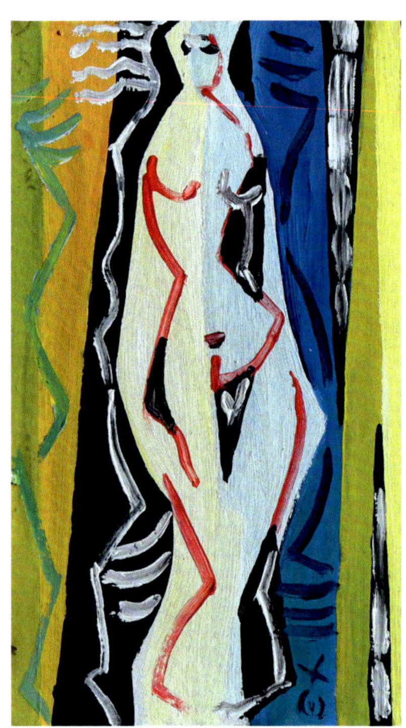

Akt vor farbigem Hintergrund, 1984.
Acryl auf Pappe, 63 x 35,5 cm.

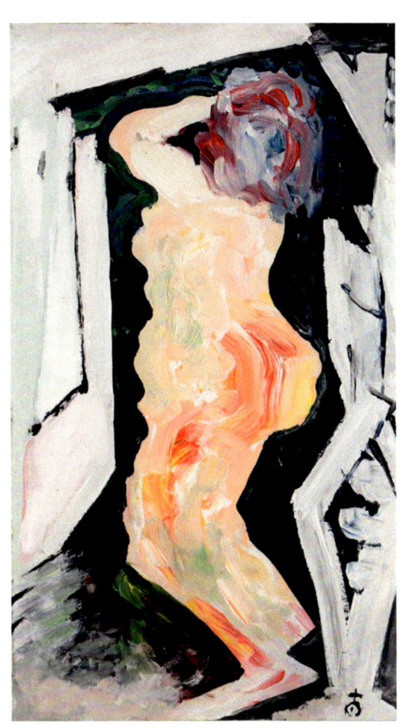

Im Boudoir, um 1980-1988.
Acryl auf Pappe, 63 x 35,5 cm.

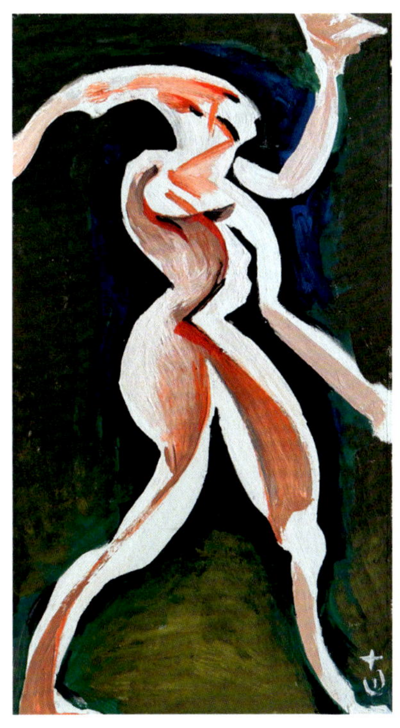

Fakir, um 1980-1988.
Acryl auf Pappe, 63 x 35 cm.

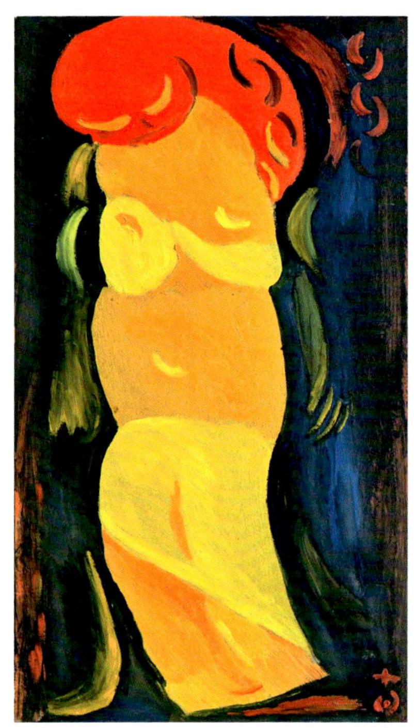

Ohne Titel, um 1980-1988.
Acryl auf Pappe, 63 x 36 cm.

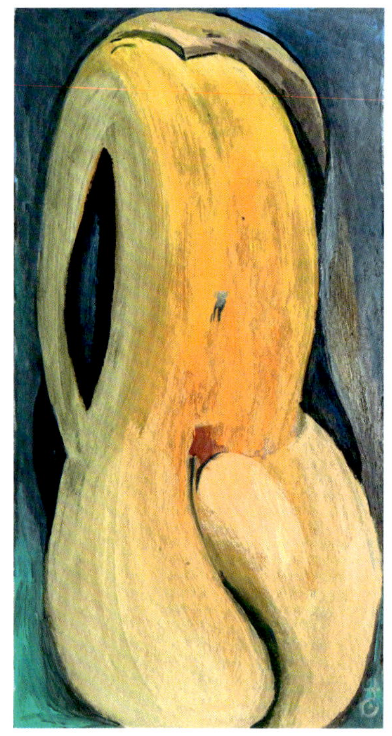

Ohne Titel, um 1980-1988.
Acryl auf Pappe, 53 x 28 cm.

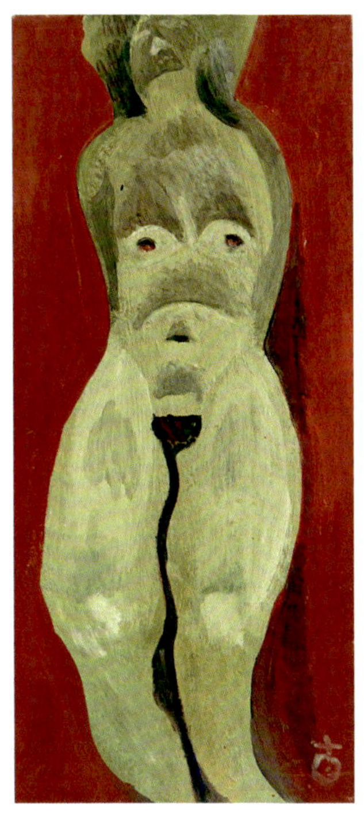

Ohne Titel, um 1980-1988.
Acryl auf Leinwand, 63 x 28 cm.

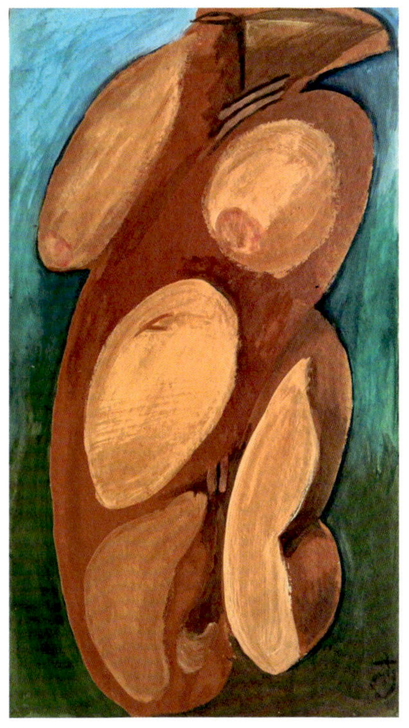

Ohne Titel, um 1980-1988.
Acryl auf Leinwand, 63 x 35,5 cm.

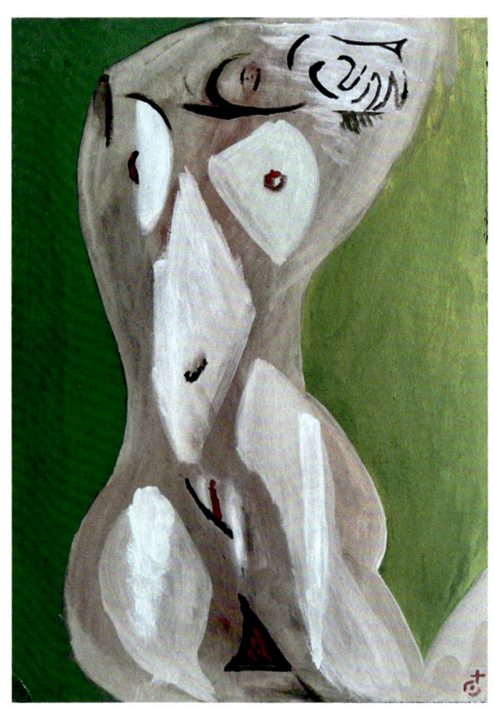

Ohne Titel, um 1980-1988.
Acryl auf Pappe, 63 x 41 cm.

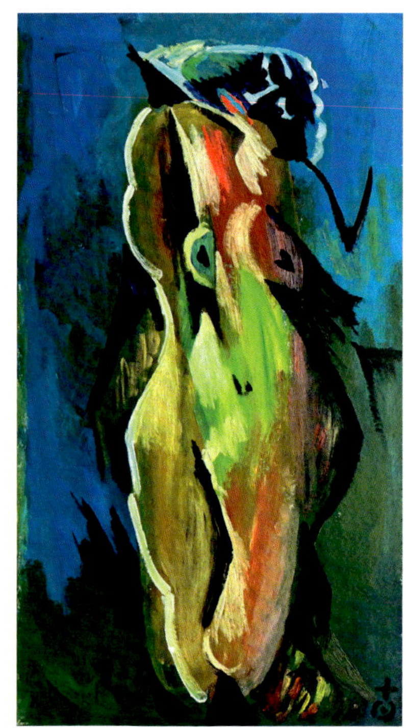

Ohne Titel, um 1980-1988.
Acryl auf Pappe, 63 x 35 cm.

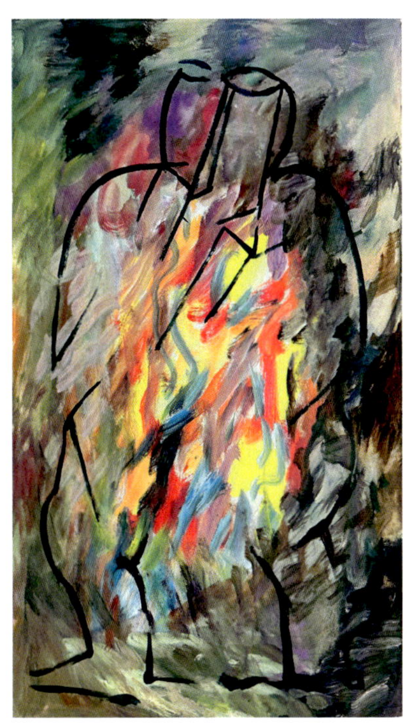

Ohne Titel, um 1980-1988.
Acryl auf Pappe, 63 x 36 cm.

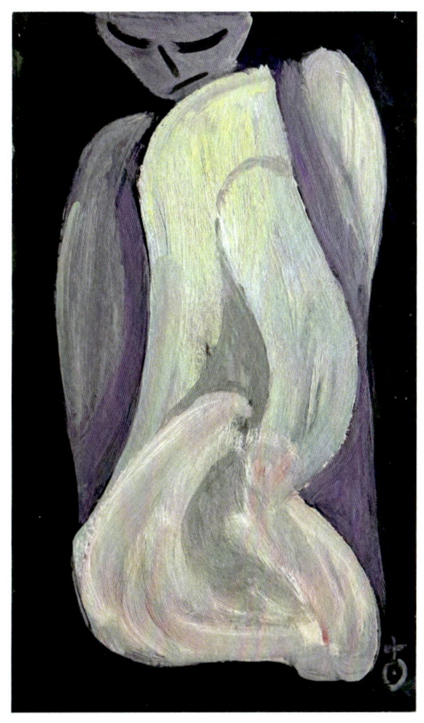

Ohne Titel, um 1980-1988.
Acryl auf Pappe, 45,5 x 27,5 cm.

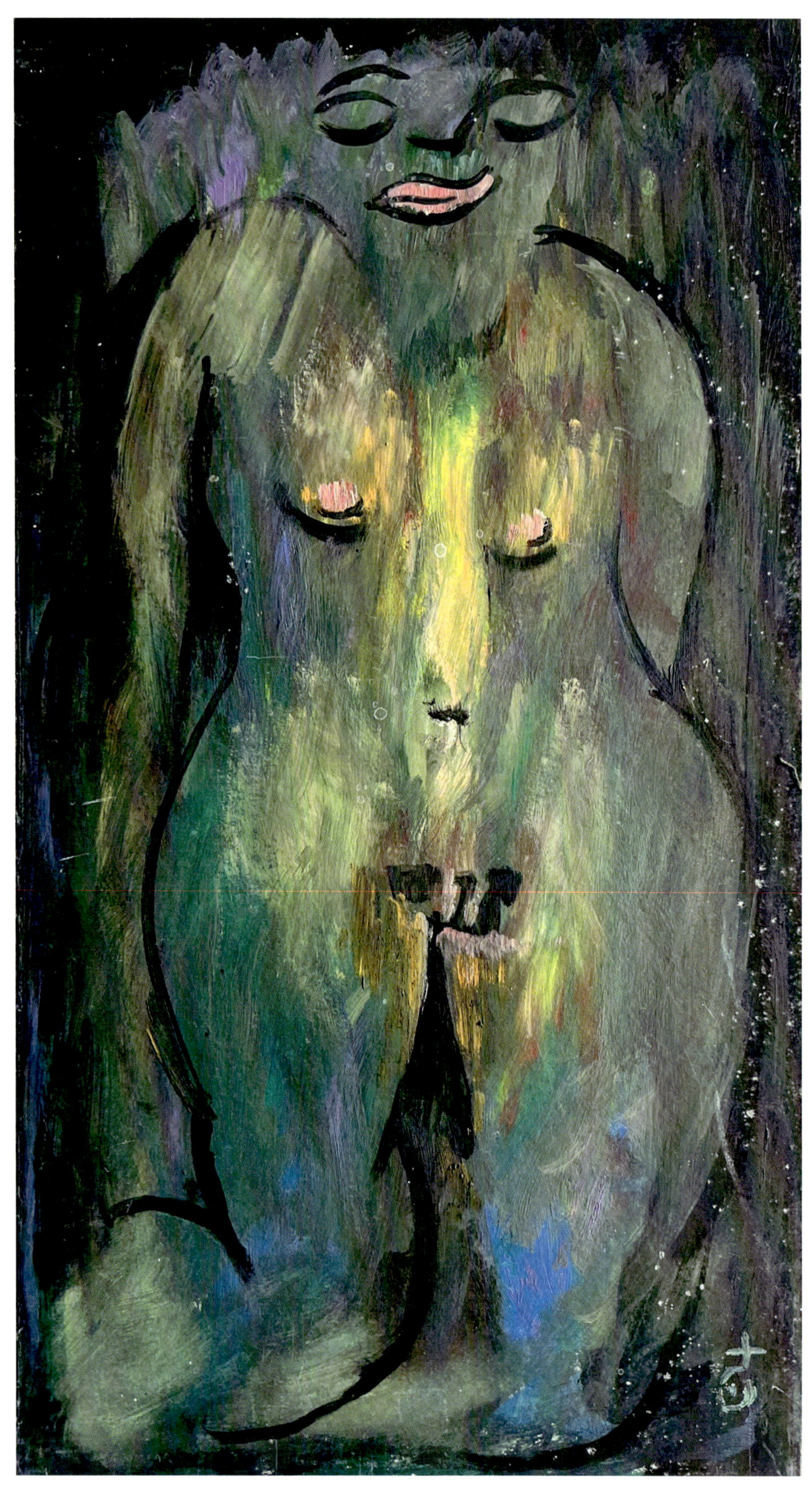

Matrone, um 1980-1988.
Acryl auf Pappe, 63 x 35 cm.

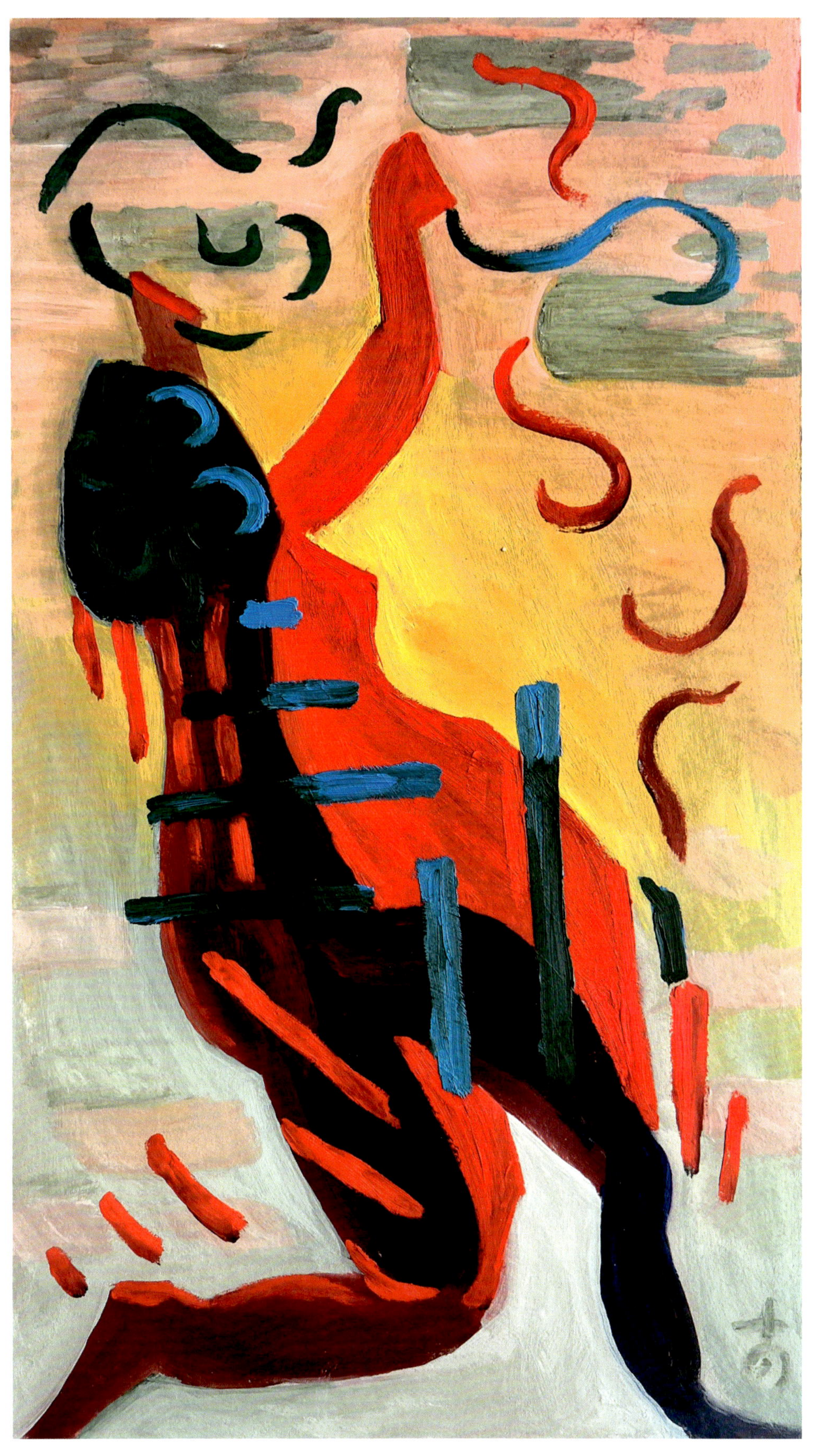

Zauberer, um 1980 - 1988.
Acryl auf Pappe, 63 x 36 cm.

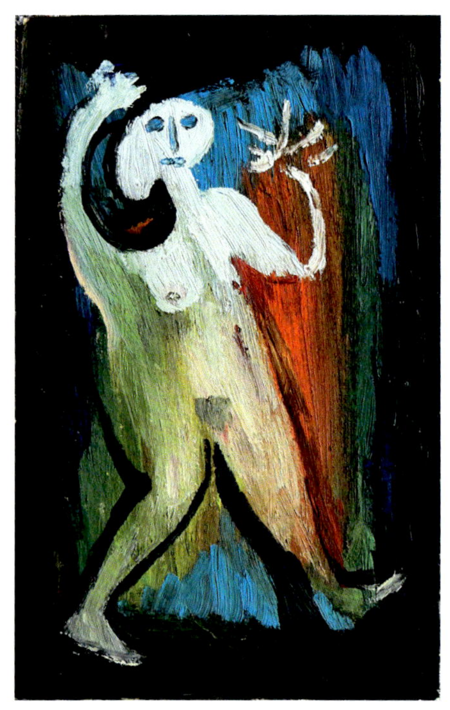

Tänzerin, um 1980 - 1988.
Acryl auf Pappe, 28,5 x 18 cm.

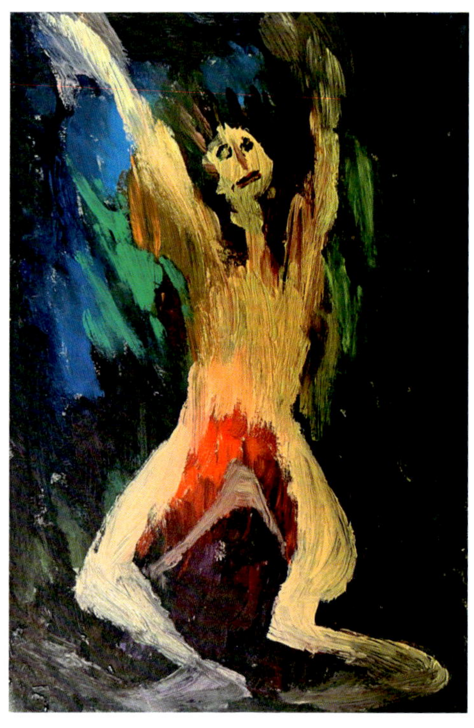

Ohne Titel, um 1984.
Acryl auf Pappe, 26,5 x 18 cm.

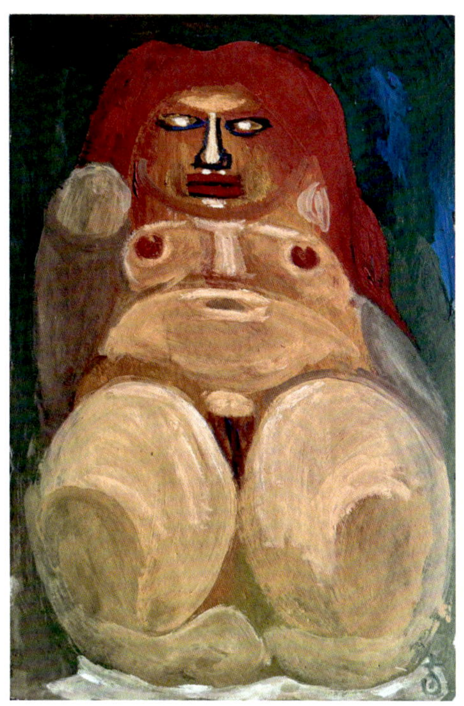

Archaische Mutterfigur, 1975.
Acryl auf Pappe, 60 x 36,5 cm.

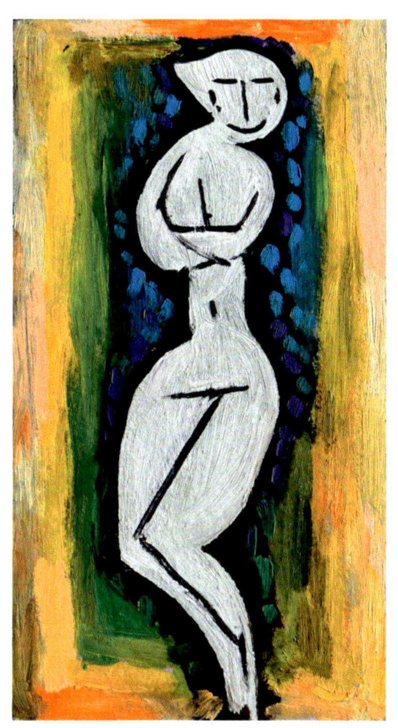

Ohne Titel, um 1980-1988.
Acryl auf Leinwand, 33 x 18 cm.

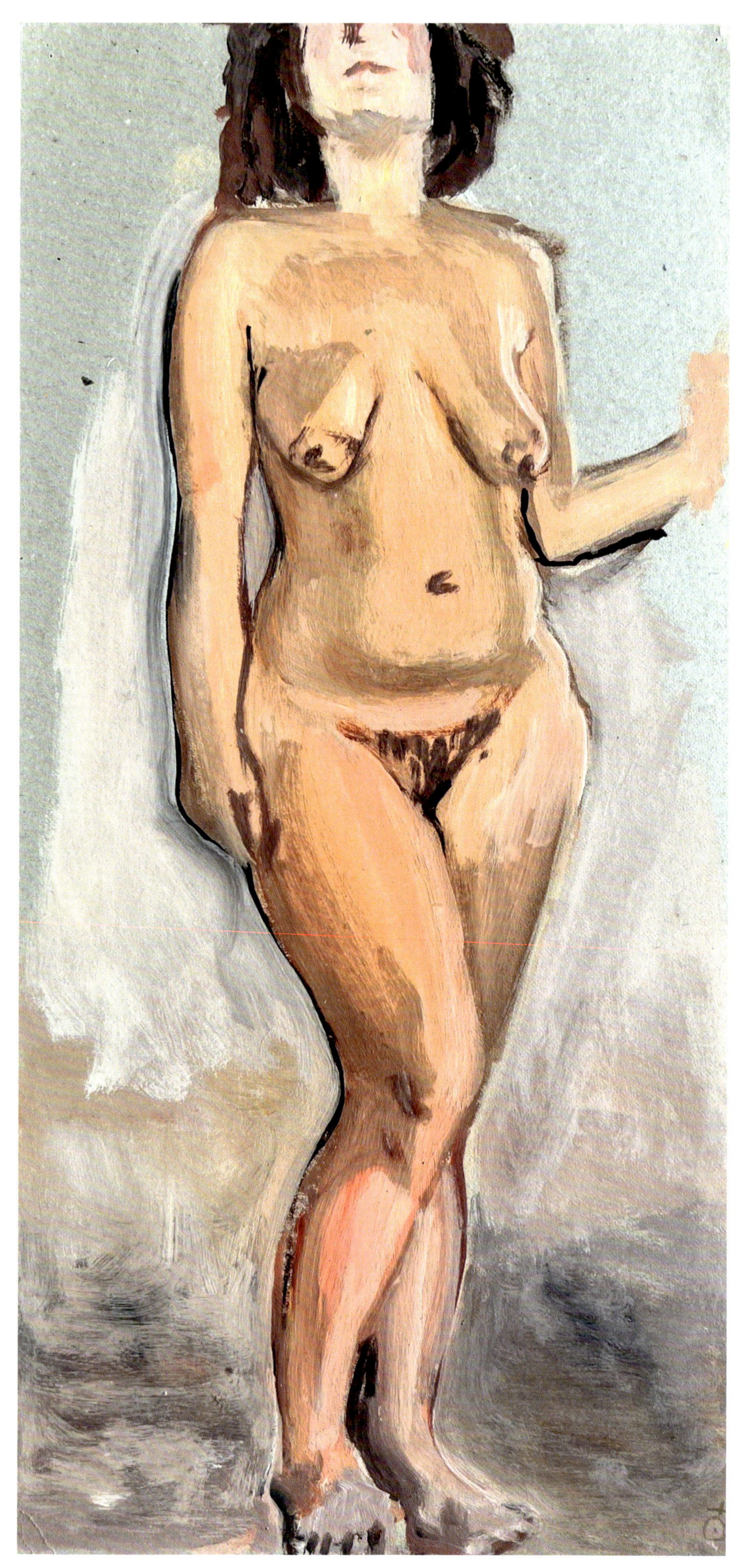

Weiblicher Akt, 1976.
Acryl auf Holz, 63 x 30 cm.

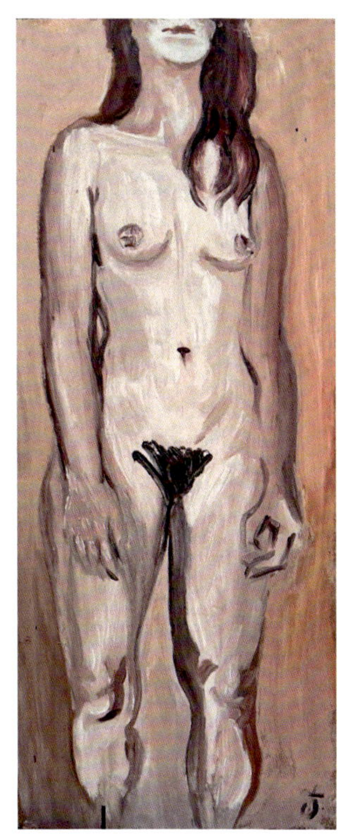

Stehender Akt, um 1984.
Acryl auf Pappe, 65,5 x 26,5 cm.

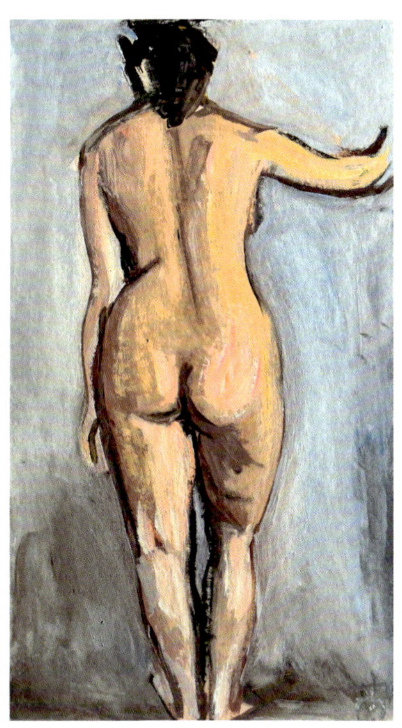

Weiblicher Akt auf Holz, 1985.
Acryl auf Holz, 58,5 x 30,5 cm.

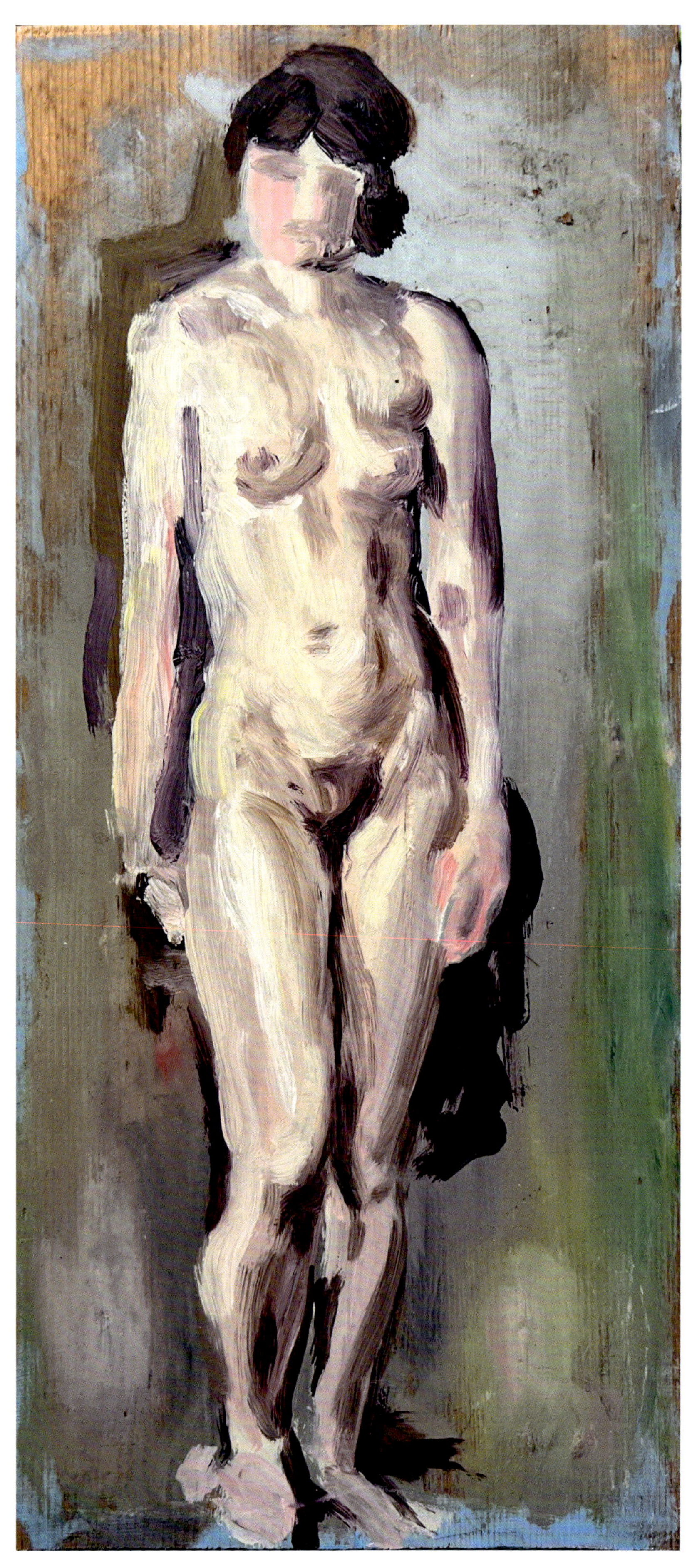

Weiblicher Akt, um 1975.
Acryl auf Holz, 55 x 25 cm.

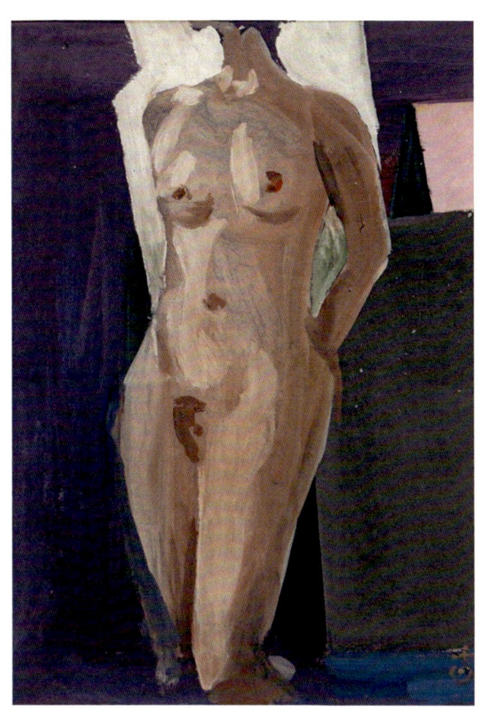

Stehender weiblicher Akt, um 1975
Acryl auf Pappe, 60 x 42 cm.

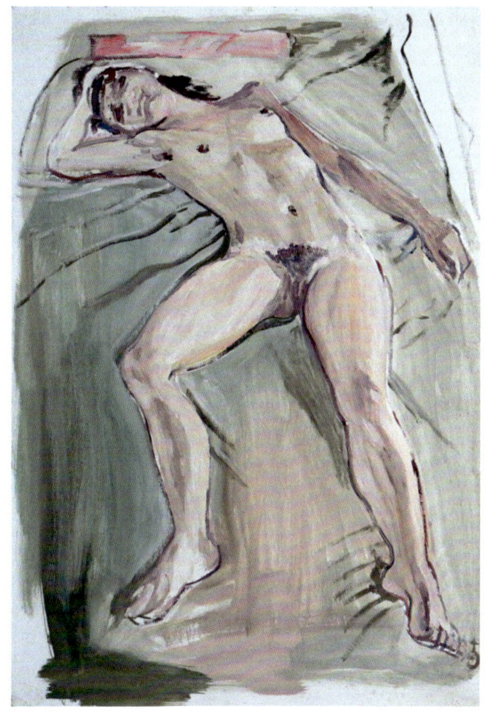

Liegende weiblicher Akt, 1984.
Acryl auf Pappe, 87 x 63 cm.

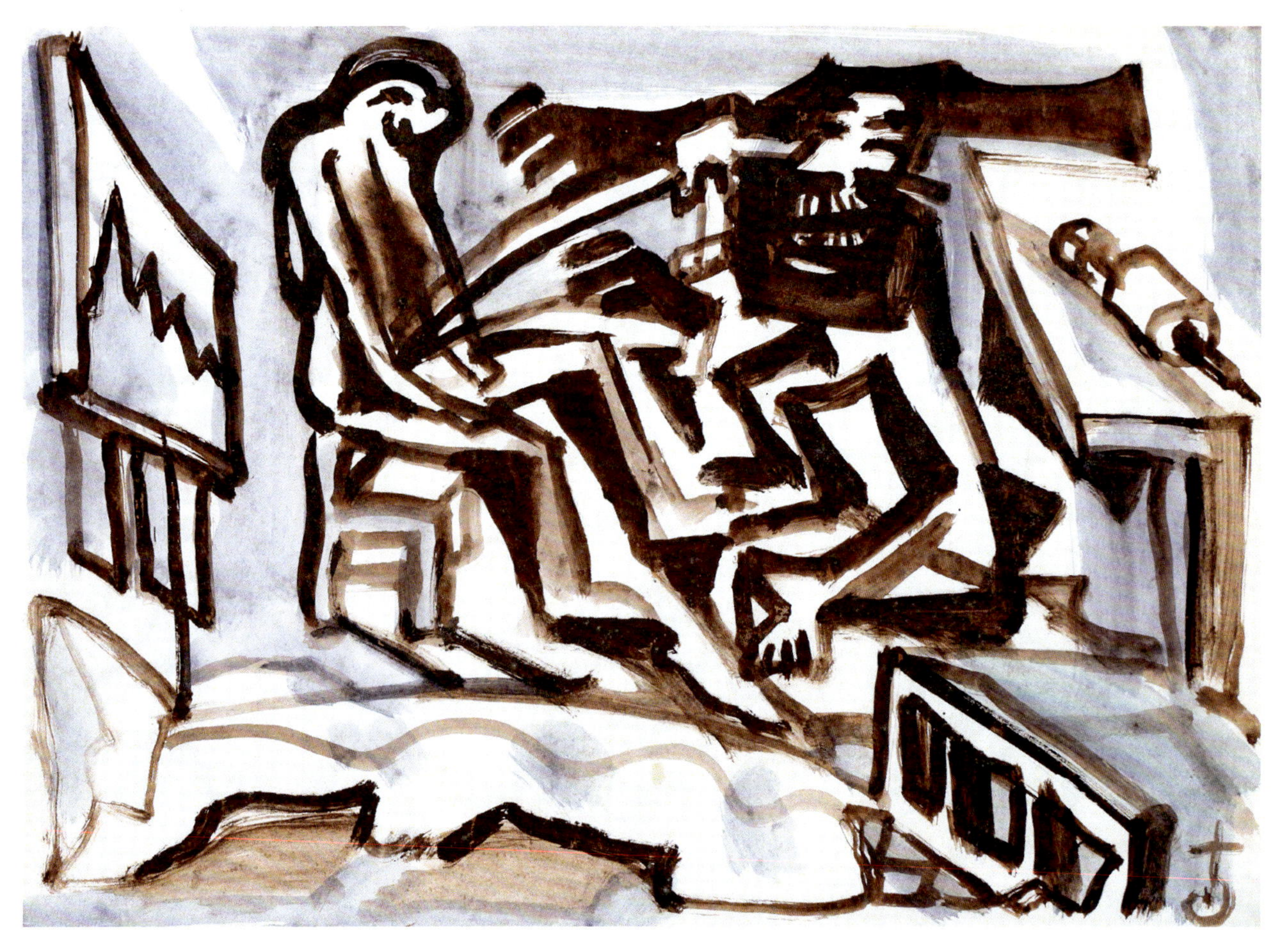

Beim Arzt, um 1980.
Acryl auf Pappe, 29,5 x 42 cm.

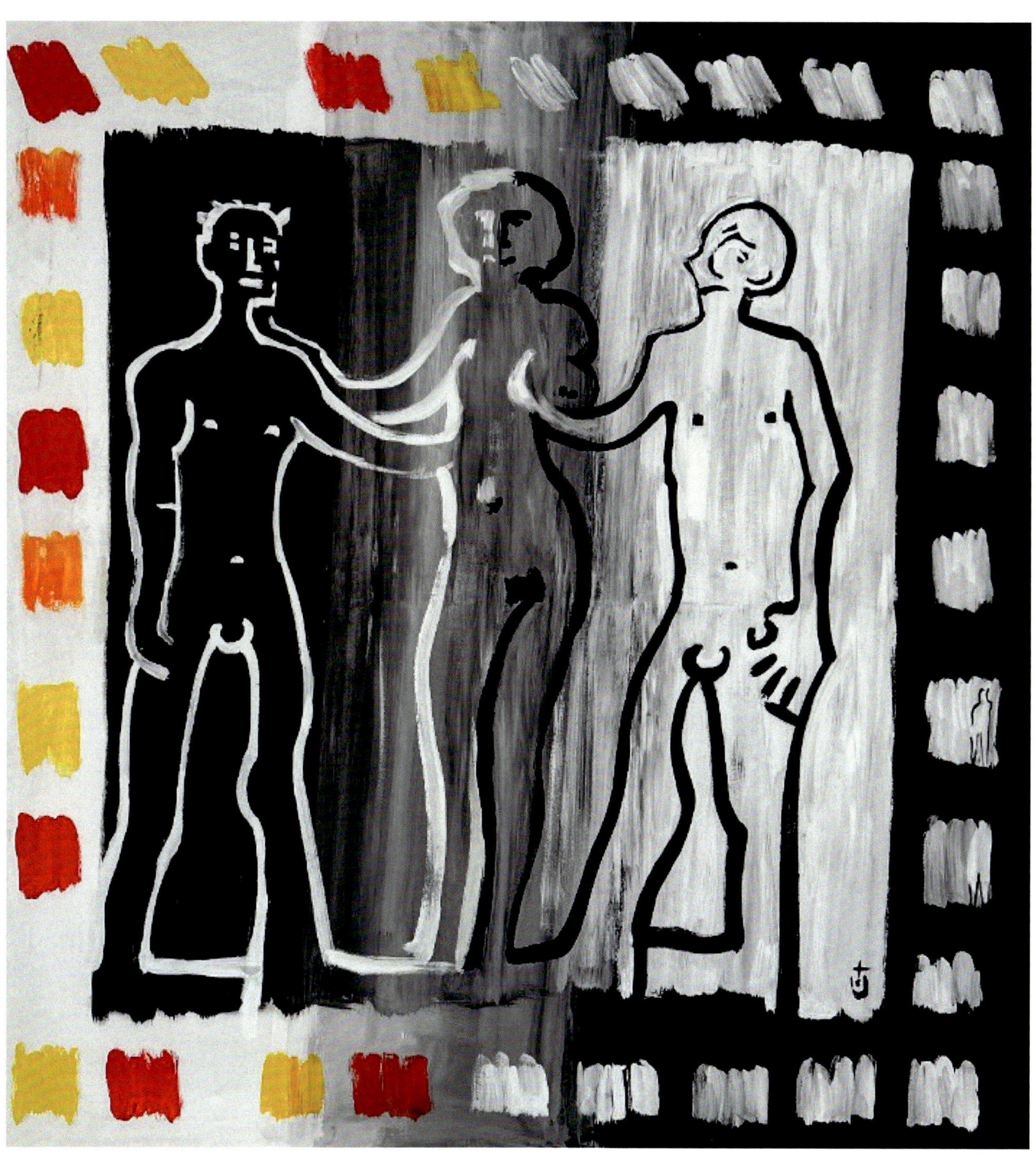

Frau zwischen zwei Männern, 1982.
Acryl auf Pappe, 150 x 140 cm.

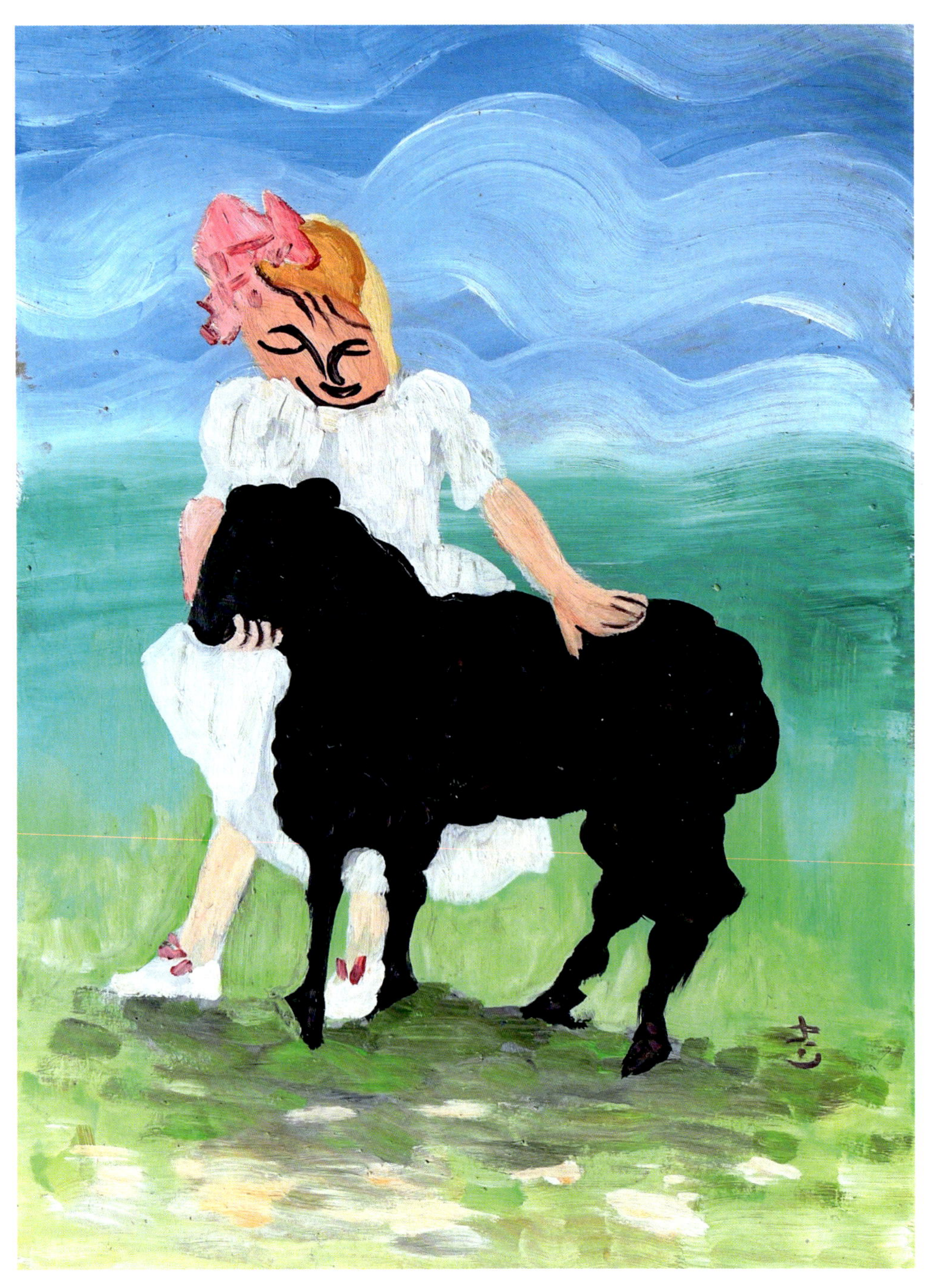

Mädchen mit Schaf, 1986.
Acryl auf Pappe, 88 x 62 cm.

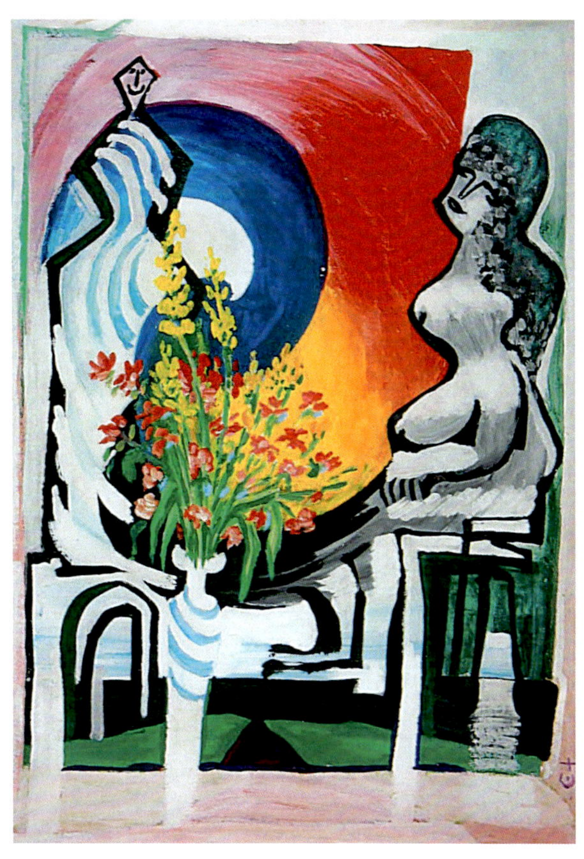

Mann und Frau mit Blumenstrauß, 1984.
Acryl auf Papier, 63 x 40,5 cm.

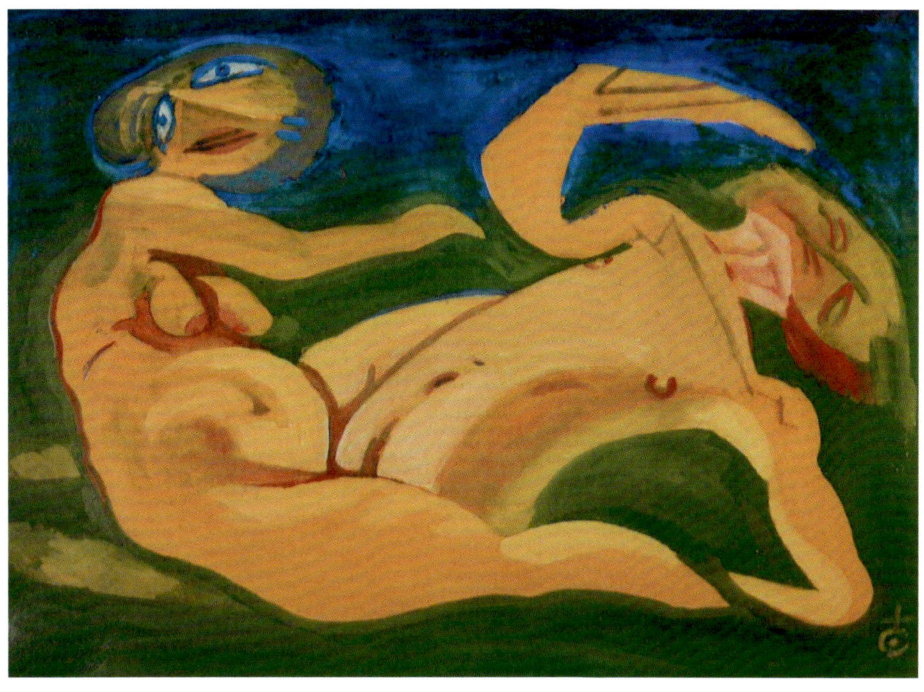

Im Liebesdialog, um 1968
Acryl auf Pappe, 63 x 88 cm.

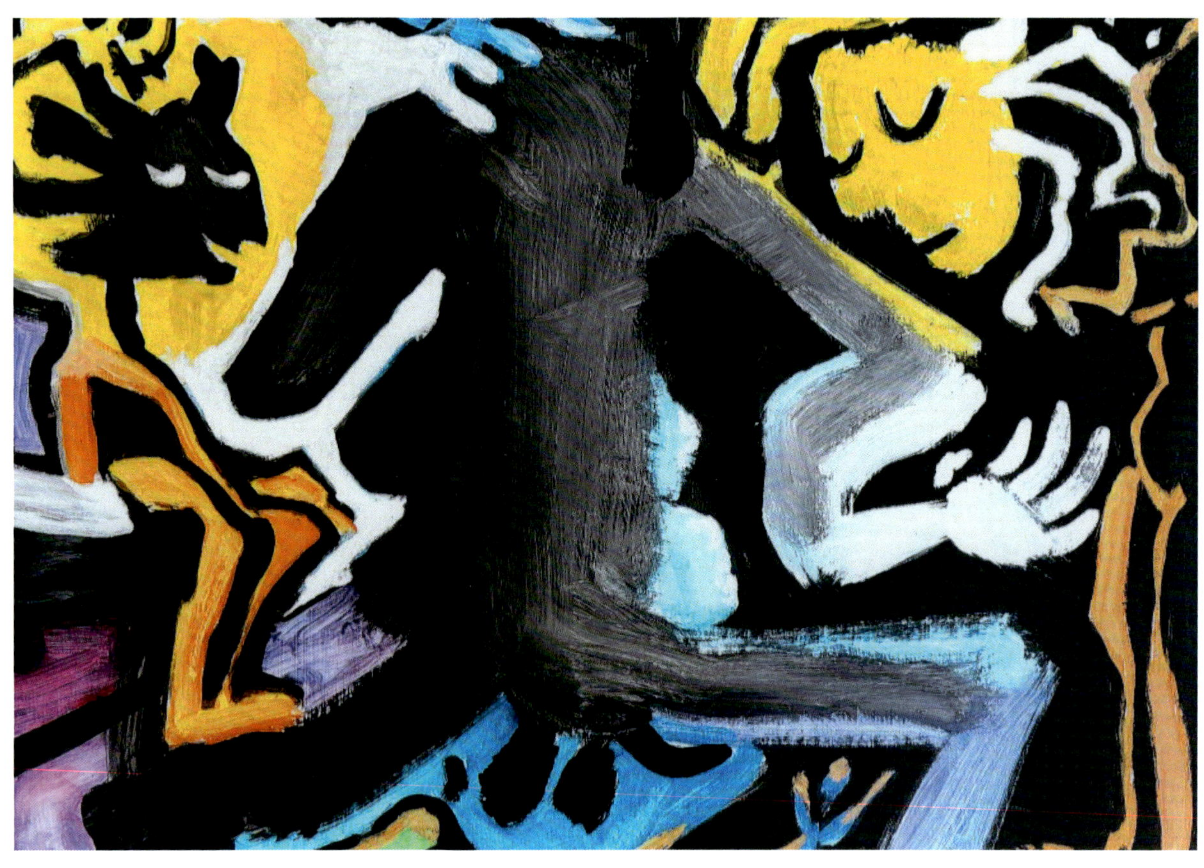

Phantastische Szene mit drei Figuren, 1984.
Acryl auf Pappe, 135 x 65 cm.

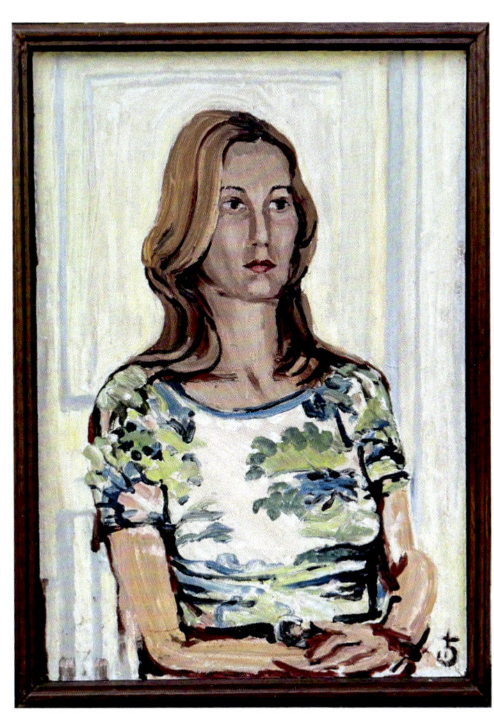

Portrait Christa Murken, 1984.
Acryl auf Pappe, 60 x 43 cm.

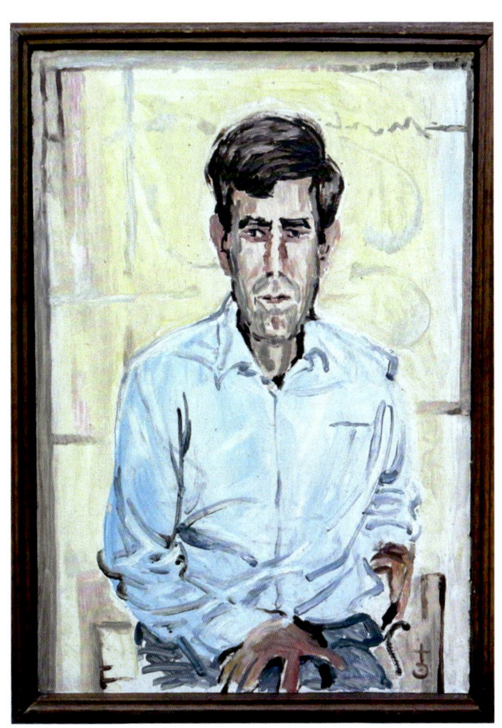

Portrait Axel Hinrich Murken, 1984.
Acryl auf Pappe, 60 x 43 cm.

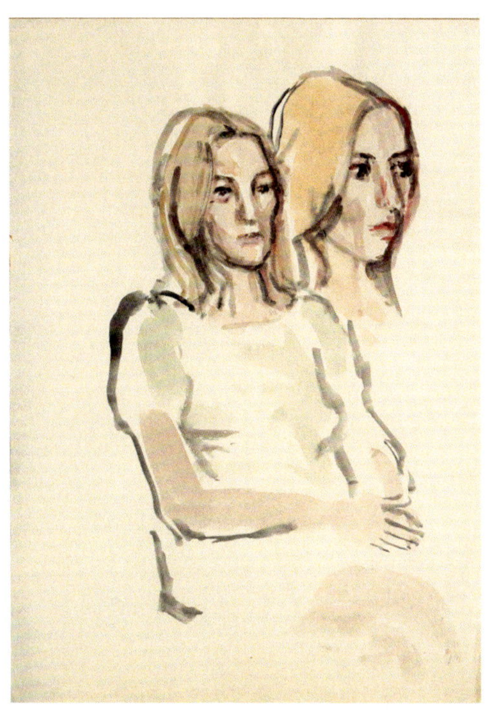

Kopfstudien, 1978.
Aquarell, 42 x 30 cm.

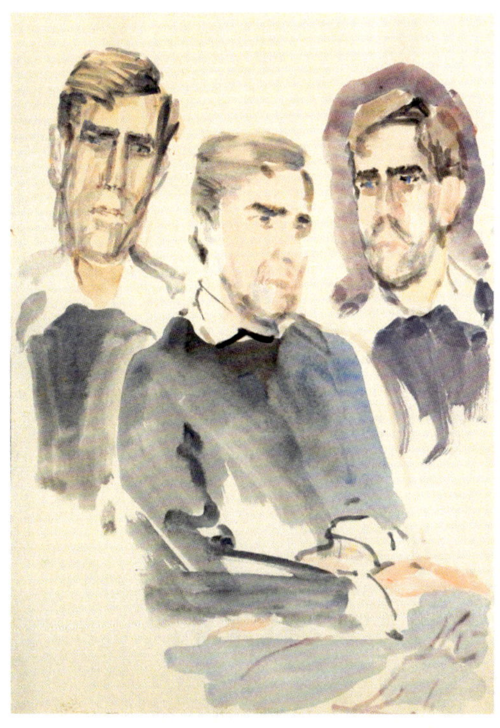

Kopfstudien, 1978.
Aquarell, 42 x 30 cm.

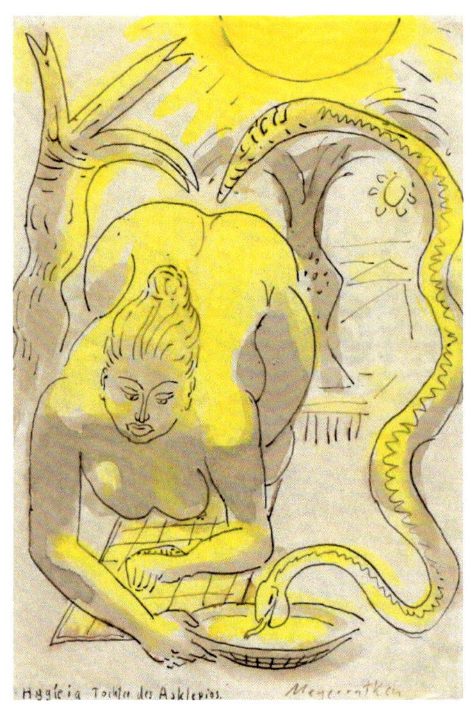

Hygieia, Tochter des Asklepios, um 1980.
Aquarell, 21 x 14,5 cm.

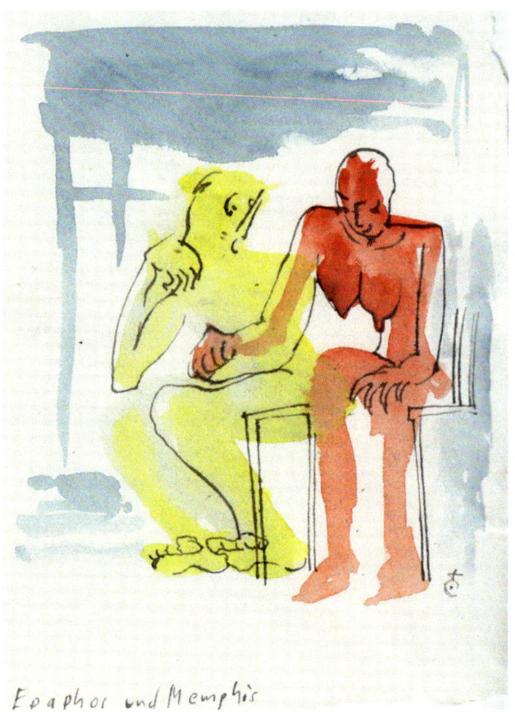

Epaphos und Memphis, um 1985.
Aquarell, 15 x 11 cm.

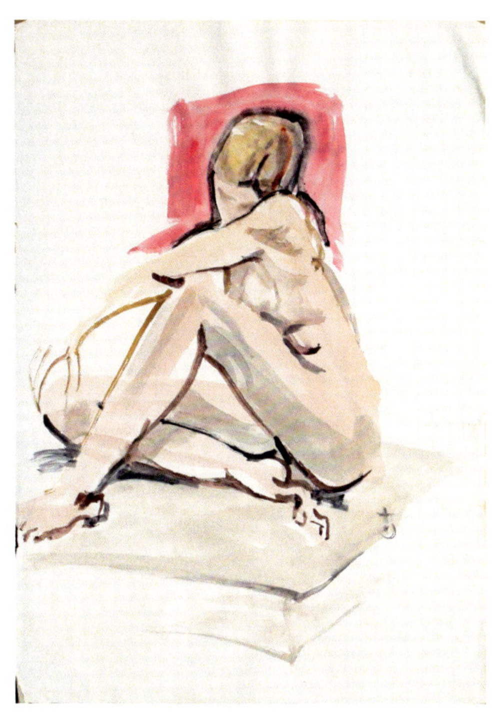

Sitzender Akt, um 1986.
Aquarell, 40 x 30 cm.

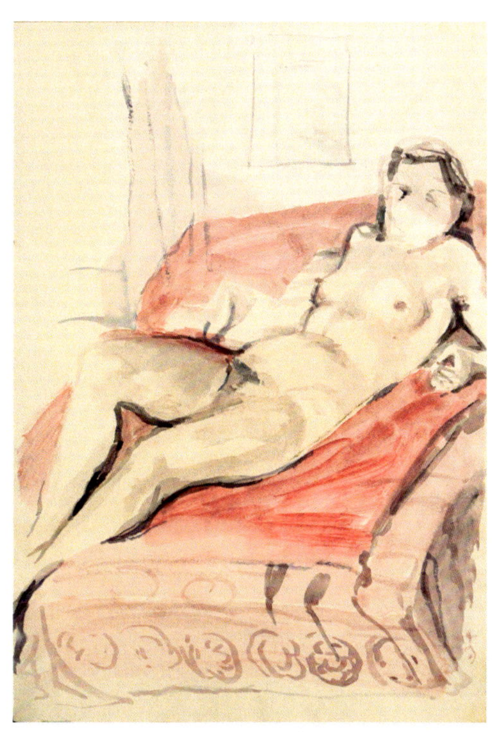

Liegender Akt, 1984.
Aquarell, 40 x 30 cm.

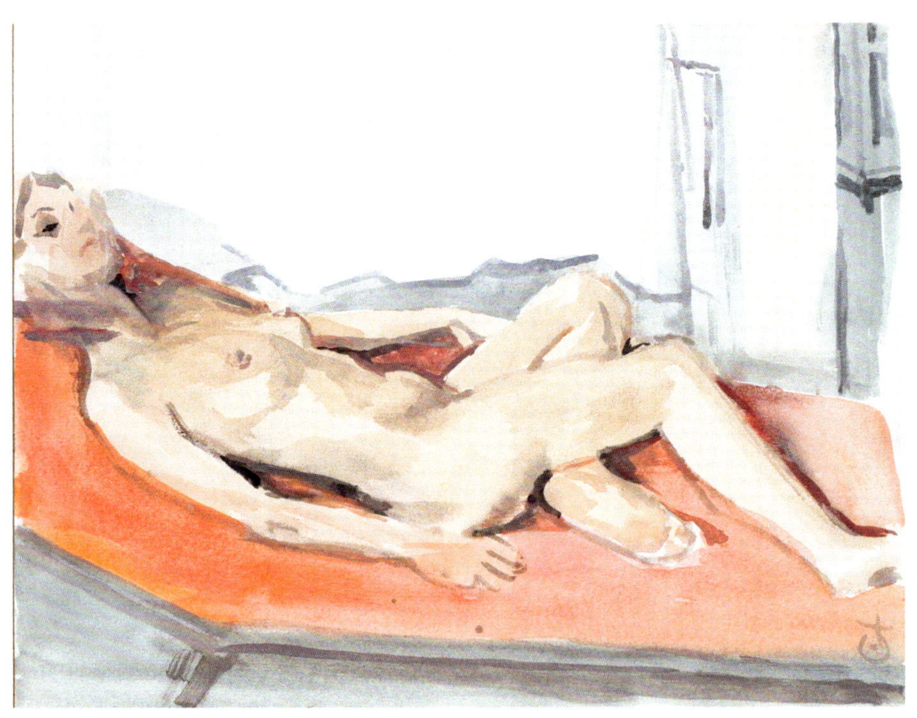

Liegender Akt, 1984.
Aquarell, 30 x 40 cm.

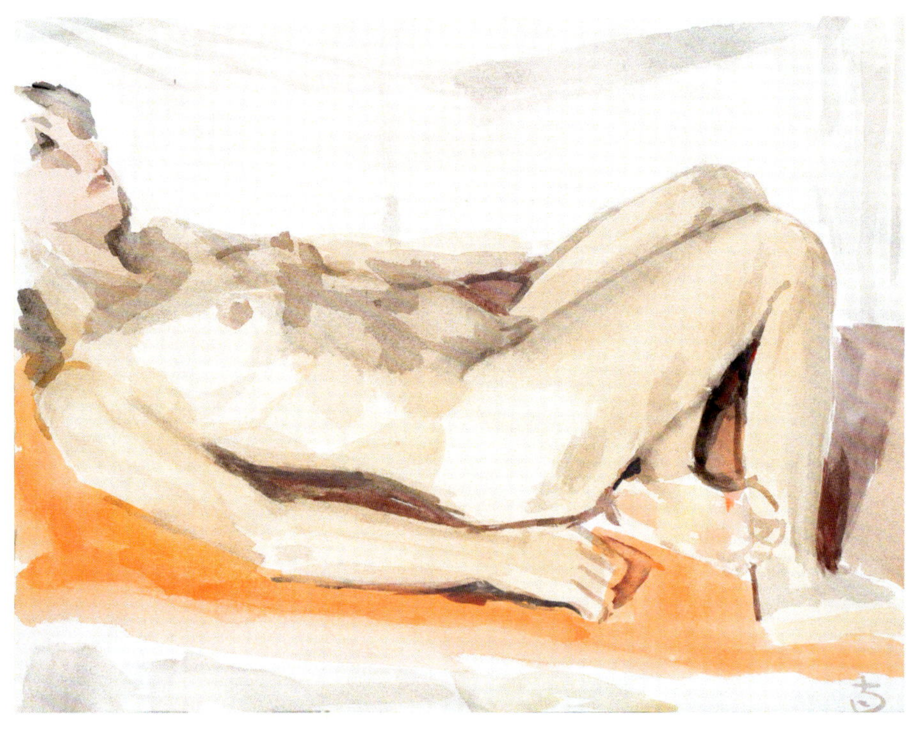

Liegender Akt, 1984.
Aquarell, 30 x 40 cm.

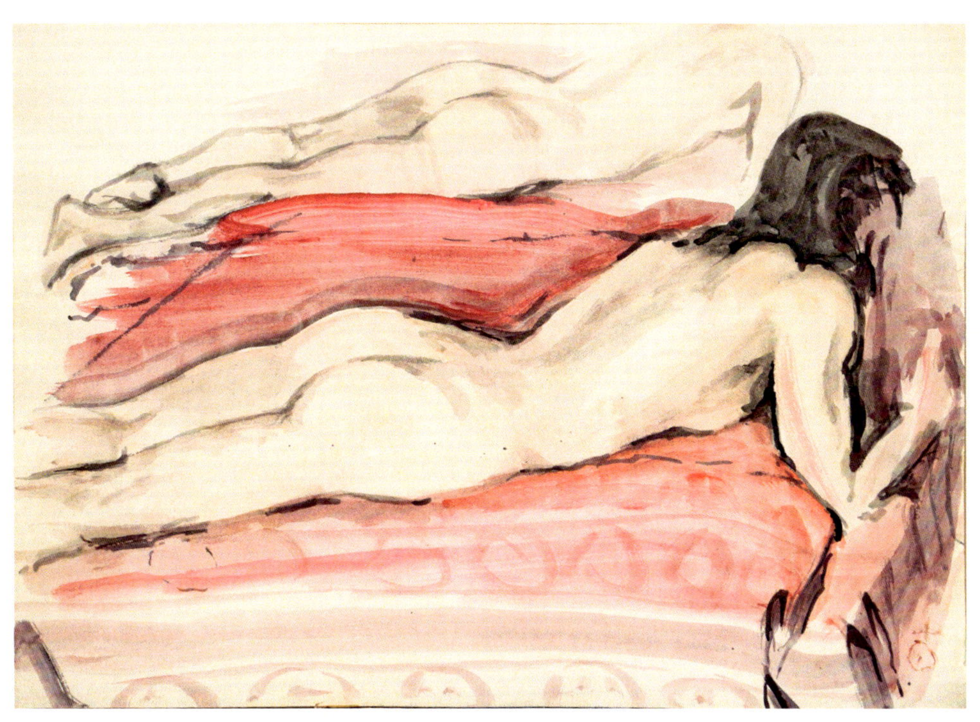

Zwei liegende Akte, 1984.
Aquarell, 29,5 x 42 cm.

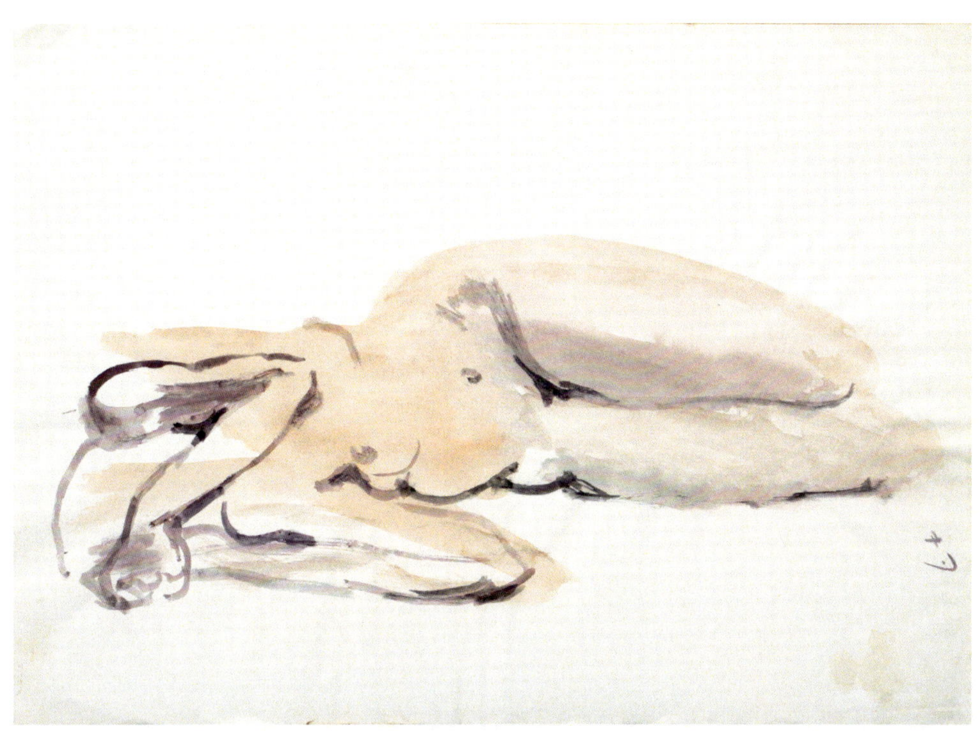

Liegender Akt, 1984.
Aquarell, 30 x 40 cm.

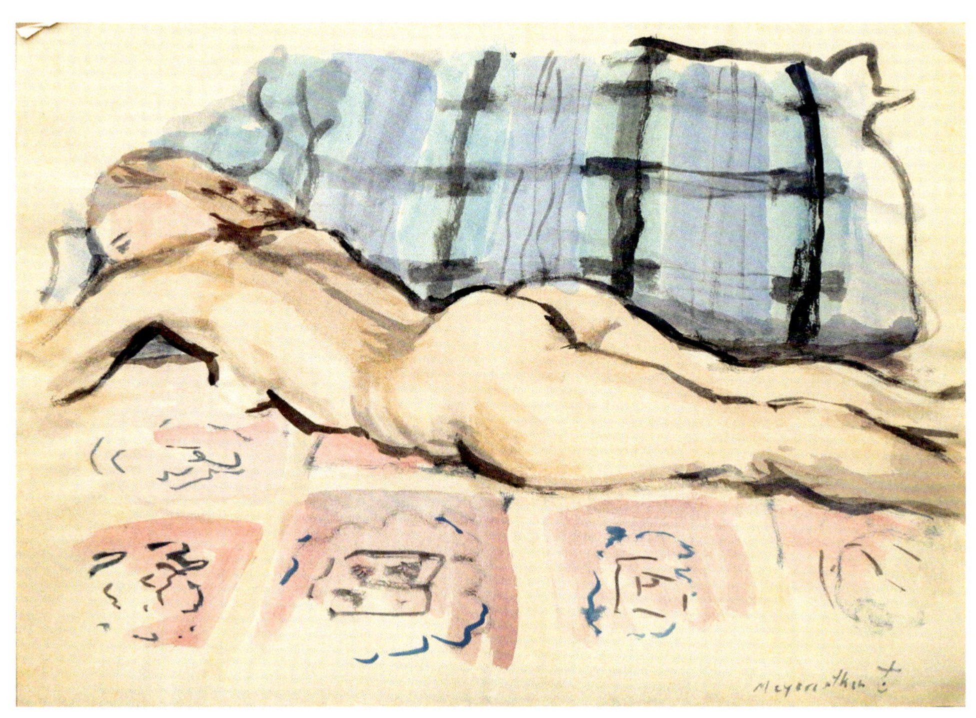

Weiblicher Rückenakt, 1984.
Aquarell, 29,5 x 42 cm.

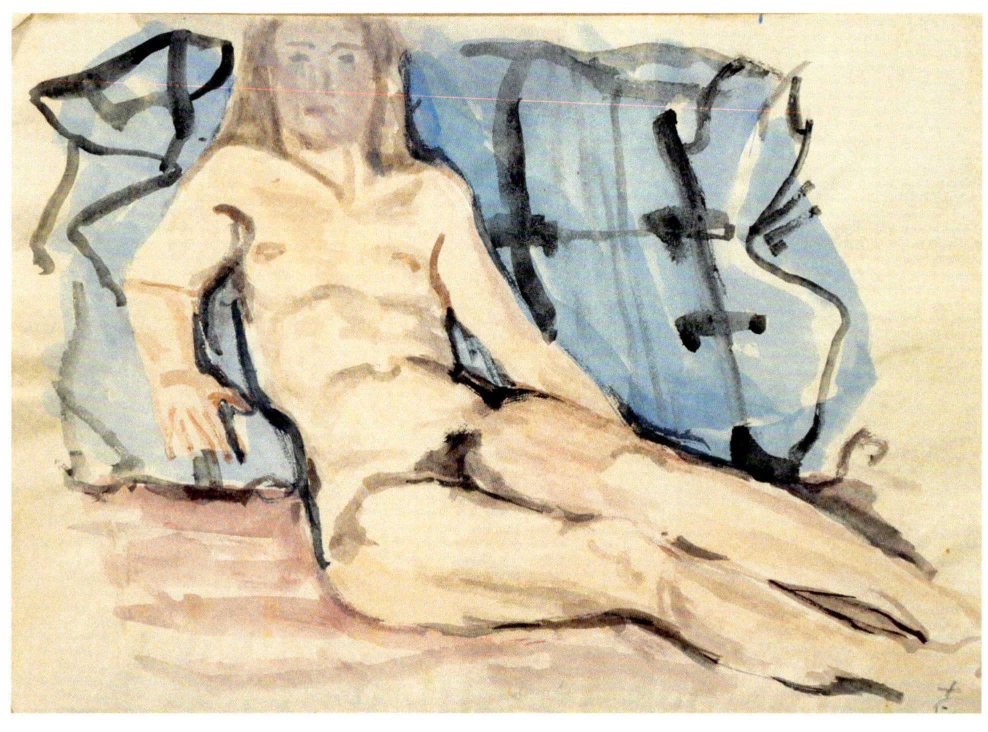

Sitzender Akt auf Bett, 1988.
Aquarell, 29,5 x 42 cm.

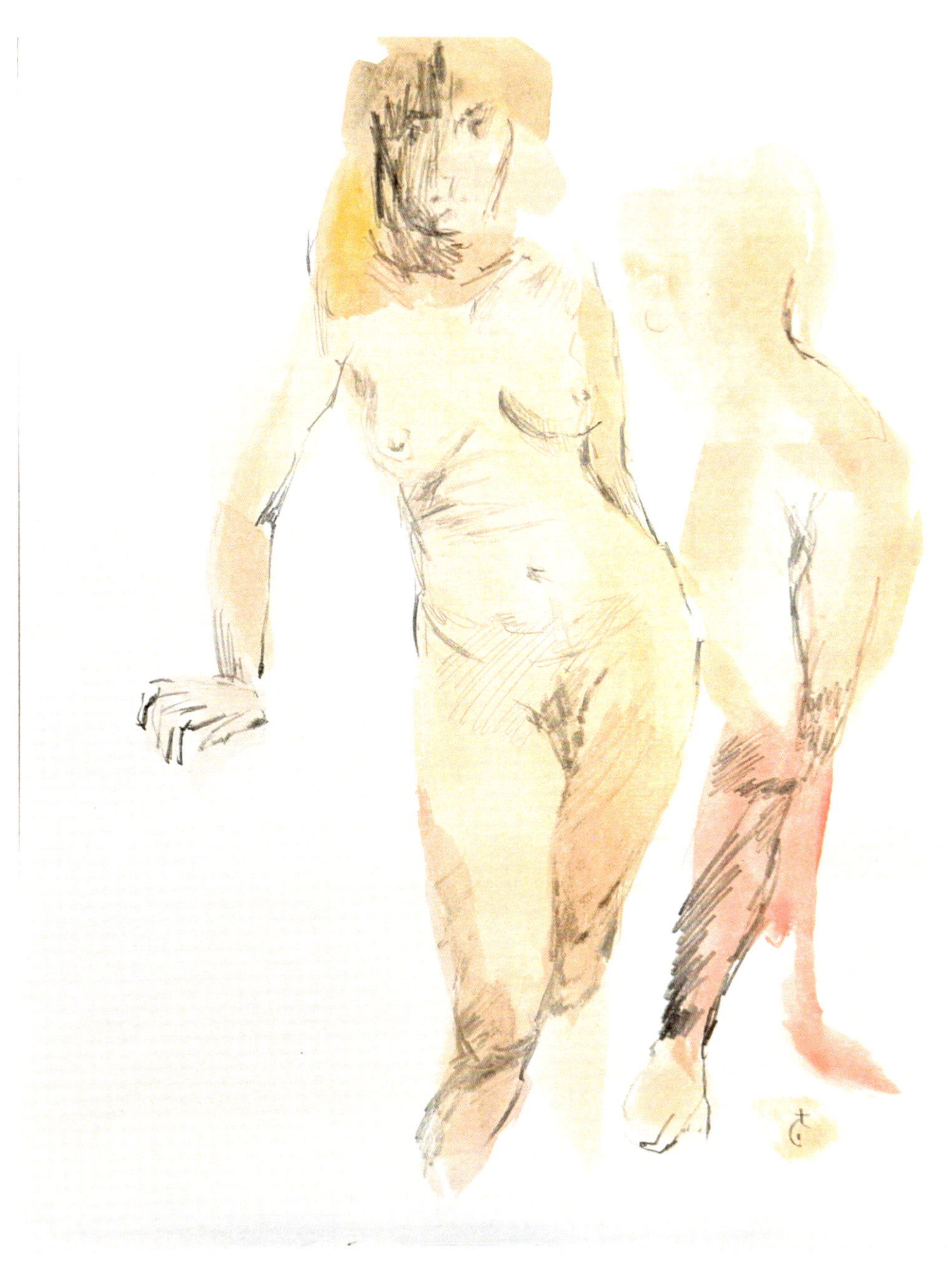

Aktstudien, 1978.
Aquarell, 49,5 x 37 cm.

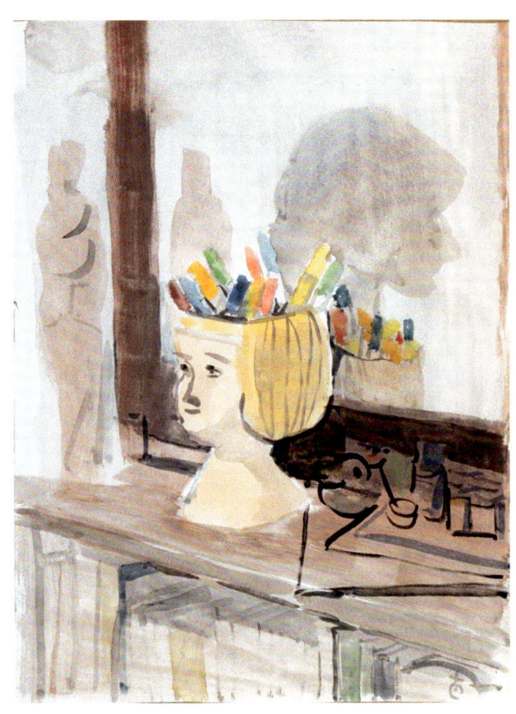

Stillleben vor Spiegel, um 1970.
Aquarell, 31,8 x 24,7 cm.

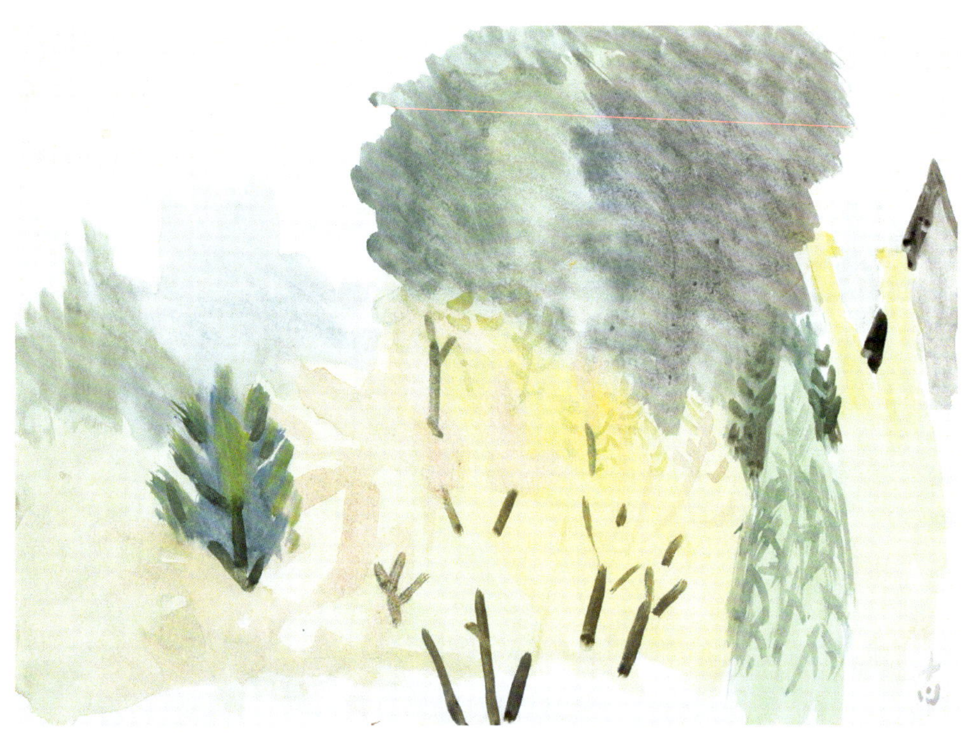

Landschaft, um 1970.
Aquarell, 24 x 33,5 cm.

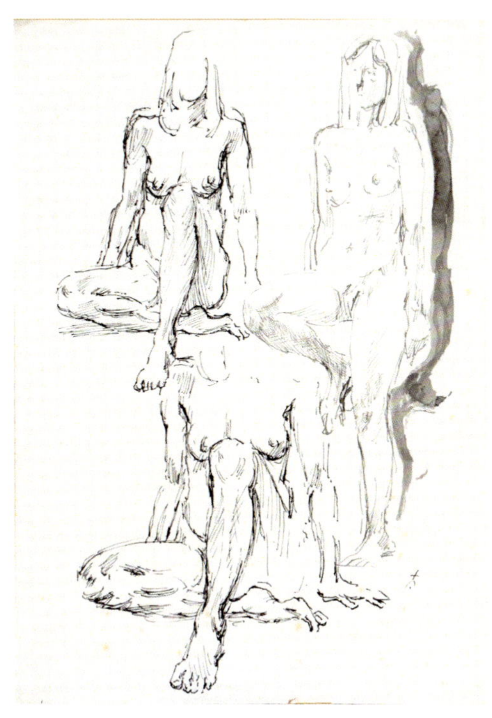

Aktstudien, um 1970.
Tusche auf Papier, 30,5 x 21,5 cm.

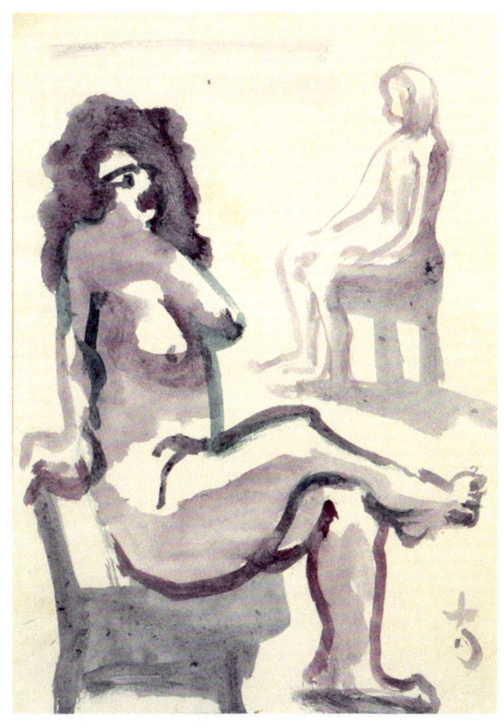

Zwei Akte, um 1975.
Tusche, 27 x 19 cm.

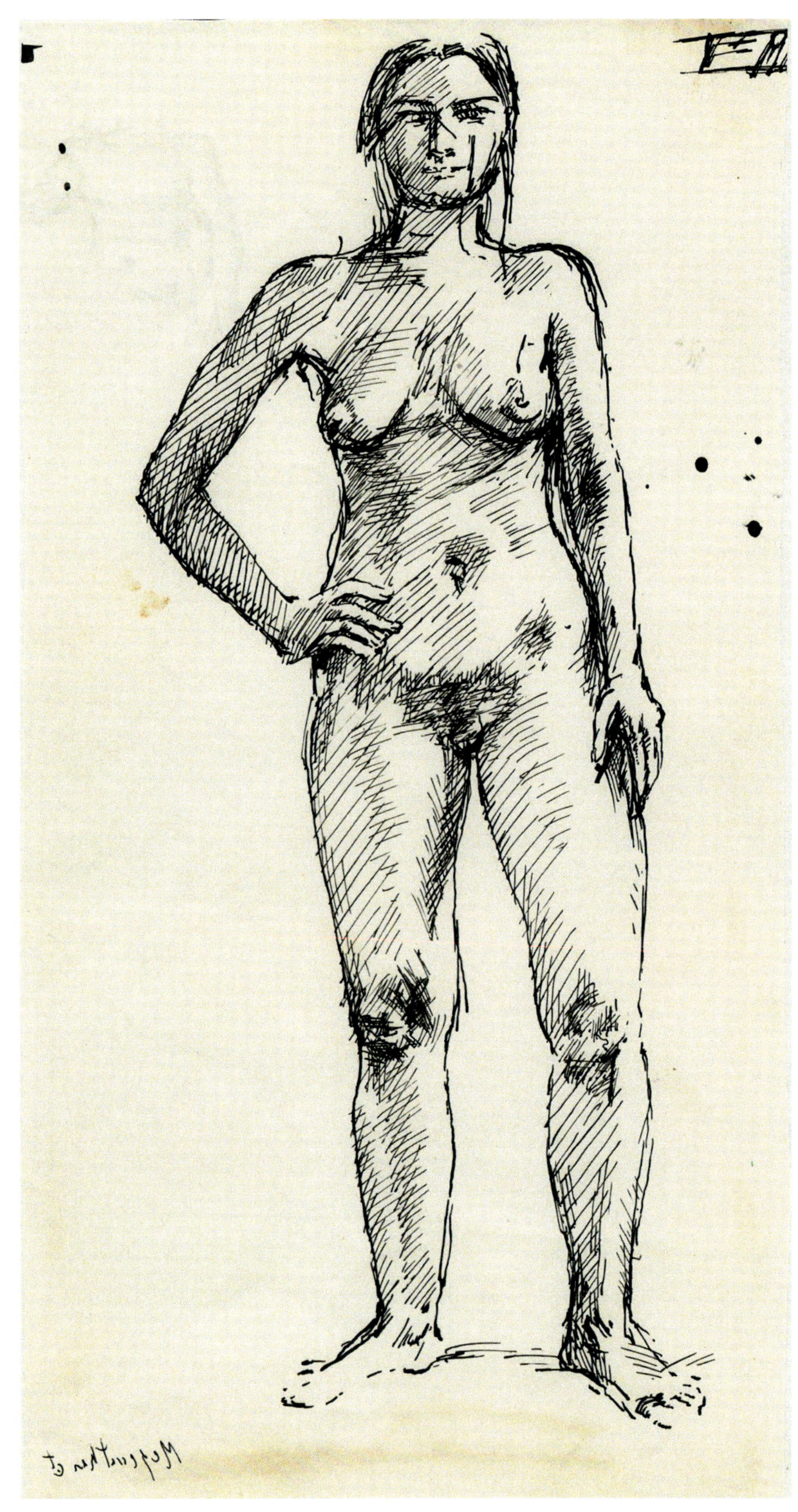

Weiblicher Akt, um 1975.
Tuschzeichnung, 28 x 15 cm.

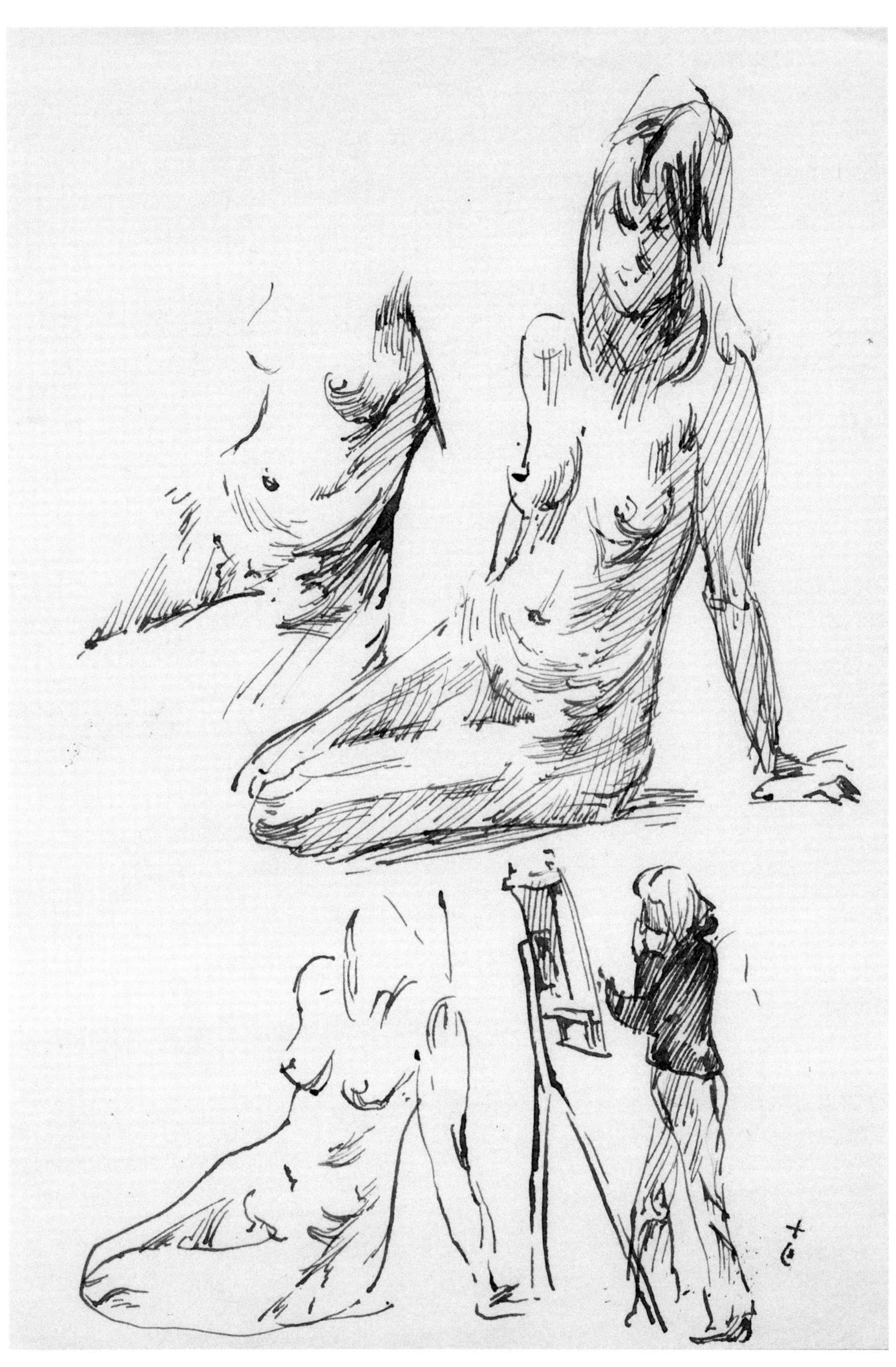

Studien zum weiblichen Akt, um 1975.
Tuschzeichnung, 28 x 15 cm.

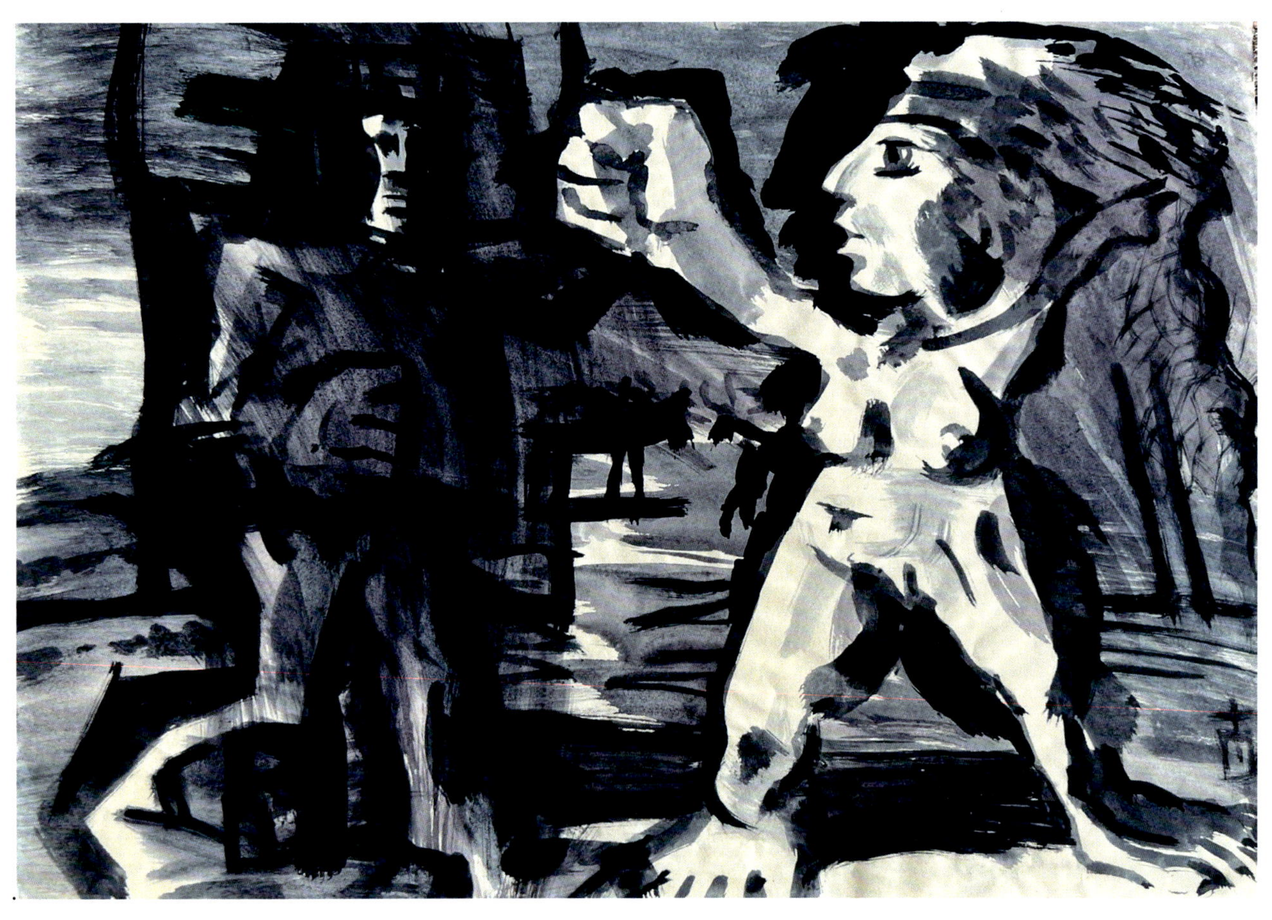

Partyszene, um 1975.
Tusche auf Papier, 42 x 61 cm.

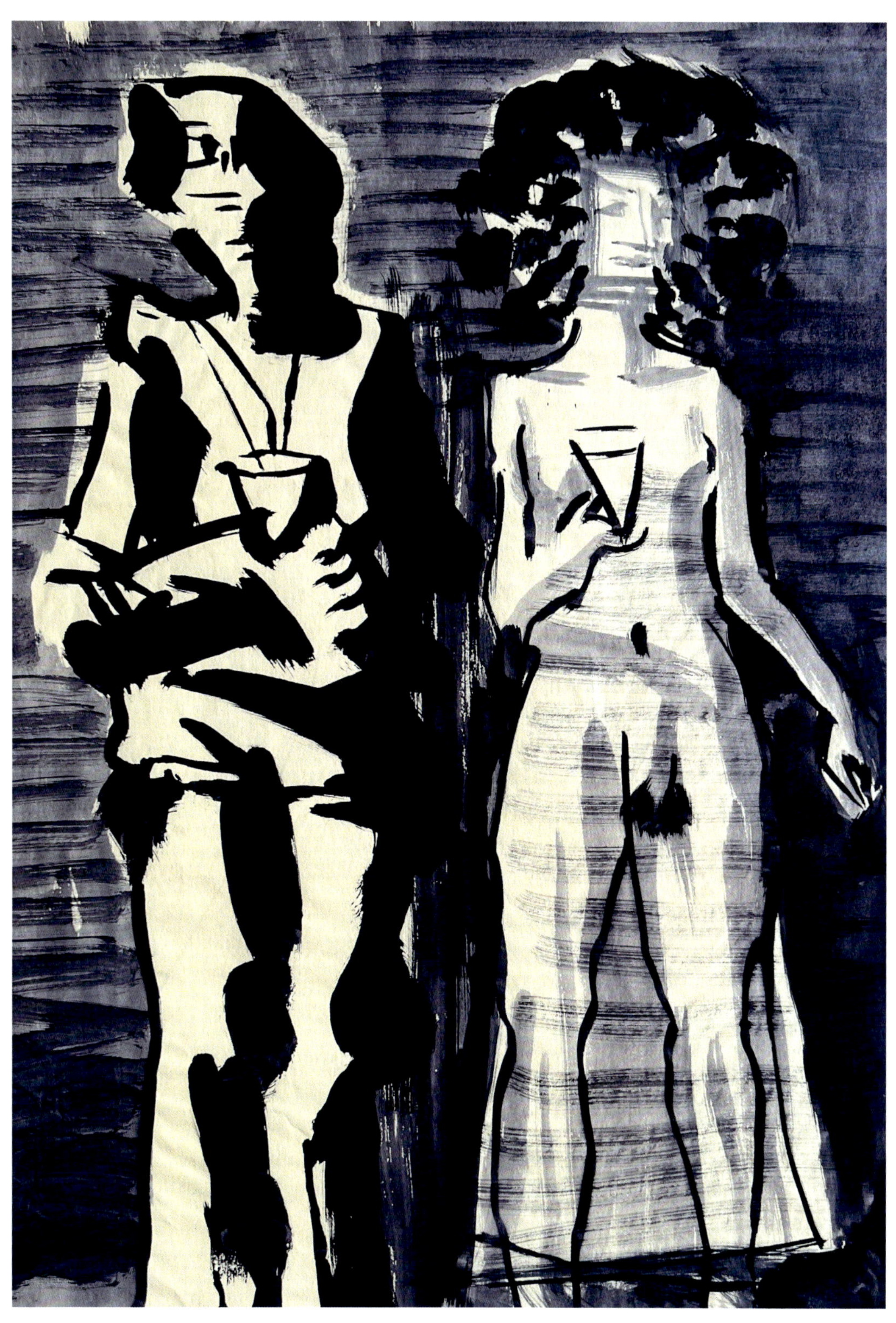

Partyszene, um 1975.
Tusche auf Papier, 61,5 x 43 cm.

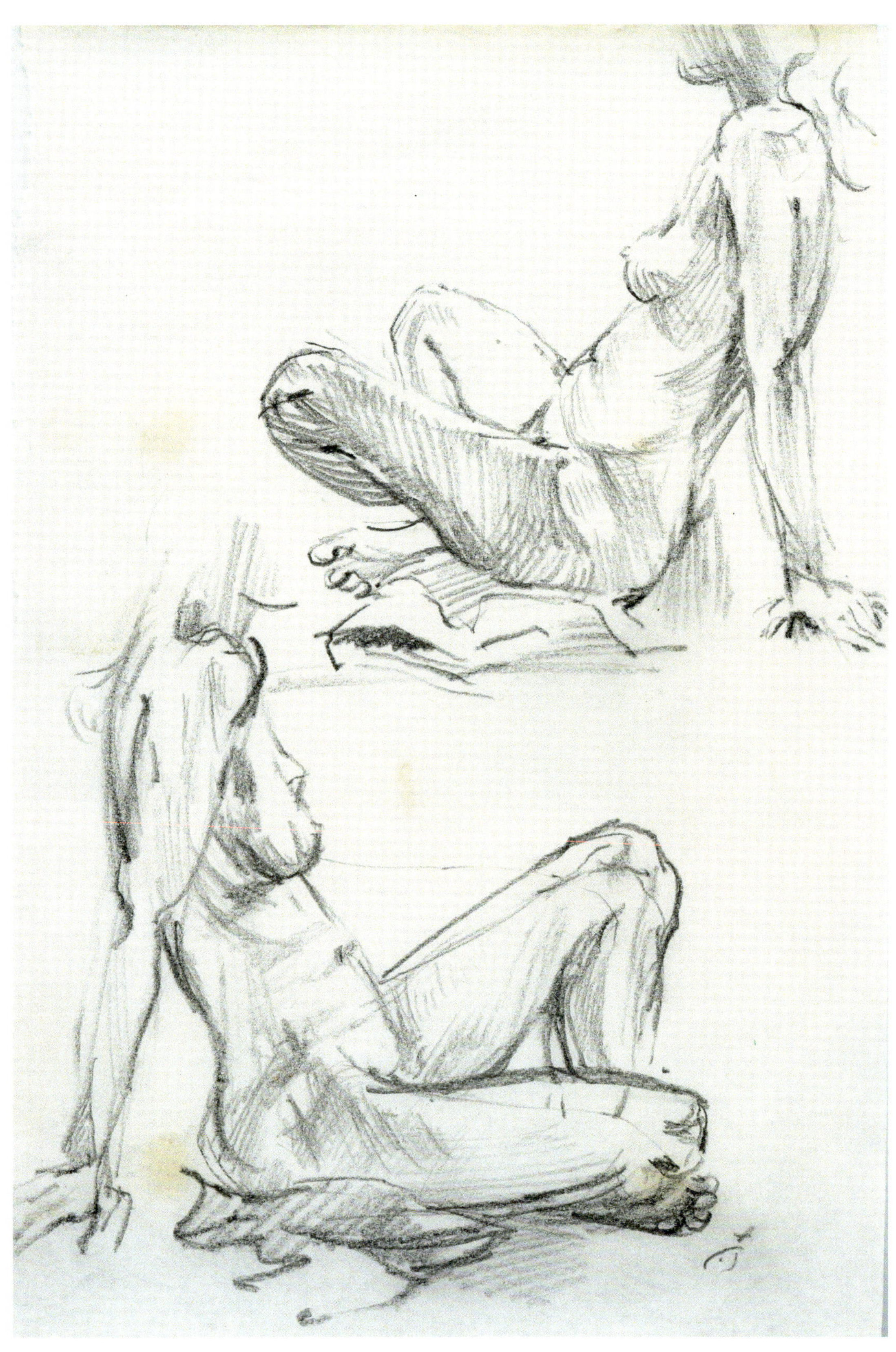

Studien zum weiblichen Akt, um 1975.
Tuschzeichnung, 28 x 15 cm.

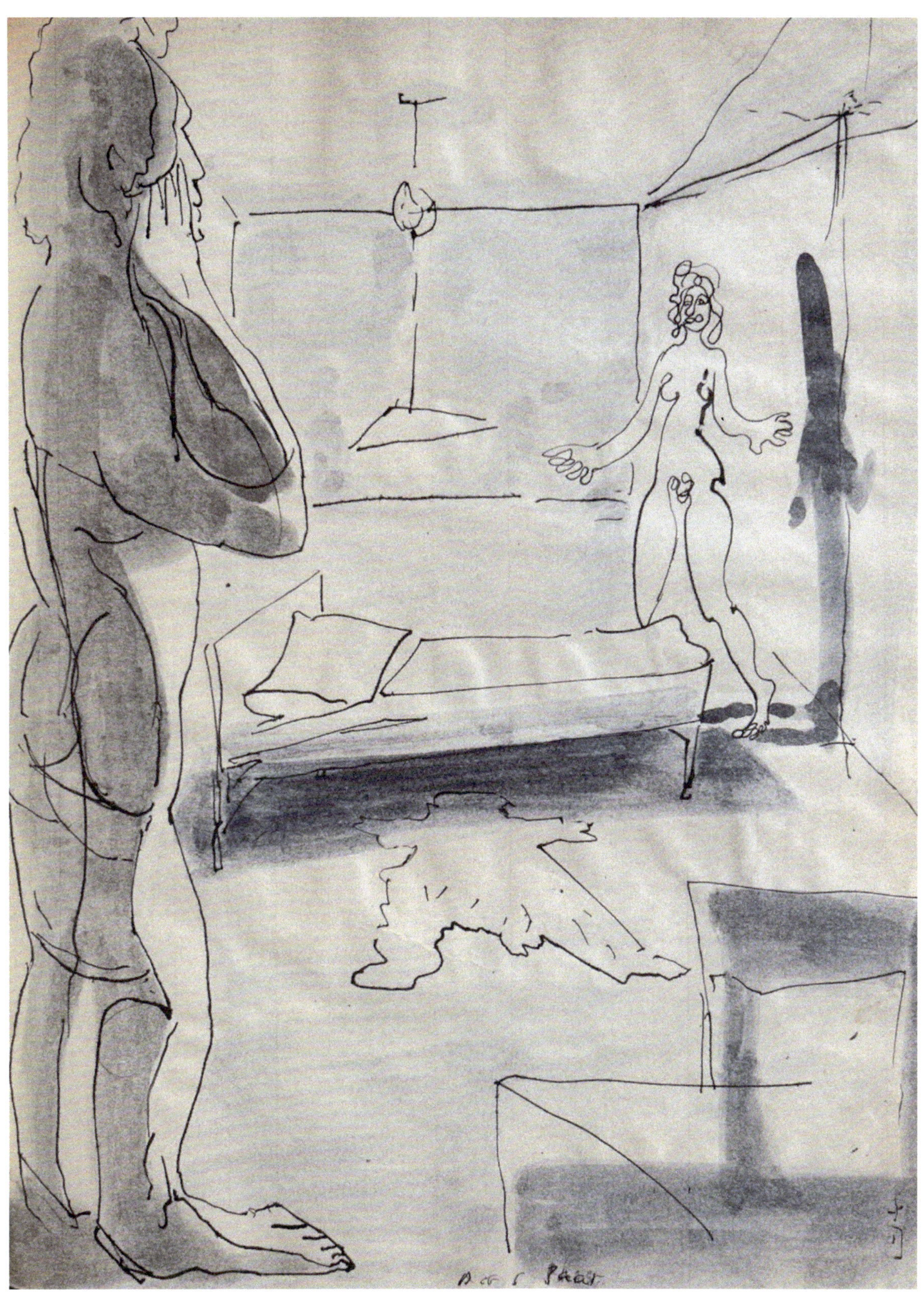

A und C Paar, 1984.
Pastellfarbe auf Zeichenpapier, 24 x 18,5 cm.

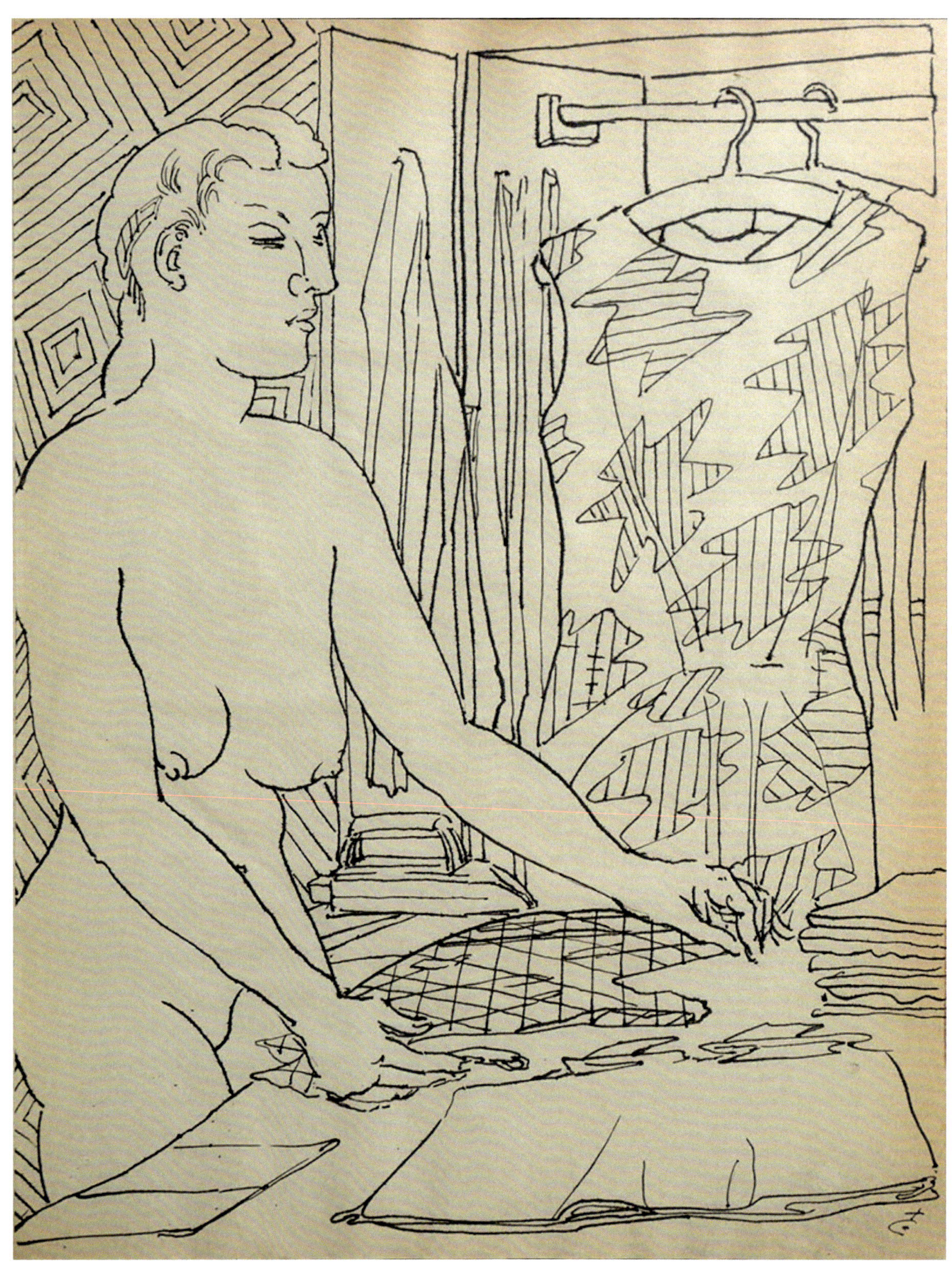

Schneiderin beim Entwerfen eines Kleides, um 1988.
Zeichnung, 24 x 18,5 cm.

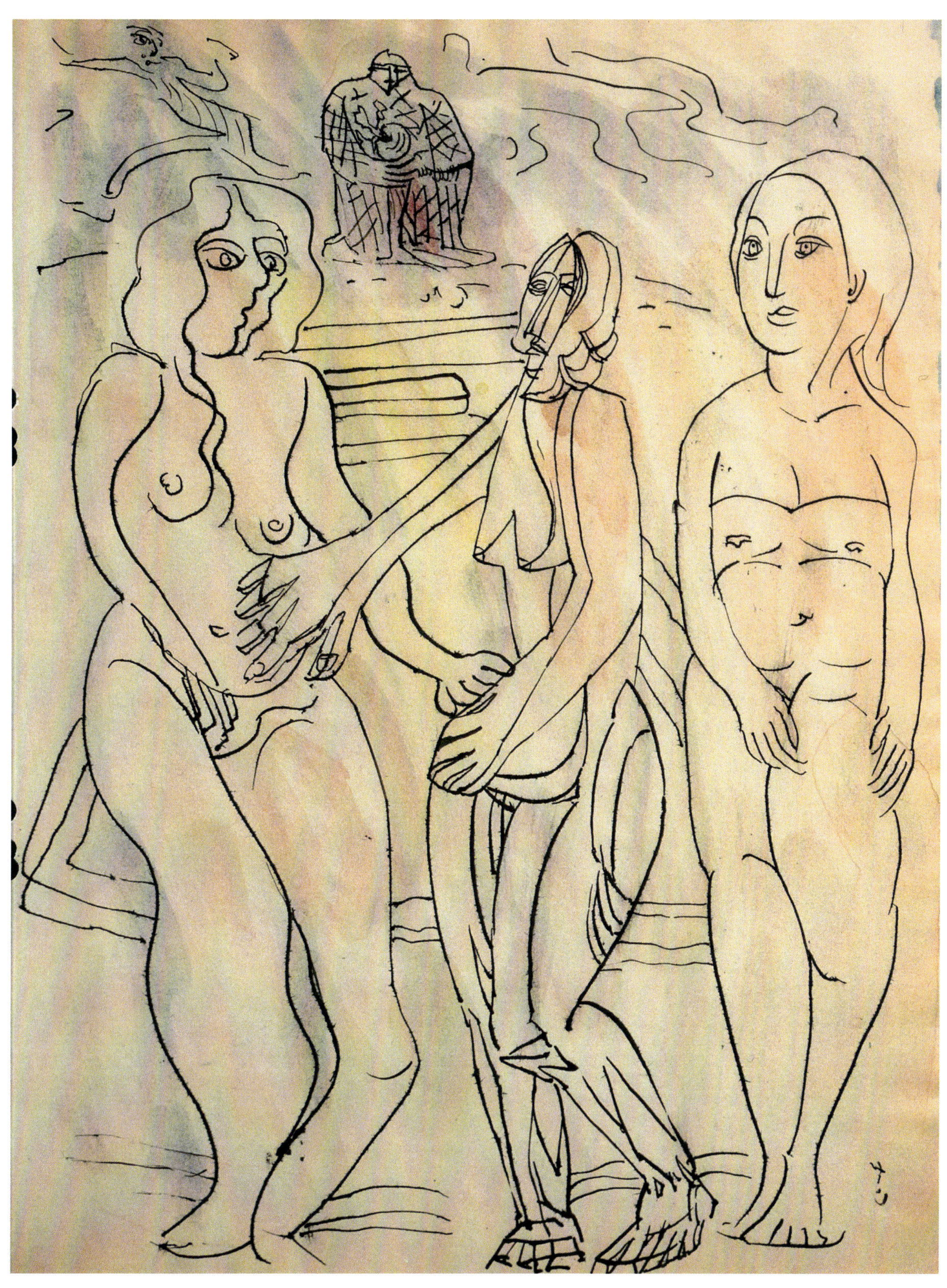

Drei Frauen vor Terrasse, um 1984.
Aquarellierte Zeicchnung, 24 x 18,5 cm.

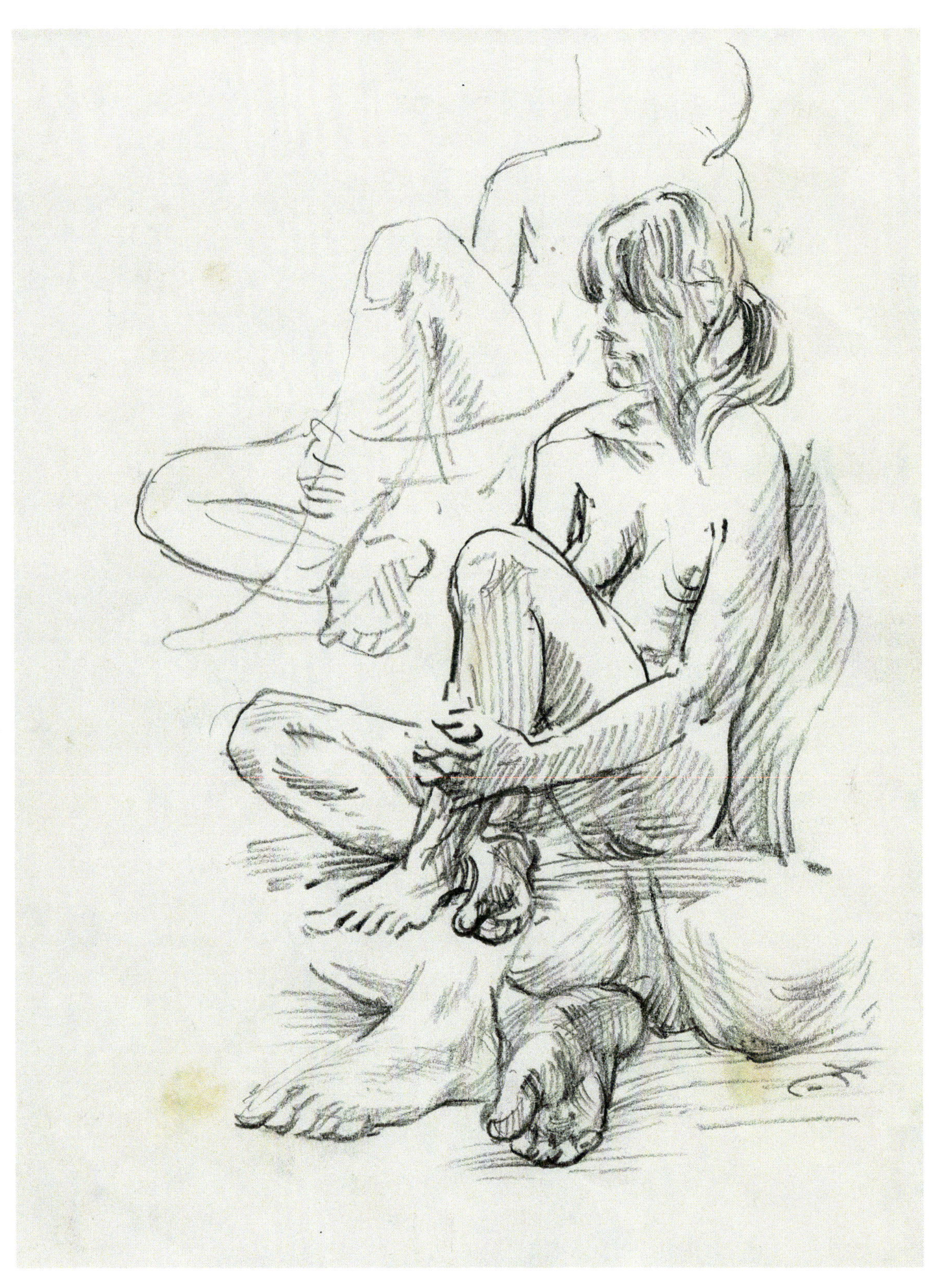

Aktstudien, um 1984.
Zeichnung, 25,5 x 19 cm.

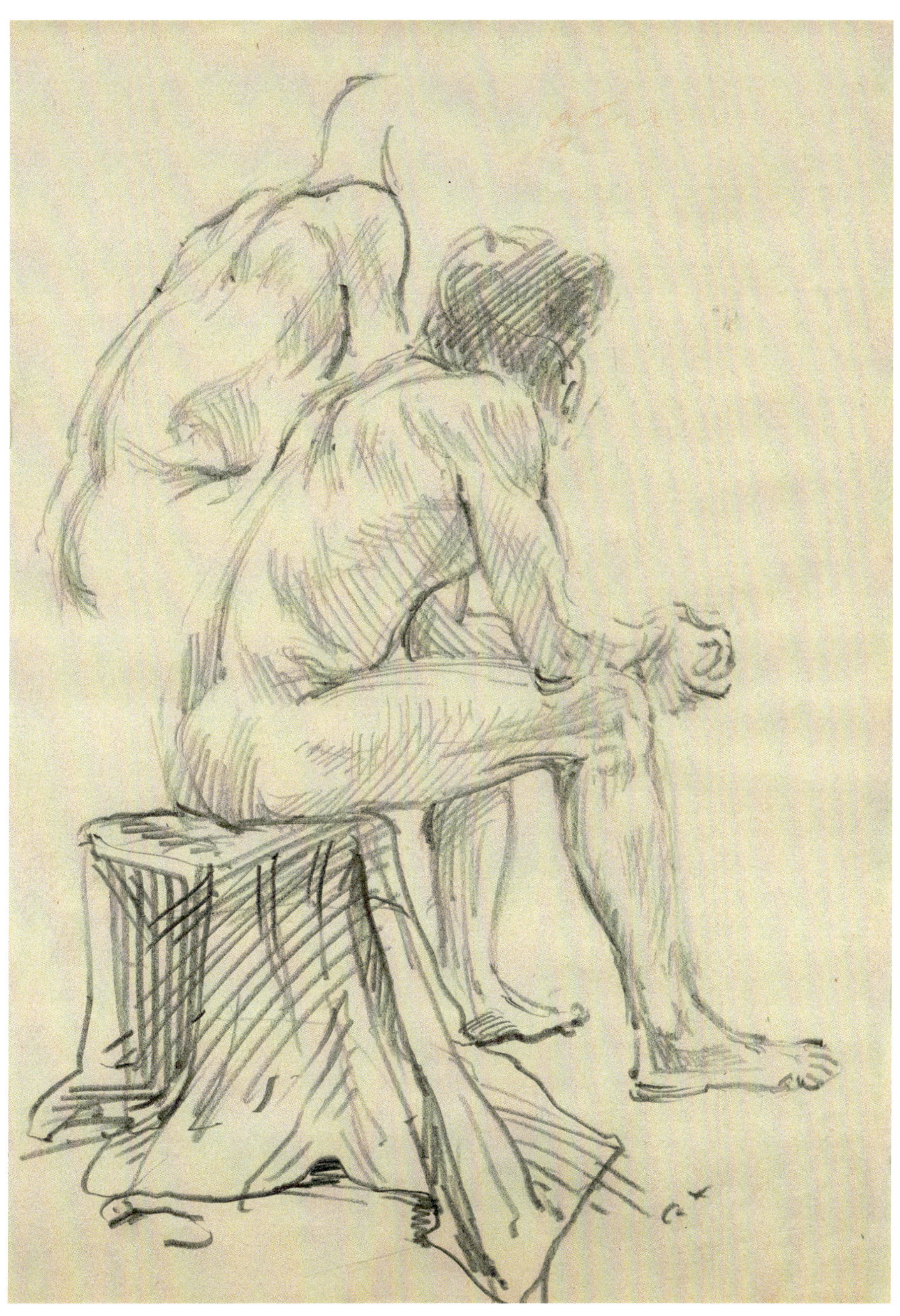

Aktstudien, um 1984.
Aquarell, 29 x 21 cm.

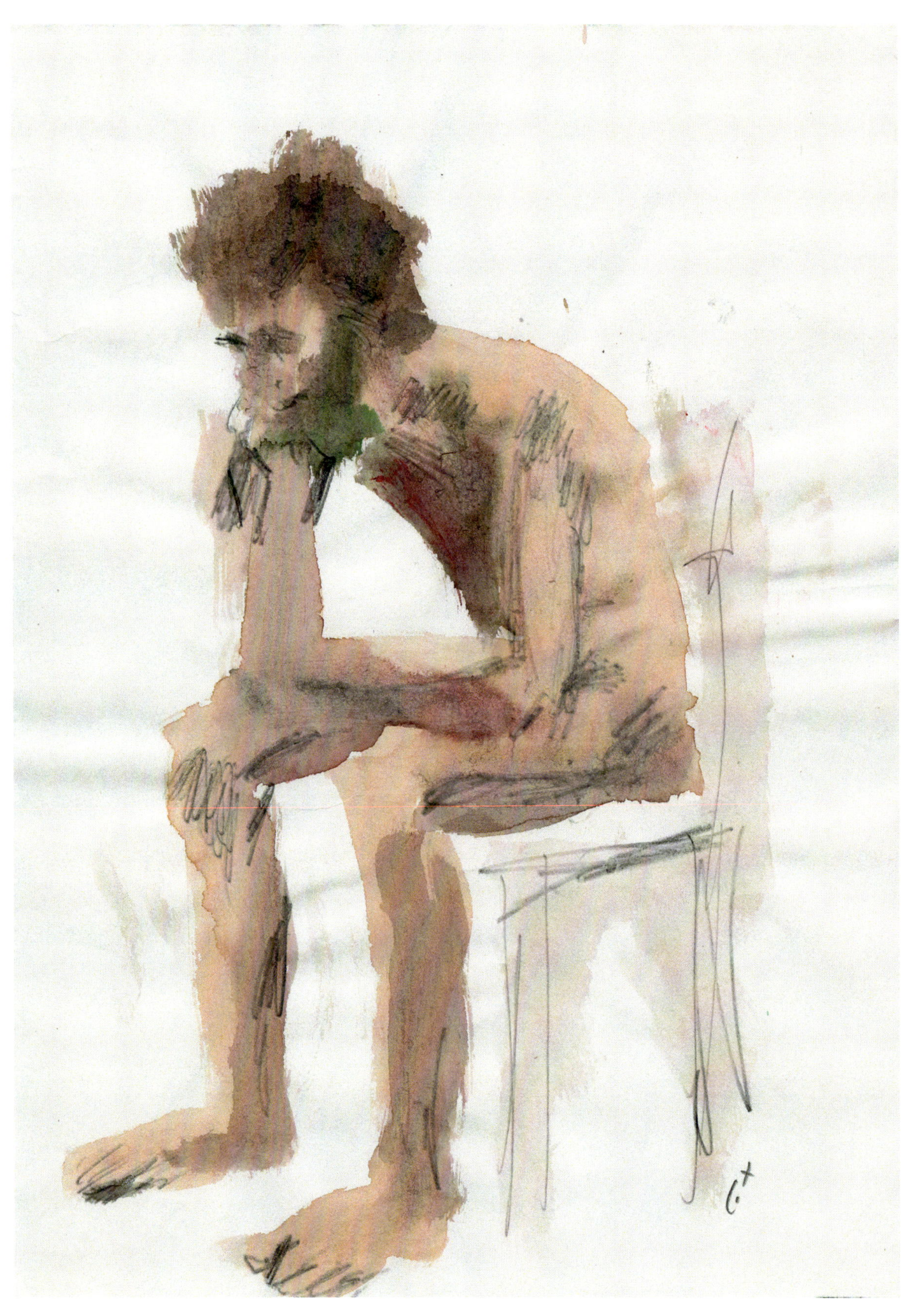

Männlicher Akt auf Stuhl sitzend, um 1984.
Aquarell, 29 x 21 cm.

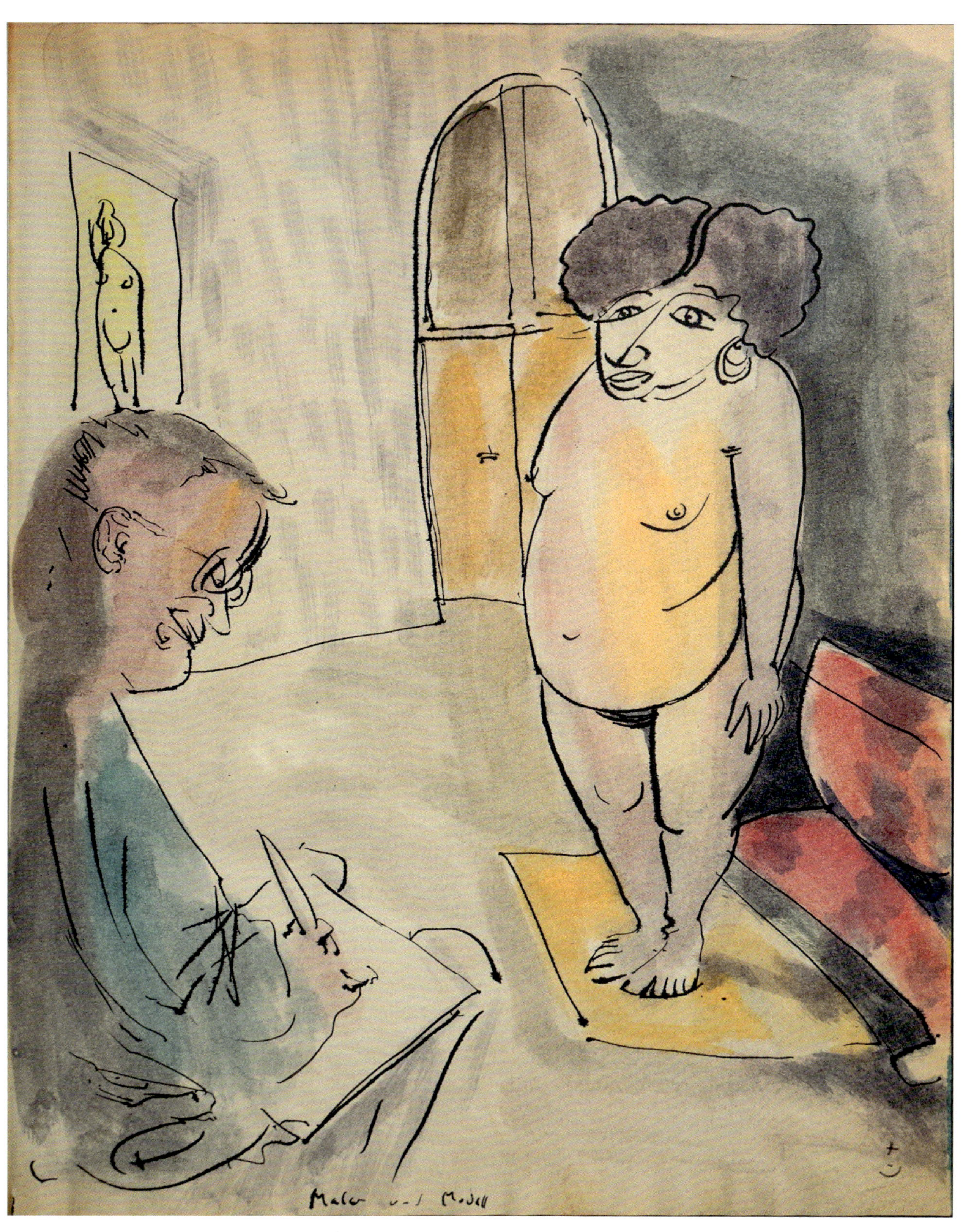

Maler und Modell, um 1984.
Aquarellierte Zeichnung, 24 x 18,5 cm.

9. Berichte über die Ausstellungen
von Gerhard Meyerratken

STADT MÜNSTER — Samstag, 4. April 1981

Seine Bilder malt er in der Küche

Meyerratken lebt in der Frauenstraße 24 / Ausstellung in der PH

VON ULLA SCHNEIDER

Münster. Er malt seine Bilder in der Küche – nicht in irgendeiner, sondern in der des Hauses Frauenstraße 24. Hier malt Gerd Meyerratken seit zehn Jahren mit Ölfarben, Tempera und Acryl auf großformatige Leinwände: „Die Hausbewohner haben sich daran gewöhnt, daß ich hier erbeite – es stört niemanden".

Die At[illegible]phäre der Kü[illegible]nd des Hauses [illegible] Frauenstraße, dessen Bewohner seit acht Jahren und schließlich erfolgreich um den Erhalt kämpfen, findet sich in den Bildern des Künstlers wieder. Raum und Architektur sind zum vorrangigen Thema der „Raumbilder", wie Meyerratken seine großflächigen Werke nennt, geworden. Eine umfangreiche Ausstellung seiner Bilder wurde gestern in der ehemaligen PH an der Fliednerstraße eröffnet.

Gerd Meyerratken war einer der ersten Mieter in der Frauenstraße 24, er wohnt noch heute dort. Immer wieder hat er in den letzten Jahren die Bedrohung des Hauses durch den Bagger und Bauspekulanten in seinen Bildern festgehalten: In einem Wandgemälde im Kulturzentrum des Hauses, in einer Collage, in der er zerschnittene Räumungsklagen zusammengefügt hat, aber auch in hintergründiger Darstellung mit kasernierten Statuen in engen Raumnischen.

Meyerra[illegible]en zum Inhalt [illegible]er Bilder: „Frü[illegible]war der politi[illegible] Inhalt mehr plakativ; heute arbeite ich mehr inhaltlich, mehr aus der persönlichen Betroffenheit heraus".

Neben den immer wiederkehrenden Themen Abriß und Aufbau, Versteinerung der Städte, überraschen aber auch zeitliche Kuriositäten wie Zentauren vor dem Fernsehgerät oder Figuren aus der Antike, die plötzlich zu Architekten und Maurern werden. Man kann diese Bilder lange anschauen; es gibt immer noch ein Detail zu entdecken, je näher man herankommt.

Die Ausstellung der Arbeiten von Meyerratken ist vom Fachbereich Kunst der Universität organisiert, an dem der Künstler als Lehrbeauftragter beschäftigt ist. Sie ist bis zum 24. April ganztägig (bis 19.30 Uhr) im Gebäude der ehemaligen PH zu besichtigen.

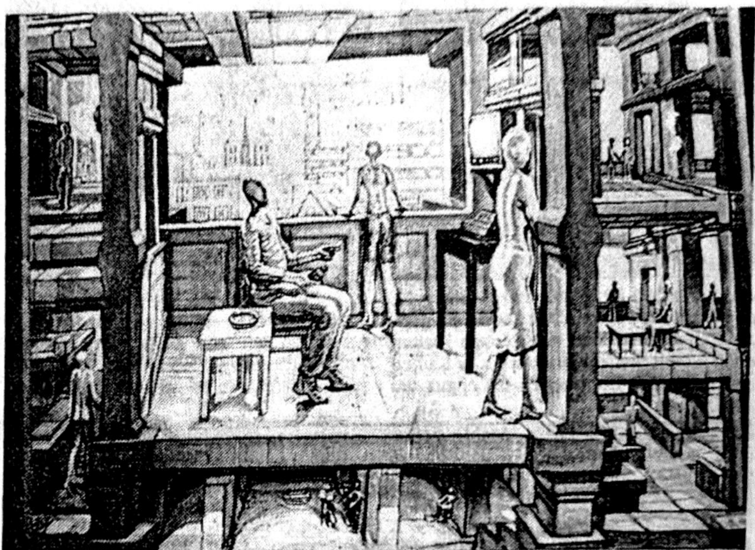

Das Thema Frauenstraße, Hausbesetzung und Bedrohung durch den Bagger findet sich in vielen Arbeiten von Meyerratken. Bild: Kick

Wehrpflichtige einberufen

Münster. Das Kreiswehrersatzamt Münster hat zum 1. 4. 1981 aus der Stadt Münster sowie den Kreisen Warendorf und Steinfurt 675 Wehrpflichtige einberufen. Die Wehrpflichtigen werden ihren Dienst in 54 verschiedenen Ausbildungsstandorten antreten.

Bischof Lettmann in Radio Vatikan

Münster. „Zum hohen Osterfest" spricht Bischof Dr. Reinhard Lettmann am Ostersonntag, 19. April, in einer Sendung des deutschsprachigen Programms von Radio Vatikan. Die Sendung wird um 20.30 Uhr ausgestrahlt.

Münstersche Zeitung, 4.4.1981

Kritische Haltung zum Zeitgeist

Gerhard Meyerratken zeigt seine Arbeiten im Burghaus

STOLBERG. – Der Münsteraner Künstler Gerhard Meyerratken stellt seit Sonntag im Burghaus aus. Der 47jährige Maler, der in Oldenburg geboren wurde, eine Lehre als Bildhauer absolvierte, in der Antwerpener Werkkunstschule maßgebliche Impulse für sein Schaffen empfing und anschließend an die Hochschule für Bildende Künste nach Berlin ging, war am Sonntagmorgen auf Einladung des Burghaus-Vereins selbst nach Stolberg gekommen, um der Ausstellungseröffnung beizuwohnen.

In den 28 Bildern, Aquarellen, Zeichnungen und Gouachen, die Gerhard Meyerratken mit nach Stolberg gebracht hat, manifestiert sich der expressive und experimenteller Tendenz unterworfene Stil des Künstlers. In vielen Werken ist es ihm gelungen, die enge Beziehung zwischen Mensch und Architektur miteinander zu verzahnen.

Besonders sticht seine Aktmalerei ins Auge. Naturverbundenheit und ein tiefes Spannungsverhältnis zur griechischen Mythologie gehören zu den Triebfedern seiner künstlerischen Inspiration. In all seinen Werken kommt sein durch seine persönliche Entwicklung geprägtes Kunstverständnis zum Ausdruck.

Meyerratkens spezielles Anliegen ist es, mit Farbe und Stil zu experimentieren und eine durchweg kritisch-nachdenkliche Haltung zum jeweils gültigen Zeitgeist durchblicken zu lassen. -ro-

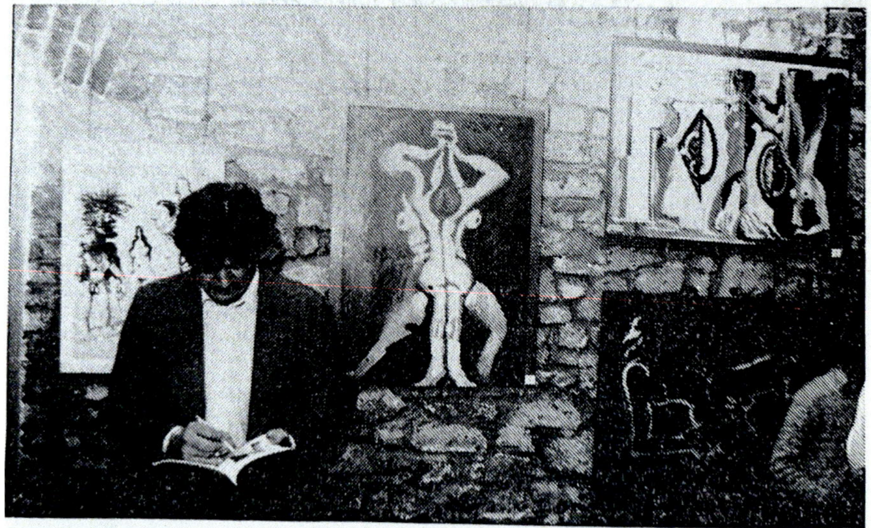

Der Münsteraner Künstler Gerhard Meyerratken, der zur Zeit im Burghaus ausstellt, signierte am Sonntagvormittag bei der Eröffnung zahlreiche Kataloge. Foto: Offer

Stolberger Nachrichten 29.5.84

Stolberger Nachrichten, 29.5.1984

2.6.84

Seite 14 BII

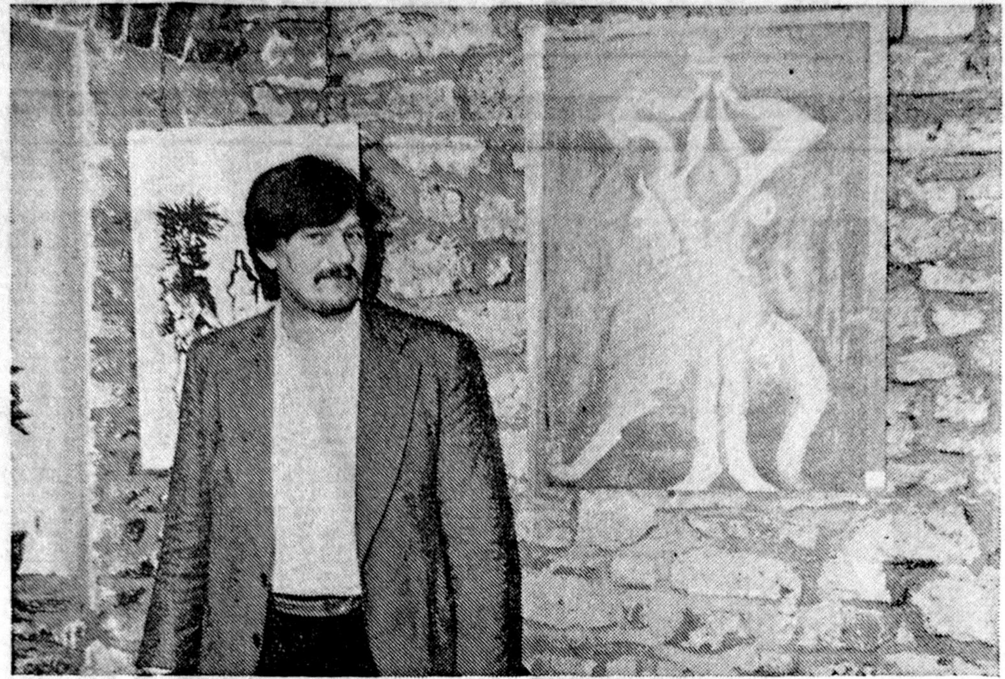

Der Künstler vor einem Werk: Gerhard Meyerratken stellt im Burghaus aus. (Foto: Arndt)

Probleme malerisch darstellen

Ausstellung von Gerhard Meyerratken im Burghaus zu sehen

Stolberg. – Zeichnungen, Aquarelle und Guachen von Gerhard Meyerratken sind zur Zeit in einer Ausstellung im Burghaus Stolberg, Luziaweg, zu sehen. Bis zum 17. Juni bleiben 28 Exponate dort.

Der Maler und Zeichner Gerhard Meyerratken, geboren 1937 im Emsland und heute in Münster lebend, hat seine Ausbildung an der Kunstakademie erhalten. An seine Akademiezeit schlossen sich längere Studienreisen an. Heute hat der Künstler einen Lehrauftrag für Bildhauerei an der pädagogischen Abteilung der westfälischen Wilhelms-Universität Münster.

Meyerratken versucht, in einem ständigen Entwicklungsprozeß Probleme wie das der Angst oder der menschlichen Befindlichkeit malerisch darzustellen. Neben stark expressiven Portraits stehen immer wieder architekturnahe Zeichnungen und großformatige Bilder im Mittelpunkt seiner Arbeiten. Daneben beschäftigt ihn intensiv die griechische Mythologie, wie sein umfangreiches zeichnerisches Werk zeigt.

In der Ausstellung im Burghaus Stolberg, die die erste größere Präsentation von Bernhard Meyerratken im Rheinland ist, werden Exponate aus einer längeren Schaffensperiode gezeigt, die einen Einblick in das reichhaltige und abwechslungsreiche Œuvre des Künstlers geben. Gezeigt werden Beispiele der akademischen Zeit, Architekturzeichnungen und vor allem Guachen.

In dem Ausstellungskatalog, der zur Präsentation im Burghaus vorgelegt wurde, heißt es unter anderem: „Das Werk Meyerratkens kann man sowohl thematisch wie auch stilistisch durchaus in Zusammenhang mit der heutigen, vieldiskutierten Malerei setzen. Diese neue, seit 1978 sich durchsetzende Malbewegung hat sich im starken Kontrast zu der abbildarmen und mehr oder weniger realitätsfernen Konzeptkunst der siebziger Jahre in unwahrscheinlich kurzer Zeit zu einem auffälligen Phänomen der zeitgenössischen Kunst entwickelt."

Stolberger Volkszeitung, 2.6.1984

Spürbare Isolation des Menschen

Ausstellung von Gerhard Meyerratken in der Klinik Dr. Murken bis Januar

Gütersloh (baf). Der Mensch, gefangen im Grau seiner Bauten aus Beton, ist ein Phänomen unserer Zeit, das, zweifellos bedrückt und beklemmt, aber trotzdem, so scheint es oft, in seiner Alltäglichkeit hingenommen wird. Durch die Bilder des Künstlers Gerhard Meyerratken jedoch, der noch bis Mitte Januar in den Räumen der Murken-Klinik (Neuenkirchener Straße) ausstellt, wird dem Betrachter die damit verbundene Bedrohung eindringlich bewußt. Isolation ist spürbar und die Entfernung des Menschen von der Natur wird nahegebracht. So wirken die gezeigten »Architekturzeichnungen« steril – die Farben sind kühl, die Wände der Bauten trist, und der darin eingeschlossene Mensch ist stets nackt. Durch sein Unbekleidetsein scheint er schutzlos, und gleichzeitig zeigt sich der Widerspruch zwischen seiner Natürlichkeit und der ihm verfremdeten Umwelt.

Zu einem weiteren Thema des Künstlers zählt das nahezu klassische Motiv des Clowns. Er strahlt Freude aus, läßt lächeln und doch: Hinter seiner Maske ist Traurigkeit erahnbar. Seine Fröhlichkeit wird unwirklich durch die dunklen, kalten Farben, die ihn umrahmen.

Und ähnlich ist der Bilderzyklus »Nikolaus«. Auch hier geht es dem Künstler nicht darum, die heile idyllische Kinderwelt zu zeigen, sondern er sieht gleichzeitig Aggressivit und Brutalität, in der Kinder leben – oder für das Leben lernen. Mit Waffen in der Hand winken sie aus dem Rucksack des Nikolaus' heraus, lachen dem Betrachter zu, stiften Verwirrung und beängstigen ihn.

Typisch für Meyerratken sind die Motivzyklen, die er erarbeitet. Konkrete Situationen werden darin immer weiter verfremdet und abstrahiert, bis nur noch das Wesentliche bestehen bleibt. Farben und Formen verändern sich, Menschen erstarren zum Teil, werden in ihren Aktionen zu Skulpturen ihrer selbst. Für den Künstler handelt es sich dabei oft um ein Experimentieren mit den ihm zur Verfügung stehenden malerischen Mitteln.

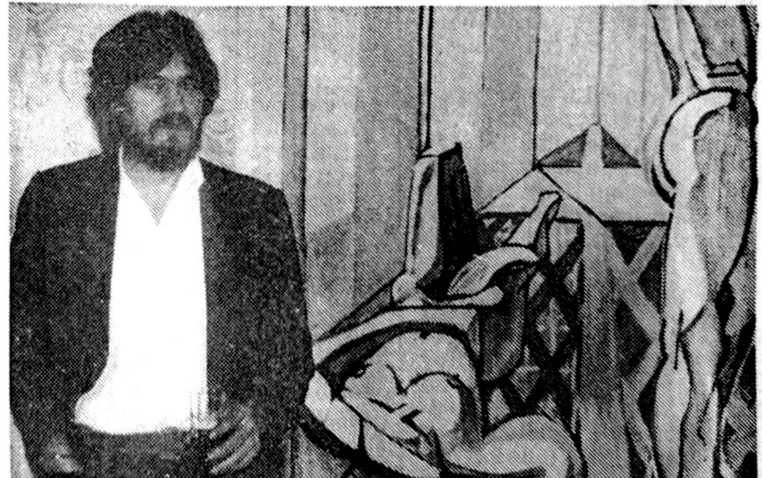

Noch bis zum Januar läuft die Ausstellung des Künstlers Gerhard Meyerratkens in der Klinik Dr. Murken. Foto: Walkenforth

Westfalen-Blatt Nr. 281, 4.12.1984

RW/HW/GT Dienstag, 7. Juli 1987

Gerhard Meyerratken in der Weberei-Galerie

Gespenster bei Ikea

Gütersloh. Wenn Zugang zur Kunst möglich wird, wo sie Bekanntes zeigt, sind die Bilder von Gerhard Meyerratken, seit Sonntag in der Galerie der Alten Weberei zu sehen, geradezu ideal. Denn was da auf der Leinwand entstanden ist, sind zum großen Teil reproduzierte Abbildungen aus dem Katalog eines großen skandinavischen Möbelherstellers – kaum eine Wohnung, in die nicht Lampen oder Stahlrohrstühle oder Doppelbetten eingezogen sind. Doch dann ist's mit der Gemütlicheit in Kiefer vorbei – in Meyerratkens Bilder toben Gespenster bei Ikea.

Die Einführung zu dieser Ausstellung besorgte Prof. Dr. Axel Hinrich Murken, unter anderem mit seiner Frau Christa Murken-Altrogge Autor des Buches „Vom Expressionismus bis zur Soul and Body Art" und mit Meyerratken seit 15 Jahren noch aus Münsteraner Zeiten bekannt. Vom Diktat der Medien sprach er, die uns Heutige mit einer Bilderflut überschütten, vom 25 Millionen Jahre langen Leben der Saurier und von den kurzen 60 000 Jahren der Menschen war zu hören, von der Suche nach dem Wesentlichen des Menschen, wo die Religiongemeinschaften ihre Schäfchen verlieren, Weltuntergangsvisionen, Stilpluralismus, Postmoderne, Martin Heideggers Philosophie – ein bunter Strauß.

Meyerratken selbst, Jahrgang 1937, gelernter Bildhauer, ehemaliger Schüler der HdK in Berlin, mit Erfahrungen vom Leben auf den Fidschiinseln und seit 1979 Lehrbeauftragter für bildnerisches Gestalten in Münster, verprellte jene, die schnell Greifliches in seinen Arbeiten sehen wollen. Für seine Arbeit hat er den Begriff des „anonymen Realismus" gefunden, der ihn in den vergangenen Jahren zunehmend faszinierte – auch Gerhard Richter male so, er wisse es nur noch nicht. Den Begriff „abstrakt" könne er nicht mehr hören. In seinen Arbeiten ginge es so auch nicht um das „Wesentliche", sondern um das „Dingliche".

Die Einführungsveranstaltung zu dieser Schau verpaßt zu haben, kann gar nicht schaden. Der Witz, der in diesen Bildern auch steckt, kommt – von besagter Weitschweifigkeit unbelastet – sicher besser über. Vor den sorgfältigen, realistischen Katalogbildern, genau und exakt gemalt, tummeln sich im heftigen Malgestus oft nur schemenhafte Figuren, Clowns und Gespenster. Einbrecher in eine bunte Bilderwelt, die sie vereinnahmen, besetzen, gebrauchen oder verblüfft und sprachlos davor stehen. Anzusehen bis 30. August zu den üblichen Öffnungszeiten der Weberei, dienstags und mittwochs geschlossen.

wer

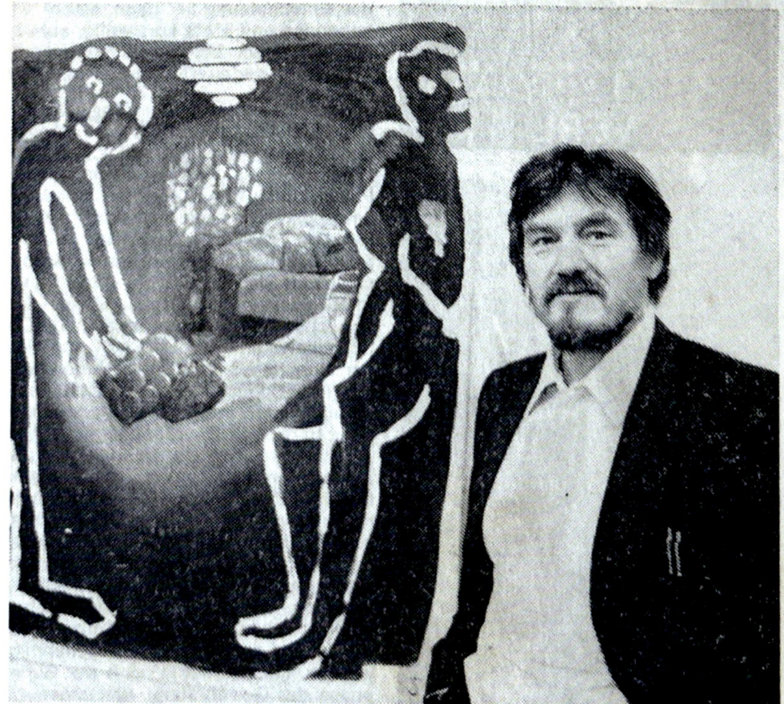

Gerhard Meyerratken stellt in der Galerie der Alten Weberei aus. *Foto: Günther*

Güterloher Zeitung, 7.7.1987

Nr. 168

Samstag, 20. Juli 1991 m11

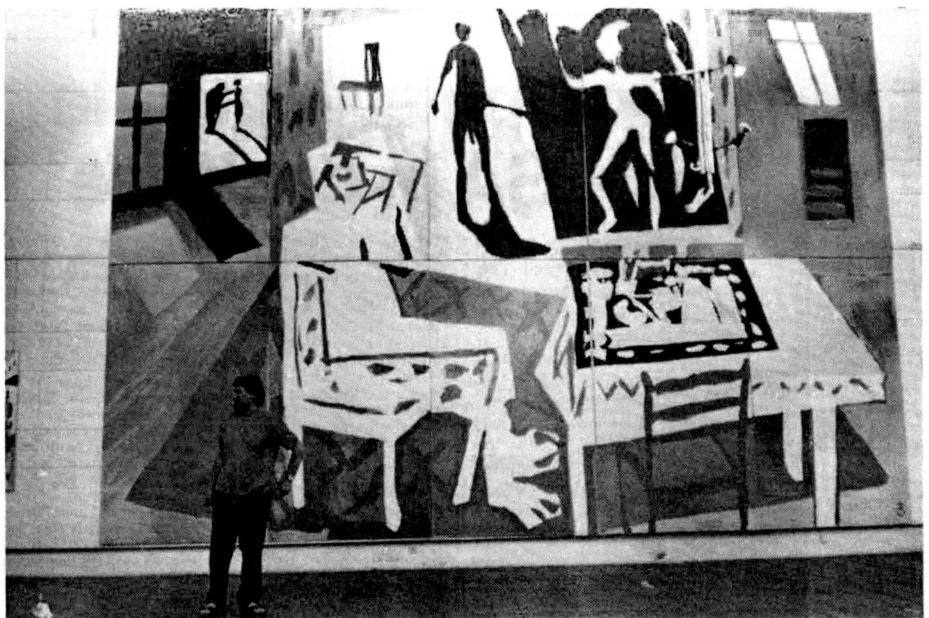

Für die Osnabrücker Dominikanerkirche malte Gerhard Meyerratken die „Innenräume" im Format 6×9 Meter. Fotos (2): Weitkamp

Der Osnabrücker Kunstverein stellt den Münsteraner Gerhard Meyerratken vor

Ein Maler von der saftigen Sorte

Von ANDREAS WEITKAMP

Osnabrück - „Malen tut man mit Farbe." Ein genüßliches Gelächter aus brustiger Tiefe – Gerhard Meyerratken läßt seine Losung, die unter dem Sechs-mal-Neun-Meter-Gemälde „Innenräume" Widerspruch nicht duldet, im Gewölbe der Osnabrücker Dominikanerkirche verklingen.

In der gotischen Kunsthalle hat der Osnabrücker Kunstverein, eine gefragte Adresse über Norddeutschland hinaus, dem Münsteraner seine bislang bedeutendste Einzelausstellung ausgerichtet. Die Wahrheit des Apodiktums ist an Meyerratkens Hemd, verziert von Farbspritzern, gleich abzulesen: Eben ein Maler. Einer von der saftigen Sorte.

Meyerratken tunkt gern tief ein, aber er überläßt die Wirkung nicht dem Zufall. Er weiß: Viel Farbe und viel Leinwand brauchen um sich herum Luft zum Leben. Zehn Schritt zurück sind sind dem Betrachter anzuempfehlen, erst dann entschlüsseln sich die flächigen Kompositionen. Insofern ist das natürlich ausgeleuchtete Kirchenschiff ein ideales Medium für Gerhard Meyerratkens großzügige, in produktiven Serien herausgeschleuderte, dennoch technisch durchkalkulierte Malerei.

Gegenüber der Eingangstür eine Riesentafel, entworfen zu diesem Anlaß. Sie zieht den Eintretenden förmlich ins Innere. Die Hauptarbeit bestand dabei aber „nicht im Malen", sondern in der Vorplanung des gewünschten Effekts. Wobei die Aufteilung auf die zehn 3×1,80 Meter großen Einzelelemente auch als handwerkliche Maßarbeit gewürdigt werden muß.

Auf dem Großbild sind die Grundelemente von Meyerratkens Malweise beispielhaft versammelt. Die Farbe, hier ein wirkungsvolles Rot und drumherum viel kontrastreiches Schwarz-Weiß, trägt zur Plastizität des nur angedeuteten Themas bei. Dieses ist, gleich mehrfach, die Begegnung von Personen – denn die räumlichen und zugleich seelischen Konstellationen menschlicher Beziehung sind dem Maler, wie der weitere Rundgang bestätigt, ein unerschöpfliches Feld.

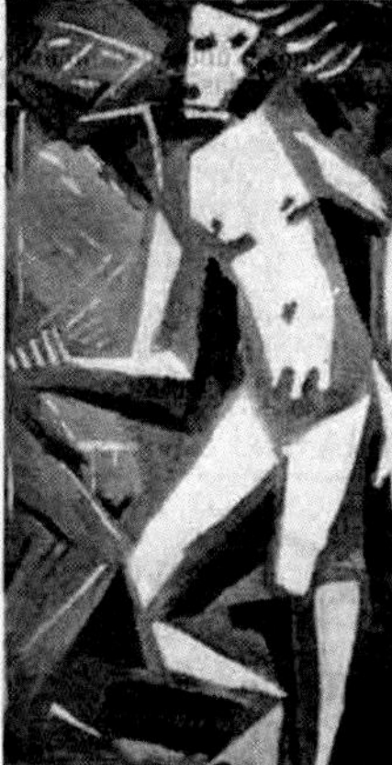

Der „Blaue Satyr", ein 1989 entstandenes Tafelbild von Gerhard Meyerratken.

Für Distanz von der klaren Gegenständlichkeit sorgen auf dem Großbild die zusammengesetzten Räume, wobei die irreale Mehrfachperspektive sich bei genauem Hinsehen zentral aufbaut. Etwas nach links gerückter Blickfang aber ist das Gesicht der sitzenden Gestalt, kubisch umrahmt von einem Raumelement. Die spielerischen „Bild im Bild"-Andeutungen und der zügige Pinselstrich schaffen Atmosphäre.

Der solchermaßen eingestimmte Besucher durchschreitet auf der Retrospektive die wichtigsten Stadien des Malers mit jeweils typischen, auffälligen Arbeiten. Im „Venezianischen Haus", 1983 gespickt mit Reiseprospekt-Zitaten, findet sich schon die gleichzeitige Darstellung von Innen- und Außenräumen – wobei Meyerratkens eigenliche Auseinandersetzung mit der Magie von Raum und Form, von ihm „Anonymer Realismus" getauft, in Osnabrück ausgespart bleibt.

Dafür ist die witzige Serie der Katalogübermalungen (ab '86 entstanden 120 „Recycling-Bilder") gut vertreten. Der „Küchengeist", ein Strahlemännchen aus der Lampe, tanzt im edel furnierten Kochstudio herum. Zum „Picknick" lagern sich Mann und Zentaurin mit zusammengesetzten Gliedmaßen aus Frühstücksgeschirr. Immer wieder überrascht die technische Lösung eines Bildgedankens. Farbliche Spannung wird ohne Komplementärfarben aufgebaut, „das nutzt sich schnell ab."

Meyerratken spielt seine Motive am liebsten in Serien durch, wobei die Tendenz zur Abstraktion besteht. Das statuarische, nackte Menschenpaar „Trennung I", postiert vor antikisierendem Hintergrund mit dekorativen Mustern und einem rückwärtigen Fries kleiner Beziehungsgeschichten, ist sich nah und fern zugleich. In den Variationen des Bildes werden der Fond und die Körper einem Prozeß der Auflösung unterworfen.

Gleiches gilt für die „Marionettenspieler" ('86 bis '89), wo auch mal der Maler ironisch am Faden hängt. Das Finale dieser Serie ist ein Höhepunkt der Ausstellung: Bei „Die Legende der Marionette" bedient ein geometrisch reduzierter Puppenführer eine flattrige Apparatur aus bedrucktem Papier, kaltes Blau läßt frösteln.

Neuerdings interessieren ihn („Sitzender Clown", „Blauer Satyr" von '89) die reliefartigen Wirkungen des Farb-„Materials". Zwischen differenzierte Farbfelder und ein komplexes Gittergeflecht stellte er 1990 sein naiv umrissenes „Satirepaar": Bei steter Lust zur Wandlung bleibt sich der Maler treu.

Aber: „Erst bei der Zeichnung sieht man, was einer kann." Am Ende hat der Künstler noch einen unerwarteten Spruch auf Lager, von Rodin soll er sein. Das Wort zielt auf die Vitrine an der Mittelsäule. Wer dort Gerhard Meyerratkens eilig hingeworfenene erotische Skizzen prüft, der sagt in der Tat: gekonnt.

Dominikanerkirche Am Wall, geöffnet Dienstag bis Sonntag 10-18 Uhr. Bis 4. August.

Münstersche Zeitung, 20.7.1991

10. Nachwort und Danksagung

Das künstlerische Werk von Gerhard Meyerratken ist heute, außerhalb seiner Heimatstadt Münster, bisher kaum bekannt geworden. Obwohl er zu seinen Lebzeiten in den achtziger und neunziger Jahren seine Bilder häufig in Galerien und Kunsthäusern erfolgreich ausstellen konnte, blieb ihm eine größere Resonanz bisher versagt. Nur im Münsteraner Stadtmuseum und im Wilhelm-Fabry-Museum in Hilden sind Gemälde und Gouachen von ihm in öffentlichem Besitz.

Wir begannen uns in den siebziger Jahren für seine vielfältige, sowohl in stilistischer als auch in thematischer Hinsicht figurative Kunst zu interessieren. Es ergab sich dann die Möglichkeit, seine Malerei über die nächsten zwanzig Jahre aus der Nähe weiter zu verfolgen. In enger Absprache mit dem Künstler erwarben wir in dieser Zeit Bilder von Meyerratken für unsere Sammlung zeitgenössischer Kunst.

Schon bald räumten wir seinem malerischen Werk einen wesentlichen Stellenwert in der Postmoderne mit ein. Deshalb nahmen wir ihn auch in unser Kunstbuch „Von der Avantgarde bis zur Postmoderne. Die Malerei des 20. Jahrhunderts", München 1991, mit auf. Außerdem integrierten wir Gemälde von ihm in verschiedene, von uns kuratierte Ausstellungen.

Mit der Herausgabe einer Monografie über das Leben und Werk von Gerhard Meyerratken zusammen mit meiner Tochter Imme von Wedel hat sich nun mein schon lange gehegter Plan erfüllt. Das Buch beruht im wesentlichen auf dem Bildbestand und den Archivalien unserer Sammlung.

Bei meinen Nachforschungen zu seiner Biografie bin ich von Sabine Hetzel-Meyerratken, die seinen Nachlass in Münster-Roxel verwaltet, in allen Fragen großzügig unterstützt worden. Sie hat auch den ersten Entwurf unseres Kunstbuches sorgfältig prüfend durchgesehen und mich auf Unstimmigkeiten aufmerksam gemacht. Ich möchte ihr dafür an dieser Stelle ausdrücklich danken. Auch meiner Frau Christa Murken bin ich zu großem Dank verpflichtet, dass sie dieses Buch mit überarbeitet und einen kunsthistorischen Essay beigesteuert hat. Bedanken möchte ich mich gleichfalls bei meiner Mitherausgeberin Imme von Wedel. Sie hat sich von Anfang an mühevoll als Lektorin um die Abbildungen und die Gestaltung gekümmert. Nicht zuletzt gilt meine Danksagung dem Diplom-Designer Heinz-Jürgen Schumacher, der das Layout betreut und die Drucklegung übernommen hat.

Axel Hinrich Murken
Herzogenrath, im Oktober 2023

11. Impressum

ISBN 978-3-935791-78-6

Layout + Herstellung: Schumacher Verlag+Agentur 52134 Herzogenrath

Bibliografische Informationen der Deutschen Nationalbibliothek. Die Deutsche Nationalbibliothek verzeichnet diese Publikation in der Deutschen Nationalbibliografie; detaillierte bibliografische Informationen sind im Internet über http://dnb.dnb.de abrufbar.

Die Abbildung auf dem Umschlag zeigt:

Gerhard Meyerratken: Kentaur über Liegender, um 1986.
Acryl auf Leinwand, 160 x 140 cm.

12. Über die Autoren

Axel Hinrich Murken

Axel Hinrich Murken, geboren 1937 in Gütersloh, studierte Medizin-, Kunstgeschichte und Archäologie. Medizinisches Staatsexamen 1965 und Promotion zum Dr. med. an der Westfälischen Wilhelms-Universität Münster. Er wurde 1968 als Arzt approbiert und habilitierte sich 1973 für das Lehrfach Geschichte der Medizin an der Universität Düsseldorf. 2001 folgte die Promotion zum Dr. phil. an der Universität Bonn zum Thema „Edgar Ende. Sein Leben und sein Werk. Seine kunsthistorische Stellung in der Malerei des 20. Jahrhunderts." Von 1975 bis 1981 war er Professor für Geschichte für Medizin an der Westfälischen Wilhelmsuniversität Münster und von 1981 bis 2003 ordentlicher Professor für Geschichte der Medizin und des Krankenhauswesens an der Rheinisch-Westfälischen Technischen Hochschule Aachen.

Christa Murken

Christa Murken, geboren 1944 in Mengen (Baden-Württemberg) studierte von 1967-1971 Kunstgeschichte, Archäologie und Pschologie an der Universität Köln mit dem Abschluss des Magisterdiploms. 1971-1972 Wissenschaftliche Tätigkeit an der Kunstsammlung NRW, Düsseldorf. Promotion über die Malerin Maria Lassnig an der Rheinisch-Westfälischen Technischen Hochschule, Aachen 1990. Anschließend arbeitete sie als freie Schriftstellerin, Kuratorin und Malerin. Sie verfasste zahlreiche Bücher zur Kunst und Kulturgeschichte des 20. und 21. Jahrhunderts.

Imme von Wedel

Imme Christine von Wedel-Murken wurde in Münster geboren. Nach dem Abitur absolvierte sie eine Ausbildung als Medizinisch-Technische-Assistentin am Universitätsklinikum Aachen. Anschließend studierte sie von 2004-2010 in Trier und Köln Rechtswissenschaften. Nach dem ersten juristischen Staatsexamen machte sie am Landgericht Aachen ihr Referendariat. Seitdem ist sie als Lektorin und Schriftstellerin tätig.